国家出版基金项目
NATIONAL PUBLICATION FOUNDATION

朱旭东　丛书主编

中国教育
改革开放 40 年

学前教育卷

洪秀敏　等　著

China
Education Reform
and Opening-up
40 Years

北京师范大学出版集团
BEIJING NORMAL UNIVERSITY PUBLISHING GROUP
北京师范大学出版社

丛书编委会

主　　任　　顾明远

丛书主编　　朱旭东

编　　委　　(以姓氏笔画为序)

王本陆　　王永红　　王英杰　　朱旭东
刘云波　　刘宝存　　余胜泉　　余雅风
陈　丽　　林　钧　　和　震　　周海涛
胡　艳　　施克灿　　洪秀敏　　袁桂林
曾晓东　　蔡海龙　　魏　明

总　序

今年是改革开放 40 周年，40 年来我国教育取得了辉煌的成就。现在各个教育研究机构和出版机构都在总结 40 年的经验，出版各种丛书。这 40 年的成就是写多少书也说不周全的，但我想用五句话来做一个简要的概括。

第一，教育观念的转变。在解放思想的路线指导下，我们对教育的认识越来越深刻、越来越全面。特别是党的十八大以来，习近平总书记提出以人民为中心、教育公平是社会公平的重要基础、教育强则国家强的主张。今年教师节时，习近平总书记在全国教育大会上的讲话中首先强调教育对新时代坚持和发展中国特色社会主义的战略意义。他指出，教育是民族振兴、社会进步的重要基石，是功在当代、利在千秋的德政工程，对提高人民综合素质、促进人的全面发展、增强中华民族创新创造活力、实现中华民族伟大复兴具有决定性意义。教育是国之大计、党之大计。习近平总书记同时指出，教育的根本问题是培养什么人、怎样培养人、为谁培养人。中国共产党领导的社会主义教育，就是要培养德智体美劳全面发展的社会主义建设者和接班人。

第二，教育事业的发展。40 年来，我国全面普及了九年义务教育；学前教育已提前完成了《国家中长期教育改革和发展规划纲要（2010—2020 年）》提出的到 2020 年的指标，2017 年学前毛入园率达到 79.6%；高中阶段教育基本普及，2017 年毛入学率为 88.3%；高等教育，包括研究生教育实现了跨越式发展，2017 年各类高等教育在学总规模达到 3 779 万人，高等教育毛入学率达到 45.7%。2017年，全国有 2.7 亿人在各级各类学校学习，我国成为世界上受教育人口最多的教育大国。

第三，教育制度的创新。改革开放以来，我国逐步制定教育法律法规并不断完善。1980 年通过了《中华人民共和国学位条例》，之后，我国逐步制定了《中华人民共和国义务教育法》《中华人民共和国教师法》《中华人民共和国教育法》《中华人民共和国职业教育法》《中华人民共和国高等教育法》《中华人民共和国民办教育促进法》等，并根据教育事业的发展进行了修订或修正，使教育治理有法可依。现在希望尽早制定学前教育法、学校法，使幼儿园和学校的发展得到法律保障。

第四，教育科学的繁荣。改革开放之前，教育理论界人数很少，缺乏对教育实践中的理论问题和实际问题的研究。40 年来，中国特色社会主义教育理论体系初步形成，教育理论有了较大发展。教育科学的繁荣呈现出如下一些特点：一是改变了以前一本《教育学》一统天下的局面，恢复和创建了许多新兴学科，如教育哲学、教育经济学、教育社会学、比较教育学、课程与教学论等，研究成果丰硕；二是教育理论研究重视宏观战略研究，为我国教育事业发展的科学决策做出了一定的贡献；三是教育科学研究从书斋走向基层，教育理论工作者与广大教师共同开展教育研究，把教育改革落到实处，不仅提高了教育质量，而且积累了丰富的经验。

第五，从请进来到走出去。改革开放初期，我们打开窗户，发现世界教育已经走向现代化，于是我们如饥似渴地引进西方教育的先进理念、教育改革的经验，逐渐使我国的教育恢复起来，教育事业得到迅速发展。20 世纪 90 年代，我国教育学界开始走自己的路，创造中国特色社会主义教育理论和经验。特别是上海在 PISA（国际学生评估项目）中数次名列前茅，让外国学者对中国教育刮目相看。世界也在学习中国的教育经验。讲好中国教育故事是今后教育工作者的任务。我国多部教育著作已经被译成外文出版。2006 年，高等教育出版社就与 Springer 出版社合作出版了英文版杂志 *Frontiers of Education in China*，至今已 12 年，杂志受到外国学者的重视。这些都是中国教育走出去的标志。我们既要不断吸收世界优秀文明成果，又要讲好中国教育故事，让世界了解中国。

今后中国教育界应以习近平新时代中国特色社会主义思想为指导，贯彻落实党的十九大精神，深化教育改革，发展素质教育，推进教育公平，让每个孩子享有公平而有质量的教育。

北京师范大学出版社组织教育学术界同人，编写这套"中国教育改革开放 40 年"丛书，包括学前教育、义务教育、高中教育、高等教育、教师教育、职业教育、民办教育、终身教育、教育技术、课程与教学、政策与法律、关键数据与国际比较 12 卷。它是 40 年教育改革开放的总结，丰富了教育学术宝库。出版社要我写几句，是为序。

2018 年 11 月 5 日于北京求是书屋

目　录

第一章

学前教育事业发展
与政策变革

学前教育是国民教育体系的重要基石，是重要的社会公益事业，是广大人民群众关心的重大民生问题。办好学前教育，关系亿万儿童的健康成长，关系国家和民族的未来，对于决胜全面建成小康社会具有重大意义。在党的十九大报告所规划的宏伟蓝图和发展方略中，教育作为重要的民生工程依然被摆在优先位置，要求深化教育改革，加快教育现代化，办好人民满意的教育。其中，学前教育作为人民群众极为关心的民生问题受到党中央的高度重视，要求在"幼有所育"上不断取得进展，以增强人民群众的获得感，促进社会公平正义。

1978年至今的40年里，我国学前教育事业发展取得突出成就，同时也面临诸多难题。40年来，国际上对于学前教育价值的认识不断更新并逐渐深化。人们不仅仅从促进儿童发展的角度来认识学前教育的价值，更认识到学前教育在推动社会发展、促进社会和谐方面起到不可忽视的重要作用。高质量的学前教育不仅是个体终身学习和终身发展的重要基础，更是保障社会公平、促进社会和谐、提高国民素质、增强国家经济实力的重要战略措施之一，是政府投资回报率最高的教育阶段。

在借鉴国际经验的同时，中国政府从国情和各地方实际出发，积极制定政策，加大财政投入，完善制度体系，有力推动了我国学前教育事业的持续、快速发展。

第一节　拨乱反正，学前教育恢复发展阶段(1978—1986 年)

党的十一届三中全会的召开，开启了改革开放的国家发展新时期，给中国的学前教育事业带来了百花齐放的春天。在邓小平的教育理论和"三个面向""科教兴国"等战略方针的指引下，随着经济和社会的发展，广大人民群众对发展学前教育事业提出了新的迫切要求，学前教育肩负着"使幼儿获得体、智、德、美全面发展""让每个儿童都有更好未来"的历史使命。

党中央、国务院把学前教育事业纳入了重要议事日程。1978 年，教育部恢复了学前教育处，一些省(直辖市、自治区)的教育厅也陆续恢复或新建了学前教育行政领导机构和教研机构，配备了专职或兼职的学前教育行政干部和教研人员，开始形成自上而下的统一领导、分级管理的管理体制。

1979 年，五届人大二次会议通过的《政府工作报告》指出，要十分重视发展托儿所、幼儿园，加强学前教育。同年国务院召开全国托幼工作会议。该会议在全国工作重点转移到社会主义现代化建设上来的总形势下，根据五届人大二次会议精神，全面分析研究了托幼工作的基本情况，交流了各地的经验，讨论了迫切需要解决的几个问题，并通过了《全国托幼工作会议纪要》。文件建议由国务院设立"托幼工作领导小组"，领导小组成员由教育部、卫生部、计委、建委、农委、财政部、商业部、民政部、劳动总局、城建总局、全国总工会、全国妇联、中国人民保卫儿童全国委员会等部门的负责同志组成。时任国务院副总理陈慕华任组长，办事机构设在全国妇联。由时任国务院副总理率领政府有关部门共同协商托幼事业的发展、分工等问题，这在新中国学前教育史上是第一次。"托幼工作领导小组"下设办公室作为常设机构，进行日常工作，办公室配备若干专职干部。参加领导小组的各有关部门被要求配备一定力量，按照各自担负的任务分别进行工作。此外，会议还对认真解决以下问题提出了具体要求：积极解决托幼工作的经费和保教人员的工资、劳动保险、福利待遇问题；坚持"两条腿走路"的方针，恢复、发展、整顿、提高各类托幼组织；要建设一支又红又专的保教队伍；要努力提高保教质量。

这次会议是我国学前教育发展史上非常重要的一次会议。它把学前教育纳入政府的重要议事日程，确定了学前教育事业的发展方针，首次确立了由政府牵头、各部门共同管理的学前教育管理体制。

"托幼工作领导小组"成立后，各有关部门致力于学前教育政策、法规的制定。

1979 年 11 月，教育部颁布了《城市幼儿园工作条例（试行草案）》。作为"文化大革命"以后的第一个学前教育政策文件，该文件对学前教育发展方针、教育目标、内容和管理制度做出了详尽规定，以指导幼儿园工作人员把握方向、分辨是非，较为迅速地恢复幼儿园的正常工作秩序。在党和政府的关怀与领导下，我国学前教育事业迅速脱离了"文化大革命"造成的混乱无序状态。

教育部于 1978 年发出《关于加强和发展师范教育的意见》后，1980 年 10 月 14 日，教育部下发《教育部关于印发中等师范学校教学计划试行草案和幼儿师范学校教学计划试行草案的通知》。各地区在积极创办幼儿师范学校或幼师班的同时，加强了对幼儿师范学校的教学管理，提高了教育质量。1985 年，教育部又颁布了《幼儿师范学校教学计划》，对幼师的课程进行调整。为适应各地需求，文件指出：各省（直辖市、自治区）可根据本地区实际情况对幼师教学计划做适当调整，允许有条件、有基础的学校自行拟定教学计划。这是新中国成立以来教育部首次对中等幼儿师范学校的课程设置进行放权。

1981 年，教育部颁发《幼儿园教育纲要（试行草案）》。作为各类幼儿园进行教育工作的依据，要求各地各园结合实际试行。该文件是我国改革开放以后第一个幼儿园课程标准，它继承了 20 世纪 50 年代《幼儿园暂行规程草案》《幼儿园暂行教学纲要》的基本思想，吸取了国内外幼儿生理学、心理学理论，使其科学依据更加鲜明。在颁布《幼儿园教育纲要（试行草案）》的同时，教育部组织编写了幼儿园教材，共 7 类 9 册。这是新中国成立以来第一次全国统编幼儿园教材，为保证实施《幼儿园教育纲要（试行草案）》、提高教育质量提供了必要条件。1981 年 6 月，卫生部妇幼局颁布了《三岁前小儿教养大纲（草案）》，这是新中国成立后首次就 0～3 岁儿童的集体教育工作做出明确规定，在提高托儿所的保教质量方面发挥了重要的指导作用。为进一步确保婴幼儿的安全和健康，在修订《托儿所、幼儿园卫生保健制度（草案）》的基础上，卫生部于 1985 年颁布了《托儿所、幼儿园卫生保健制度》。

针对当时农村学前教育工作在不少地方尚未受到重视、事业发展缓慢的情况，1983 年《教育部关于发展农村幼儿教育的几点意见》发布，提出必须坚持"两条腿走路"的方针，创造条件有计划地发展农村教育，并指出要积极恢复和发展教育部门在农村办的幼儿园，采取多种形式举办幼儿园，短期内要在基础好的地方基本满足学前一年幼儿入园的要求。同时，该文件还针对幼儿教师队伍建设提出了一些具体要求，包括：各地要有计划地发展幼儿师范教育，要求在 1985 年左右至少办起一所幼儿师范学校，高等院校要为各地幼师和教师进修学校培养专业师资，以解决各地对专业幼儿教师的急需；要妥善解决农村幼儿教师的报酬，要求其待遇应与当地民办教师或社队企业职工相当，或不低于当地农民实际收入的平均水平。该文件有力地推进了农村学前教育事业的发展，特别是调动了农村小学举办学前教育的积极性。

随着经济体制改革和教育体制改革的逐步展开，城乡学前教育有不同程度的发展，特别是农村学前班的发展很快，逐步成为学前教育的主要办学形式。为规范农村学前班的办学行为，保证教育质量，1986年6月，国家教委发布《关于进一步办好幼儿学前班的意见》。该文件首先强调，在我国大部分地区学前教育尚不够发达的情况下，举办学前班是现阶段发展农村学前教育的一条重要途径，在城镇地区也是满足群众让子女接受学前教育要求的一种教育形式。该文件对学前班的办班指导思想、教育活动的内容与组织、教师培训、办班条件、领导和管理等方面做出了明确细致的规定。该文件倡导因地制宜，利用现有教育资源发展学前教育，推动了农村学前教育事业健康稳步的发展。长期以来，学前班一直是我国农村学前教育最主要的办学形式。

1986年，《关于转发国家教育委员会中、小学教师职务试行条例等文件的通知》发布，明确小学（含幼儿园）教师职务设置为小学高级教师、小学一级教师、小学二级教师、小学三级教师，实行聘任或任命制。条例对各级教师的职责以及任职条件做出了较详细的规定。凡不具备国家学历的教师，要通过考核取得专业合格证书或取得教材教法考试合格证书后才能评定职务。同年9月，国家教委发布《中小学教师考核合格证书试行办法》。这些规定极大地调动了幼儿园教师专业发展的积极性，各省市教育部门为此制定了幼儿园教师专业发展规划，并采取多种形式（包括专业进修、学历教育）积极组织幼儿园教师参加在职培训，各地幼儿园教师的学历合格率逐年快速提高，到1990年，受过一年以上专业训练的教师比例提高了10个百分点。

为贯彻执行党的方针、政策，提高学前教育质量，1979年，中国教育学会学前教育研究会(1986 年改称中国学前教育研究会)在南京成立，中国著名教育家陈鹤琴先生担任名誉理事长。各省(自治区、直辖市)相继成立了学前教育研究会，开展了群众性的教育科研活动，在探索学前教育的科学规律、促进学前教育数量和质量共同发展、促进学前教育全面改革方面起到了积极作用。

这一时期，教育部门和有关部门通力合作，极大地调动了广大学前教育工作者的积极性和创造性，形成了全社会共同关心、支持学前教育的良好局面。1979 年，全国共有幼儿园 16.65 万所，在园幼儿共 879.23 万，教职工总数为 53.27 万，比 1965 年分别增长了8.7 倍、5.1 倍和 3.29 倍。

第二节　依法治教，学前教育快速发展阶段(1987—1995 年)

在这一阶段，学前教育事业发展着力解决了管理体制和法规保障问题，通过改革管理体制，依法治教，促使我国学前教育事业实现了持续快速发展。

20 世纪 80 年代后期，在教育体制改革的大背景下，学前教育管理体制发生了重大变革。学前教育被重新纳入国家教育行政管理体系，制定了一系列学前教育法规、政策，加强了对我国学前教育工作的科学管理，推动了学前教育事业的持续快速发展。

1982 年在机构改革过程中，全国托幼工作领导小组及其办事机构被撤销，因一直未明确由哪个部门承担该机构的工作任务，造成了各部门对学前教育工作的管理分工不清、职责不明，影响了学前教育事业进一步发展。针对上述情况，1987 年，国务院召开全国幼儿教育工作会议，国务院办公厅转发了国家教委等九部门《关于明确幼儿教育事业领导管理职责分工的请示》，确定了学前教育实行"地方负责，分级管理"和各有关部门分工负责的原则，明确规定了教育、卫生、计划、财政、劳动人事、城乡建设环境保护、轻工、纺织、商业等部门对学前教育的职责。

此后，国家教委主管全国的幼儿园管理工作，地方各级人民政府的教育行政部门主管本辖区内的幼儿园管理工作进一步明确，全国学前教育管理体制基本明确，学前教育被纳入各地区经济和社会发展规划。大多数省（自治区、直辖市）设立了学前教育专门管理机构，各级教育行政部门配备了专职人员。在政府领导下，建立起省、地、县、乡四级学前教育行政管理、教研、科研、培训网络。这种由上而下的统一领导、分级管理、分工负责的新管理体制的建立，实现了学前教育管理地方化。办学权力下放到基层，尤其是在农村，县、乡政府和村委会把学前教育事业作为本级政府的重要工作职责，同时发挥有关部门和妇联、工会的积极作用，极大地调动了群众的办园积极性。

依法治教是建立具有中国特色的现代化学前教育的重要内容之一，这一时期，我国政府颁布了一系列管理制度及法规，如《全日制、寄宿制幼儿园编制标准（试行）》（1987）、《国家教委、城建部城市幼儿园建筑面积定额（试行）》（1988）。这些法规的颁布，使我国学前教育各项工作更加科学化、规范化。

1988 年，国务院办公厅转发国家教委等八部门发布的《关于加强幼儿教育工作的意见》。1989 年 8 月 20 日，国务院批准了新中国第一个学前教育行政法规《幼儿园管理条例》。该文件明确了地方人民政府发展和管理学前教育的职责，提出："地方人民政府应当根据本地区社会经济发展状况，制订幼儿园的发展规划……地方各级人民政府可以依据本条例举办幼儿园，并鼓励和支持企业事业单位、社会团体、居民委员会、村民委员会和公民举办幼儿园或捐资助园……幼儿园的管理实行地方负责、分级管理和各有关部门分工负责的原则。"该文件还对举办幼儿园的基本条件和审批程序、幼儿园的保教工作、行政事务及奖励处罚等做出明确规定。

特别要强调的是，《幼儿园管理条例》首次以教育法规形式提出"国家实行幼儿园登记注册制度"，"各级教育行政部门应当负责监督、评估和指导幼儿园的保育教育工作"。自此，学前教育评估工作在全国展开。各省（直辖市、自治区）依照中央颁布的各项法规、制度，制定了适合本地的评估标准。标准采用量化计分方式，内容涉及幼儿园全方位的工作，基本类型有：为审批登记注册制定的办园基本标准和园长、教师资格审定标准；为促进不断改善办园条件和提高教育质量制定的分类定级评估标准；为创设各级"示范园"制定的评估标准；等等。评估工作受到政府的重视，并得到财政、物价部门的配合。各地制定了"按类收费"的标准，引导学前教育走上"按质论价"的市场定价发展道路。评估工作使学前教育有了明确而规范化的发展方向，调动了主办单位加大投入的积极性，全国城乡幼儿园的办园条件普遍得到很大改善。评估制度的建立还提高了依法治教的认识，激励了各类幼儿园自我发展，不断地向更高层次迈进。

邓小平同志的"教育要面向现代化，面向世界，面向未来"的指示为学前教育改革指引了方向，未来社会不仅需要体力、智力充分发展的人，更需要能合作、能交往、有主动性和创造性的个性发展良好的人。1989 年 6 月，国家教委发布《幼儿园工作规程（试行）》，在重申 1981 年《幼儿园教育纲要（试行草案）》基本精神的基础上，《幼儿园工作规程（试行）》规定了国家对幼儿园的基本要求和管理的基本原则，全面、系统地对幼儿园的各项工作做出了规定。

《幼儿园工作规程（试行）》提出的教育目标充分体现了培养适应未来社会需要的人才素质的指导思想。该文件提出的教育内涵十分丰富，强调"体、智、德、美诸方面的教育应互相渗透，有机结合"，"创设与教育相适应的良好环境，为幼儿提供活动和表现能力的机会与条件"，明确提出"遵循幼儿身心发展的规律，注重个体差异，符合幼儿的年龄特点，因人施教，引导幼儿个体健康发展"，"促使每个幼儿在不同水平上的发展"，等等。该文件所体现的新的教育观，引发了幼儿园课程和教学改革。试行过程中，各地学前教育紧紧围绕着该文件的要求，开展以转变教育思想为核心、以奠定人的整体素质基础为目标的教育改革。例如，涉及社会、自然、艺术、健康、语言、认知等领域的课程改革，明确了课程是以教育活动为基本的组织形式，把学前教育与中小学教育区分开来，促进了学前教育创设开放性的教育环境，使幼儿在主动、积极的自我探索过程中积累体验，形成可持续发展的素质基础。教师的观念从以教师为中心转变为以儿童为中心；从重视知识的传递转变为关注教育过程；从关注幼儿的技能培养转变为关注幼儿情感和能力的培养，强调在教育过程中师生之间积极的互动作用；从强调幼儿的共性行为转变为培养幼儿良好的个性特征。经过 6 年的试行，1996 年 3 月《幼儿园工作规程》正式施行。

《幼儿园管理条例》和《幼儿园工作规程》的颁布，标志着我国学前教育迈向法制化的新里程，推动了学前教育的全面改革。为保证两个法规落到实处，各级政府和教育部门从本地实际出发，制定了地方性行政法规和实施细则。在加强科学管理、转变教育观念、全面提高教育质量方面取得显著成效。学前教育的管理从此走上了依法治教的道路。

进入 20 世纪 90 年代，国家加大了对学前教育事业的改革力度。时任国务院总理李鹏同志代表中国在世界儿童问题首脑会议上签署了《儿童生存、保护和发展世界宣言》和《执行九十年代〈儿童生存、保护和发展世界宣言〉行动计划》之后，我国政府又签署了联合国制定的《儿童权利公约》。中国政府动员全党、全民行动起来，履行对世界的庄严承诺，颁布了《中华人民共和国未成年人保护法》和《中华人民共和国母婴保健法》，为保障儿童的健康和发展、提高人口素质给予了法律保证。国务院颁布的《九十年代中国儿童发展规划纲要》提出了 20 世纪 90 年代我国儿童生存、保护和发展的主要目标：将1990 年的婴儿死亡率和 5 岁以下儿童死亡率分别降低 1/3 和 5 岁以下儿童中度和重度营养不良患病率降低一半；3～6 岁幼儿入园（班）率达到 35％；各省（自治区、直辖市）、各地（州、市）和 90％的县要有一种以上儿童校外教育、文化、科技、体育、娱乐等活动场所；使 90％儿童（14 岁以下）的家长不同程度地掌握保育、教育儿童的知识；完善保护儿童合法权益的法律，健全相应的执法机构和队伍等。

面对 21 世纪人才培养对学前教育事业发展提出的要求，幼儿园教师素质的重要性被提到新高度。1993 年 10 月，第八届全国人大常委会第四次会议通过了《中华人民共和国教师法》，从教师的权利和义务、资格和任用、培养和培训、考核、待遇、奖励、法律责任等方面对包括幼儿园教师在内的教师队伍建设提出了全面的要求。其中，在师资素质方面，要求"取得幼儿园教师资格应该具备幼儿师范学校毕业及其以上学历"。

随着我国经济体制改革的日益深入和社会主义市场经济体制的建立，学前教育工作面临一些新情况和新问题。在当时企业转换经营机制的过程中，为保证学前教育事业的健康发展，国家教委等七部委联合下发《关于企业办幼儿园的若干意见》，强调"学前教育关系到千家万户，国家、集体、企事业单位和公民个人对该项事业的发展都承担着义不容辞的责任和义务"，提出要坚持依靠社会力量发展学前教育的方针，有条件的企业应继续办好幼儿园；要深化改革，积极稳妥地推进学前教育逐步走向社会化；各级政府和教育行政部门要加强对企业办园的业务指导；在城市规划建设中要安排好幼儿园规划和建设；要加强社区对学前教育的扶持与管理。

特别值得一提的是，一些地方政府开始了地方性学前教育立法工作。1986 年江苏省人大通过《江苏省幼儿教育暂行条例》，这是我国首个地方性学前教育行政法规。该文件明确了幼儿教育在国民教育中的重要地位，就幼儿教育的性质、办学体制、教育管理、办学形式、幼儿园建设、教师培养和待遇等方面做出了具体规定。该文件的颁行不仅极大地推动了江苏省学前教育事业的发展，而且促进了各地对学前教育法规建设的重视。此后，青岛市、北京市等地也颁布了学前教育法规，这些地方性学前教育法规均为全国性的学前教育立法提供了宝贵的经验和有价值的参考。

　　这一时期，在学前教育法规、政策的保障和推动下，我国学前教育事业获得了持续快速发展。1995 年，全国幼儿园有 18.04 万所，在园幼儿为 2 711.2 万人，教职工总数为 116 万人，分别增长为 1986 年的 1.04 倍、1.66 倍和 1.32 倍。

第三节　社会变革，学前教育曲折发展阶段（1996—2000 年）

　　"九五"时期是我国实施"科教兴国"伟大战略的重要时期，也是学前教育事业逐步适应社会主义市场经济体制、深化改革与健康发展的关键时期。

　　为认真贯彻《中华人民共和国教育法》《中华人民共和国教师法》《幼儿园管理条例》《幼儿园工作规程》，1997 年 7 月，教育部印发了《全国幼儿教育事业"九五"发展目标实施意见》。为实现《全国教育事业"九五"计划和 2010 年发展规划》（1996），提出此时期我国学前教育事业的发展目标为：为形成具有中国特色的、面向 21 世纪的社会主义教育体系的框架奠定坚实的基础；2000 年全国学前三年幼儿毛入园（含学前班）率达到 45％以上，大中城市基本解决适龄幼儿入园问题，农村学前一年幼儿入园（班）率达到 60％以上，并按"普及九年义务教育"（简称"普九"）情况和经济发展水平提出分区实施要求，对各省、自治区、直辖市学前教育事业"九五"发展提出了明确的指标。

　　该文件提出，到 2000 年，农村绝大多数乡（镇）应建立一所中心幼儿园，"所有幼儿园（班）都要达到县以上教育行政部门规定的办园基本标准"，要求各地"逐步建立和健全幼儿园（学前班）评估体系"。该文件体现了国家在新的时期对学前教育的发展提出了"数量与质量并重"的具体、明确要求。

　　在明确学前教育事业发展目标的前提下，文件还针对"九五"期间经济体制和教育体制改革的背景提出实施的具体措施，包括切实加强学前教育的领导和管理、深化幼儿园办园体制改革、深化教育教学改革、加强师资队伍建设、拓宽学前教育经费渠道并加大投入力度等。其中，在加强学前教育领导和管理方面，文件要求各级政府要把学前教育事业发展纳入地方经济、社会发展的总体规划中，使其与当地经济、社会发展和"普九"工作相适应；强调学前教育的法规建设，要求各级政府和教育行政部门建立和健全地方性学前教育规章，坚持依法治教，并要求全国绝大多数省（自治区、直辖市）到 20 世纪末都有与《幼儿园管理条例》《幼儿园工作规程》相匹配的实施办法或规章。该文件首次提出"幼儿教育发展方向应该是建立以社区为依托的、适应当地经济和社会发展的、正规与非正规相结合的组织形式"，提出应积极稳妥地进行幼儿园办园体制改革，进一步明确各级政府的责任。有条件的企、事业单位还应继续办好所属幼儿园，不得随意关、停、并、转。《全国幼儿教育事业"九五"发展目标实施意见》为我们勾画了"九五"期间学前教育事业发展的蓝图，指明了这一时期学前教育的多元化、社会化发展前景。

　　但此时恰逢我国加大经济体制、政治体制改革力度和社会变革，特别是国有企、事业单位的教育职能被剥离，城市和农村学前教育在发展过程中遇到一些新困难和新问题，导致"九五"期间我国学前教育事业的发展受到一定的冲击，未能完成规划目标。我国学前教育事业在此时期的发展情况具体如下。

一、在园幼儿数和幼儿入园率总体下降，农村入园率偏低

"八五"期间我国学前教育事业得到快速发展，1995年幼儿在园人数为2 711万人，达到历史最高水平，是1985年的2.34倍。但是从1996年开始，我国幼儿在园人数逐年减少。2000年，全国在园幼儿数比1995年减少了467万人，学前三年幼儿入园率减少了2.1个百分点，学前一年入园率减少了1.7个百分点，具体情况如表1-1所示。

表1-1 1995—2000年全国在园幼儿数及入园率情况

年份	在园幼儿数（万人）	学前三年入园率（％）	学前一年入园率（％）
1995	2 711	39.8	77.1
1996	2 666	41.0	76.0
1997	2 519	40.5	72.3
1998	2 403	39.4	75.3
1999	2 326	38.4	76.6
2000	2 244	37.7	75.4

其中，农村幼儿入园率偏低，在园幼儿数减少情况最严重。随着计划生育和城镇化政策的推进，农村出生人口减少，居住分散，这为举办正规的幼儿园带来困难，山区尤其如此。此外，农村学前教育还受到经费不足、中小学布局调整、小学附设幼儿园（班）减少等因素的影响，使得农村幼儿入园人数呈现逐年减少的趋势，2000年农村入园率仅为29.8％，相比1995年下降3.8个百分点。

（一）在园人数减少最多的地区主要为人口集中的地区

幼儿在园人数下降较多的省份多在中部和东部地区，尤其集中在人口多的地区，减少30％～50％的有湖南、河北、吉林、山东、湖北、河南、黑龙江、江苏、陕西、北京等，这些地区人口集中，

它们的学前教育事业发展对实现"九五"规划至关重要。

(二)在园人数保持基本稳定的地区主要为西部和经济发展欠发达的中部地区

例如甘肃、重庆、西藏、青海、江西、安徽、四川、海南等地区，虽然入园人数减少了 2%～11%，但如果排除人口出生率下降的因素，这些地区学前教育事业保持基本稳定，还略有增长。

(三)在园人数保持发展的地区主要为西部的一些省份和东部的浙江、广东

在全国幼儿在园人数逐渐减少的总趋势下，云南、贵州、宁夏、新疆等西部地区和浙江、广东呈发展势头，尤其是云南和贵州，增长超过 20%。这说明在"普九"任务非常重的情况下，贫困地区大力发展学前教育是有成效的。

二、教育部门办园逐渐增加，民办园快速发展，其他部门办园和集体办园大幅减少

2000 年，教育部门办园和民办园入园人数比 1995 年分别增加了 3.4% 和 158.2%，教育部门办园缓慢增长，民办园发展速度加快，入园人数已占总数的 12.7%。2000 年其他部门办园比 1995 年减少了 32.6%，集体办园比 1995 年减少了近 1/3，呈现大幅度下降的状况。

在社会经济体制改革的时期，幼儿园数量减少的情况是不可避免的。虽然 1995 年国家教委等七部委联合下发了《关于企业办幼儿园的若干意见》，目的是稳定企、事业单位办园和集体办园，但是面对企、事业单位剥离教育职能的转制改革，一方面该文件缺乏约束力，另一方面又缺乏支持这些单位继续办园的优惠政策措施，如减少税收、政府退税、政府补贴等，导致国有企、事业单位缺乏继续办园的积极性，使得新中国成立以来积累了大量优质学前教育资源的企、事业幼儿园被迫停办、变卖。

同一时期，城市化步伐加快，而很多地方政府在城区改造过程中未能把幼儿园的发展纳入当地规划，一些为人民大众服务的集体办园或被撤销，或自然消亡，而新建的小区配套幼儿园大多数为收费较高的民办园，因此使下岗职工子女、低收入家庭子女和外来务工人员子女面临入园困难问题。一些不具备办园资质、未经教育部门审批的"黑园"应运而生，靠低廉的收费吸引生源，给学前教育质量和幼儿园安全带来了很多隐患。

"九五"期间学前教育事业发展格局发生的这些变化和遇到的问题，与政府未能及时制定和出台相应的政策措施有很大关系。

三、园长和教师专业化水平得到较大提高，教师合格率基本达到"九五"规划的要求

在"八五"学前教育事业迅速发展、教师数量迅速增多的情况下，提高园长和教师的专业化水平是"九五"规划的重要目标。

为实现这一目标，1996年1月，国家教委颁发《全国幼儿园园长任职资格、职责和岗位要求（试行）》。该文件是根据我国学前教育对幼儿园园长素质提出的要求制定的，是培训、选拔、任用、考核幼儿园园长的基本依据。文件要求各地采取有力措施，通过组织岗位培训、日常政治业务学习及工作锻炼，使幼儿园园长努力达到文件所规定的资格要求。

同时，国家教委还为开展幼儿园园长岗位培训工作提出了具体意见，要求开展多种形式的培训，争取用5年左右的时间将全国幼儿园园长轮训一遍，使园长的政治、业务素质得到较大提高，能够正确理解、贯彻和执行党和国家的教育方针和政策，形成正确的教育思想，具有履行岗位职责必备的基本知识与能力。为确保培训的质量，国家教委制定了《全国幼儿园园长岗位培训指导性教学计划（试行草案）》，并由基础教育司组织编写了幼儿园园长岗位培训的教学大纲及教材，明确将园长岗位培训所需经费纳入中小学校长培训

经费使用范围。各地根据该文件的精神积极落实此项工作，以幼儿师范学校、教师进修学校、教育学院、高等师范学校为依托，建立了一大批幼儿园园长岗位培训基地，有计划、有步骤、分期、分批地对城乡幼儿园园长进行培训。

国家在学前教育事业"九五"规划中对师资水平提出了具体要求：经济发达、中等和欠发达地区的幼儿园教师合格率分别要达到90％以上、75％以上和60％以上。截至2000年，全国幼儿园园长、专任教师队伍中，专科及以上学历者达到12.4％，高中以下学历者仅为9.6％。这说明在"九五"期间，全国幼儿园园长和教师的专业化水平得到了较大提高，教师合格率实现了国家规划的目标。

回顾1991年至2000年的10年，我国学前教育事业从持续快速发展转为艰难曲折发展，此时期的学前教育事业发展形势变化快，出现的新问题多，影响面大，这是由于我国社会、经济管理体制发生了重大变革。基础教育改革、农村义务教育管理体制改革、出生人口下降等多种因素对学前教育事业产生了强烈震动和影响，出现了许多令人始料不及的问题，例如变卖公办、集体办园的问题，中小学布局调整带来学前教育数量减少的问题，责任不明、部门职责交错、体制不顺的问题。而有的老问题，如农村幼儿园教师的待遇问题、管理力量薄弱问题、忽视教师培训问题、教育经费分配不均衡的问题等没有得到有效改善，新老问题交织，对学前教育事业发展造成了严重影响，使得在"八五"期间出现的快速发展的势头，到"九五"期间就变为缓慢发展，出现入园率有所下降的状况。

在同一时期，各国政府都高度重视发展儿童早期教育，发达国家3岁及以上儿童早期教育毛入学率由72.3％提高至83.5％；亚洲主要国家由29.6％提高至44.5％；发展中人口大国由27.2％提高至33.6％。我国在1991年至2000年的10年3～5岁幼儿入园率由29.2％提高至37.7％，但仍低于亚洲主要国家平均水平，尤其"九五"期间学前教育入园率出现下降趋势。我国义务教育普及程度已超过中等发达国家，2000年"普九"的人口覆盖率已近90％，但进入小学的适龄儿童中还有1/4未能接受学前一年的教育，3～5岁儿童中还有2/3的儿童未能接受学前教育，对3岁以下儿童家庭早期教育的支持和指导还很薄弱。

我国在大力推进"普九"工作的巩固与提高的同时，应该把学前教育放在整个基础教育的全局中，真正从起点上实现从人口大国迈向人力资源强国的战略转变，实现"双基"的巩固、提高和消除贫困的目标。

因此，如何抓住改革的有利时机，采取切实可行的措施，推动学前教育事业的快速、稳定发展就成了后一阶段我国学前教育事业发展要着力解决的主要问题。

第四节　深化改革，学前教育社会化发展阶段(2001—2005年)

进入21世纪，国家继续深入推行经济和管理体制改革，加快推行农村教育管理体制改革、中小学教育资源调整、国有企事业单位教育职能剥离等改革，但此时与社会转型相适应的学前教育事业发展与管理新体制并没有建立，学前教育事业发展受到强烈冲击，仍然面临着前所未有的困难和挑战。针对这一情况，国务院在2003年转发了教育部等十部委联合发布的《关于幼儿教育改革与发展的指导意见》。

《关于幼儿教育改革与发展的指导意见》是在全面、深入把握当时我国学前教育事业发展的现状与问题的基础上出台的。2001年，教育部召开全国学前教育工作座谈会，会议就学前教育取得的成绩和发展的前景进行全面总结和深刻分析，就当时学前教育事业发展存在的问题及如何推动"十五"期间学前教育事业的发展提出了改革思路，尤其是就政府加大投入、改革收费办法、发挥示范园的作用、建立以社区为基础发展早期教育的模式等重大问题提出了具有突破性的改革意见。这项工作得到国务院的高度重视，中央各有关部委积极配合教育部，认真分析和确定了各自在新时期学前教育事业发展中的任务和改革办法。国务院办公厅还召开了由部分省（自治区、直辖市）政府秘书长、教育厅长和县教育局长、幼儿园园长代表参加的会议，广泛听取来自基层的修改意见。

《关于幼儿教育改革与发展的指导意见》就解决当时学前教育发展中出现的一系列重大问题提出了意见，明确了"十五"期间我国学前教育改革与发展的目标，并提出要实现上述目标，必须从以下五方面着手：进一步完善学前教育管理体制和机制，切实履行政府职责；加强管理，保证学前教育事业健康发展；全面实施素质教育，提高幼儿教育质量；加强师资队伍建设，努力提高幼儿园教师素质；加强领导，保证幼儿教育改革与发展的顺利进行。

《关于幼儿教育改革与发展的指导意见》的主要特点有以下几点。

其一，明确各级政府的责任，完善"地方负责、分级管理"的管理体制。

文件首次明确了从中央、省、地、县、乡（镇）级政府到村民委员会应承担的具体职责和任务，明确了农村学前教育的管理体制为：由县负责举办公办园，乡（镇）负责举办乡镇中心园，村要发展多种形式的学前教育，包括幼儿班、非正规的教育形式，即"三级办学，二级管理"。该文件首次明确"乡（镇）财政预算也要安排发展学前教育的经费"，农村义务教育实行"以县为主"的体制，把幼儿教育的责任和管理权力交给乡级政府，实现了重心下移、责任落实到位，以改变管理薄弱状况。

其二，明确了新形势下各部门管理职能的重点工作内容。

例如，编制部门要制定幼儿园教职工的编制标准；劳动和社会保障部门要统筹研究农村幼儿园教师的养老保险问题；教育部门会同财政和物价主管部门按照不以营利为目的的原则，制定幼儿园（班）收费管理办法；卫生部门负责拟定有关卫生保健方面的法规和制度，监督和指导幼儿园卫生保健工作；建设部门要在城镇改造和城市小区建设过程中建设与居住人口相适应的幼儿园；民政部门要把发展学前教育作为城市社区教育的重要内容。

其中关于收费的问题，《关于幼儿教育改革与发展的指导意见》首次提出在坚持学前教育公益性本质的基础上实行"按成本合理收费"的改革，即按每一个幼儿园的实际合理需求核定成本的收费管理办法。这既规范了收费行为，又保证了幼儿园的经费有合法的来源，并改变当时收费管理不力的状况。该文件明确了管理权限：省级部门制定收费最高和最低标准，县级部门确定幼儿园收费标准，民办园的收费实行备案和公示制度。这些改革办法符合《中华人民共和国民办教育促进法》的原则，有助于实现非义务教育在市场经济下的相对公平价值，以推动各类幼儿园的规范管理。

该文件提出要建立新的学前教育发展模式，明确了"十五"期间的发展目标是要建立以社区为基础的、以示范园为中心的、能利用社区多种资源的、灵活多样的、正规和非正规形式的学前教育服务网络；明确了为0～6岁儿童家长提供保教服务，把提高家长的科学育儿能力作为学前教育事业发展的重要目标之一，扩大学前教育工作的范围和职责。文件体现了把学前教育作为一种多方受益的高效益的社会综合发展计划的大教育观和发展观，这与联合国所倡导的理念、与世界学前教育的发展趋势是一致的。

其三，坚持保护国有资产不流失的原则，提出了针对转制的幼儿园资产的基本管理办法。

《关于幼儿教育改革与发展的指导意见》明令"不得出售或变相出售公办园和乡（镇）中心幼儿园，已出售的要限期收回"，显示出国务院制止"卖园风"的决心。文件明确提出，国有企事业转制中，幼儿园产权归属办法是提交教育部门管理、多种体制结合的管理办法；加强对新建小区幼儿园的管理，一方面保证幼儿园多年积累下来的资源继续为学前教育服务，另一方面不断增加新的资源。

其四，办好示范园，发挥示范、培训、管理等多种功能作用。

《关于幼儿教育改革与发展的指导意见》规定，要"形成以省、地、县、乡各级示范性幼儿园为中心，覆盖各级各类幼儿园的指导和服务网络"，这是针对学前教育优质资源缺乏、培训力量不足、管理力量薄弱的现状而采取的大胆的改革措施。这项改革将充分发挥示范园的作用，能使有限的、集中使用的学前教育经费得到再利用，从而提高政府投资的效益。

其五，保障幼儿园教师的合法权益。

《关于幼儿教育改革与发展的指导意见》明确规定，县级教育部门要保证公办教师的工资；企业改制的幼儿园要保证教师的合法权利，要解决城市幼儿园教师的社会保障问题；并首次把探索农村幼儿园教师社会保障制度列入社会保障部门的工作日程，这为广大农村幼儿园教师的社会待遇从根本上得到改善带来新的机遇。文件将幼儿园教师的培训纳入中小学教师的继续教育规划，政府将有计划地解决培训经费、培训师资等问题。

其六，推进学前教育均衡发展，加大针对农村和贫困地区的学前教育的支持力度。

为减少差异，促进城乡学前教育的均衡发展，在农村学前教育资源缺乏的情况下，为加强公办园的建设，《关于幼儿教育改革与发展的指导意见》明确利用中小学的空余校舍优先办园。考虑到国家财政性经费对农村学前教育的投入较少的情况，该文件要求从中央到地方的各级政府要有扶持农村和贫困地区幼儿的资金，以促进农村学前教育的不断发展。

其七，首次明确在各级政府建立学前教育评价制度，发挥督政和督学相结合的评价监督管理机制的作用。

《关于幼儿教育改革与发展的指导意见》首次规定了由国务院教育部门制定学前教育的督导评估暂行办法，把学前教育纳入了各级政府对教育的督导工作范围，促进政府有关负责人更自觉地搞好工作，把学前教育工作成就和自己的政绩挂钩；首次提出建立由政府有关部门参与的学前教育联席会议制度和政府督导制度，以保证学前教育工作能纳入各部门日常工作中和政府的行为规范中。

《关于幼儿教育改革与发展的指导意见》明确了解决学前教育事业发展面临的困难和问题的方向与措施，使得"十五"后期，学前教育事业呈现稳步发展的态势。"十五"期间，我国学前教育事业发展的基本情况如下。

一、学前教育普及水平降后有升，入园率得到提高

"十五"初期，在园幼儿人数继续下降，2003 年降到 10 年里最低水平，2004 年得到扭转。

2005 年，全国幼儿园数达到 12.44 万所，比上年增加 5.5％；在园幼儿人数为 2 179 万人，比上年增长 4.3％；学前三年入园率达到 41.4％，学前一年入园率为 72.7％，"十五"末与"九五"末相比，学前三年入园率增加 3.7％，学前一年幼儿入园率下降了 2.7％（见表 1-2）。按照国务院规划的"2007 年学前三年入园率达到 55％"的目标，2005 年学前三年入园率应达到 47％，而"十五"期间国家规划目标并没有实现。

表 1-2　2000—2005 年全国在园幼儿数及入园率情况

年份	在园幼儿数 （万人）	学前三年入园率 （％）	学前一年入园率 （％）
2000	2 244	37.7	75.4
2001	2 022	35.9	70.0
2002	2 036	36.8	68.3
2003	2 004	37.4	64.3
2004	2 089	40.8	71.8
2005	2 179	41.4	72.7

二、教师学历水平提高较快，但未评职称教师比例越来越高，农村师幼比过高

2005 年，全国幼儿园教职工总人数为 115.2 万，其中园长 11.45 万，专任教师 72.16 万，保健人员 8.14 万，代课和兼职教师人数为 23.45 万。教职工总人数在 2001 年大幅度减少后逐年回升。

"十五"期间，从总的情况来看，幼儿园教师学历水平和提高的速度与小学教师比较一致（见表 1-3），但农村教师的学历相对较低。

表 1-3　"十五"期间全国小学和幼儿园教师学历比较表

年份	本科及研究生 （％）		专科 （％）		高中、中专 （％）		高中以下 （％）	
	幼儿园	小学	幼儿园	小学	幼儿园	小学	幼儿园	小学
2001	1.81	1.60	28.66	25.79	61.64	69.41	7.89	3.19
2002	3.01	2.16	34.09	30.92	56.71	64.30	6.18	2.61
2003	3.71	3.07	37.31	37.43	53.57	57.33	5.41	2.15
2004	4.89	4.58	40.61	44.16	49.64	49.55	4.86	1.69
2005	6.13	6.70	43.03	49.63	46.56	42.26	4.28	1.38

幼儿园教师没有职称的情况越来越严重，2005 年，未评职称教师占幼儿园教师总数的 54.4％，比 2001 年增加了 6.4 个百分点。这一情况与其学历迅速提高的状况形成了强烈反差，不利于稳定教师队伍和调动教师专业发展的积极性。

此外，幼儿园师生比过高，专任教师比例逐年减少。2005 年，全国幼儿园教职工（含代课教师和兼任教师）与幼儿比平均为 1∶17.6，其中城市为 1∶9.8，县镇为 1∶15.9，而农村为 1∶36，农村幼儿园师生比过高的状况没有得到缓解，这是农村幼儿园教育质量难以提高的症结之一。

三、城乡学前教育事业呈现不同的发展趋势

（一）城市在园人数达到历史最高水平，幼儿园数量有所减少，办园规模扩大，班额略有减少

2005 年城市幼儿园为 3.33 万所，比上年增长 1％，班数为 19.78 万个，比上年增加了 1.7％。在园幼儿数 569.2 万人，比上年增加了 2.8％，达到历史最高水平。

"十五"期间，城市学前教育得到一定发展，与 2000 年比较，2005 年在园幼儿数增加了 13％，班级增加了 23％，但幼儿园数量减少了 10％；幼儿园生均人数 2000 年为 136 人，2005 年达到 171 人，增加了 26％。办园规模明显扩大；幼儿园班额 2000 年为 31.24 人，2005 年为 28.77 人，班额略有减少。

上海、天津、青岛、沈阳、北京等许多大城市不仅基本满足了幼儿入园的需要，也为外来人口中的儿童入园提供了一些机会。

（二）县镇学前教育呈下降后稳步回升的状况，在园幼儿数略有增加，办园规模扩大，但幼儿园数减少

2005 年，县镇幼儿园数为 3.09 万所，比上年增加 0.5％；班数为 18.25 万个，比上年减少 6.7％；在园幼儿数 592.9 万人，比上年增加了 9.9％. 是 5 年来增加最多的一年。

"十五"期间，县镇学前教育出现下降后稳步回升的状况，基本保持在"九五"末的水平。与 2000 年比较，2005 年县镇在园幼儿仅增加了 2.4%，但幼儿园数减少了 31%，减少幅度很大；幼儿园办学的规模大大增加，2000 年幼儿园生均人数为 128 人，2005 年达到 192 人，增加了 50%。说明"十五"期间，在利用县镇中小学布局调整后的校舍改建幼儿园上及在扩大幼儿园的规模上取得较显著的效益。值得注意的是，5 年来，县镇的社会经济发展很快，人口增长迅速，但幼儿园数却大幅减少，与国家加快城镇化建设的目标不相适应。

（三）农村学前教育连续 8 年下滑的局面在 2004 年得到控制，但幼儿园和小学附设学前班数量减幅仍然很大

"十五"期间，农村学前教育连续 8 年下滑的局面到 2004 年才得到扭转。2005 年农村幼儿园数为 6.02 万，比上年增长 11%；班数为 39.46 万，比上年增加 0.66%；在园幼儿数为 1 016.92 万人，比上年增加 2%；学前班 22.85 万个，在班幼儿 580.85 万人，比上年减少 5.02%。农村学前教育发展形势严峻。

与 2000 年比较，2005 年在园幼儿数减少了 2.90%。幼儿园的数量减少 29.25%，农村学前班减少了 35.2%。学前班主要是在农村，学前班大量减少直接影响了农村幼儿受教育的机会。尤其是农村有越来越多的留守和流动儿童，他们的早期教育存在严重问题，不利于改变农村学前教育的落后局面，不利于缩小城乡差异，实现学前教育的城乡均衡发展。

四、办园格局发生变化，集体办园和其他部门办园大幅减少，教育部门办园和社会力量办园增幅大

与"九五"末相比，"十五"末各类办园的数量增减情况如下。

教育部门办园①：2005 年教育部门办园数为 2.57 万所，比 2000 年减少 27%，班数为 39.5 万个，增加 37%，在园幼儿数为 1 147.54 万人，增加了 26.2%。

其他部门办园：2005 年其他部门办园为 0.58 万所，比 2000 年减少 63%；班数为 4.27 万个，减少 47%；在园幼儿数为 129 万人，减少 49%，占在园总人数的比例从 11%减少到 6%。

集体办园：2005 年集体办园为 2.41 万所，比 2000 年减少 70%；班数为 8.42 万个，减少 71%；在园幼儿数为 234.39 万人，减少 71%。

社会力量办园：2005 年社会力量办园数为 6.89 万所，比 2000 年增加 55%；班数为 25.30 万个，增加 131%；在园幼儿数为 668.09 万人，增加 95%。

"十五"期间，学前教育事业的发展格局发生变化，将 2000 年与 2005 年不同体制办园的在园幼儿数进行比较，集体和其他部门办园从 46.8%减少为 16.7%，民办园从 12.7%增加到 30%，而教育部门办园从 40.5%增加至 52.7%，说明不同体制的幼儿园随着经济体制改革和社会结构转型的变化而有着不同的发展。

五、各地学前教育发展不平衡，西部大部分省份发展迅速，部分中、西部人口集中地区以及东北地区入园人数逐年减少或停滞不前

"十五"期间，有 14 个省（自治区、直辖市）在园幼儿数增长，其中西藏、贵州、新疆、湖南、青海、云南、广西等地增长达到 20%以上，上海、江西、河北、浙江、宁夏等达到 10%以上。可以看到，西部大部分地区呈现积极发展的态势，这些地区在普及义务教育的

----

① 由于自 2001 年起，教育部关于学前教育基本情况的统计指标有所变化，教育部门办园与集体办园合并为一个统计指标；2005 年，又恢复为教育部门办园、集体办园两个统计指标。

同时，与发展学前教育紧密结合，事业发展一直处于积极的状况，入园率得到提高。

但是各地的发展仍不平衡，福建、山东、广东、河南、江苏、海南等地在园人数处于缓慢发展或基本保持在原有水平，部分中部、西部人口集中地区以及东北等地区入园人数逐年减少。总的来看，我国学前教育的发展形势仍然十分严峻，应采取有效措施促进各地区城乡学前教育每年都有较大幅度的增长，以实现 2007 年国家发展规划目标。

六、幼儿园办学条件不断得到改善

2005 年，全国幼儿园建筑面积达到 8 619.32 万平方米，生均建筑面积为 3.96 平方米，比 2001 年增加 0.97 平方米；幼儿园户外活动场地面积为 7 284.46 万平方米，生均 3.34 平方米，比 2001 年增加 0.66 平方米；幼儿园图书 7 225.78 万册，生均图书 3.32 册，比 2001 年增加 1.15 册。"十五"期间，幼儿园各项办学条件的指标都有所提高，办学条件得到较大改善。

第五节　调整提高，学前教育持续发展阶段（2006—2009 年）

2007 年，教育部颁布《国家教育事业发展"十一五"规划纲要》，提出 2006—2010 年学前教育事业的发展目标是"学前三年毛入园率达到 55％以上"，要求欠发达地区学前教育规模稳步扩大，中等发达地区学前教育进一步发展，发达地区学前三年毛入园率要达到 85％以上，建立起较为完善的城乡一体化教育体系。

"十一五"期间，我国学前教育事业在改革创新中不断前进，展现出强劲的发展势头。"九五""十五"期间入园幼儿总数连续 7 年递减的情况得到扭转，入园率得到提高；城镇学前教育事业得到一定发展，农村学前教育下滑的情况得到控制。但受发展基础薄弱等因素的影响，此时学前教育发展的总体水平还不高，地区之间、城乡之间发展很不平衡，与人民群众日益增长的需要和教育协调发展的要求不相适应，未能完成国家教育事业发展"十一五"规划提出的总目标。

这一时期全国学前教育事业发展的基本情况如下。

一、全国学前教育规模持续增长，普及水平继续提高

2006 年，全国幼儿园共 13.1 万所，比上年增加 6 093 所，增长 4.9%；新入园幼儿为 1 391 万人，比上年增加 35 万人，增长 2.6%；在园幼儿有 2 263.9 万人，比上年增加 84.8 万人，增长 3.9%。

2009 年，全国幼儿园数量为 13.8 万所，比 2005 年增加 1.4 万所，增长 11.3%。全国在园幼儿人数达到 2 657.8 万人，比 2005 年增长了 22.0%，保持了近年来规模持续增长的势头（见表 1-4）。

同时，全国学前教育普及水平进一步提高，发展态势良好。2009 年，学前三年毛入园率达到 50.9%，比 2005 年提高 9.5 个百分点，是 10 年来提高最快的时期，达到历史最高水平。

表 1-4　2005—2009 年全国学前教育发展规模

年份	幼儿园数 （万所）	当年新入园幼儿数 （万人）	在园幼儿数 （万人）
2005	12.4	1 356.2	2 179.0
2006	13.1	1 391.2	2 263.9
2007	13.0	1 433.6	2 348.8
2008	13.4	1 482.7	2 475.0
2009	13.8	1 546.9	2 657.8

在此期间，中、西部地区学前教育在"十五"期间持续增长的基础上获得加速发展。2006 年，广西、海南、江西 3 个省份在园幼儿数比上年增长超过 10%；吉林、黑龙江、河北、湖北、湖南、云南、青海 7 省超过 5%，如表 1-5 所示。

表 1-5   2006 年部分省份在园幼儿数增长情况

省份	比上年增长（%）	省份	比上年增长（%）
广西	13.48	河北	9.55
海南	12.81	青海	8.35
江西	12.49	湖北	8.03
吉林	9.83	湖南	8.00
黑龙江	9.80	云南	6.61

小学招生中接受学前教育学生的比例也继续提高。2006 年，小学招生中接受学前教育的比例达到 84.7%，比上年提高 1.34 个百分点，与 2001 年相比，提高了近 5 个百分点。具体到各地的情况，小学招生中接受学前教育的比例超过 95% 的地区有上海、江苏、辽宁、吉林、黑龙江和天津，集中在东部和东北三省。与上年相比，小学招生中接受学前教育的比例提高幅度超过 4 个百分点的地区有宁夏、海南、云南、新疆，集中在中、西部地区。

2007 年，中、西部地区小学招生中接受过学前教育的学生的比例分别为 90.0%、76.9%，东部地区的比例为 93.9%。从城乡来看，中部农村这一比例的提高最快，中部农村小学招生中接受学前教育的比例为 88.9%。

二、城市、县镇学前教育稳步发展，农村学前教育发展形势严峻

2006—2009 年间，城市学前教育得到稳步发展，2009 年幼儿园总数比 2005 年增加了 5.9%，在园幼儿规模扩大了 17.6%；县镇学前教育出现持续发展的态势，2009 年幼儿园总数比 2005 年增加

24.17%；农村幼儿园发展缓慢、曲折，在连续下降7年后，自2004年起持续增长。但值得注意的是，2007年农村幼儿园比2006年幼儿园减少3 376所，在园幼儿数减少14.72万，农村学前教育发展形势十分严峻。

农村小学附设学前班一直承担着我国农村学前教育发展的主要任务。2009年，全国农村小学附设学前班就读人数占当年全国学前班幼儿总数的63.4%，比城市高近51.2个百分点；占全国农村在园幼儿总数的43.2%。

而自1995年以来，学前班数量连续12年减少，共减少了40%，2009年比2005年减少了56 712个，农村小学附设学前班就读人数占当年全国学前班幼儿总数的比例、占全国农村在园幼儿总数的比例分别下降4.5个百分点和13.9个百分点。农村中小学布局调整工作的不断推进，被撤并小学的学前班不得不随之消亡，农村学前班数量不断减少。这一趋势使农村学前教育的发展陷于危机之中。

三、办园格局发生变化，教育部门办园基本保持稳定，集体办园和其他部门办园继续减少，社会力量办园发展迅速

"十一五"以来，教育部门办园在保持基本稳定的情况下所占比例稍有减少。2009年，教育部门办园在园幼儿人数为1 198.8万人，在各类园中所占比例减少到45.1%。

其他部门办园的规模继续减少，所占比例减少为4.2%（见表1-6）。尽管已有政策明确企业办中小学交给地方政府举办和管理，但对企业幼儿园的归属问题却一直没有明确的政策规定，导致这些主要为工人服务的国有企业幼儿园大量关闭，数量大大减少。

集体办园规模也在继续减少，在园幼儿所占比例减少为8.1%，比2005年减少了2.7个百分点（见表1-6）。

表 1-6　2000、2005、2009 年教育部门办园、其他部门办园、集体办园发展情况

年份	教育部门办园			其他部门办园			集体办园		
	幼儿园数（万所）	在园幼儿数（万人）	占在园幼儿总数的比例（%）	幼儿园数（万所）	在园幼儿数（万人）	占在园幼儿总数的比例（%）	幼儿园数（万所）	在园幼儿数（万人）	占在园幼儿总数的比例（%）
2000	3.5	909.5	40.5	1.6	255.5	11.1	8.1	794.9	35.4
2005	2.6	1 147.5	52.7	0.6	129.0	5.9	2.4	234.4	10.8
2009	2.7	1 198.8	45.1	0.5	110.8	4.2	1.8	214.1	8.1

同期，民办学前教育快速发展，明显快于公办幼儿园发展速度。如表 1-7 所示，2009 年，民办幼儿园园数达 8.9 万所，比 2005 年增加 2.1 万所，增长 29.7%；新入园幼儿数达 574.7 万人，比 2005 年增加 220.3 万人，增长 62.2%；在园幼儿数为 1 134.2 万人，比 2005 年增加 466.1 万人，增长 69.8%。而同期公办幼儿园规模呈下降态势，2009 年公办幼儿园总数为 4.9 万所，比 2005 年减少 6 662 所，下降了 12.0%；新入园幼儿数为 972.2 万人，比 2005 年减少 29.6 万人，下降了 3.0%；在园幼儿为 1 523.6 万人，比 2005 年增加 12.7 万人，增长了 0.8%。

表 1-7　2005、2009 年全国分办别学前教育规模发展情况

年份	公办幼儿园			民办幼儿园		
	幼儿园园数（所）	新入园幼儿数（万人）	在园幼儿数（万人）	幼儿园园数（所）	新入园幼儿数（万人）	在园幼儿数（万人）
2005	55 567	1 001.8	1 510.9	68 835	354.4	668.1
2009	48 905	972.2	1 523.6	89 304	574.7	1 134.2

民办幼儿园占幼儿园总数的比例有所上升。2009 年，民办幼儿园园数、新入园幼儿数、在园幼儿数占总比分别达到 64.6%、37.2% 和 42.7%，比上年分别提高 9.3、11.1、12.0 个百分点。其中，中西部地区民办学前教育发展尤为迅速。2006 年，内蒙古、云南、河北、海南、广西、河南、江西等中西部 7 省区的民办幼儿园在园幼儿数比 2005 年增长 25% 以上。

在集体办幼儿园减少的情况下，民办幼儿园成为补充。由于国家对民办教育没有任何财力支持，一些适宜低收入人群的、成本很低的、质量差的幼儿园，包括一些不具办学条件的未注册的"黑园"大量存在；而一些成本很高的高价、豪华型幼儿园在城市应运而生。民办幼儿园质量两极分化的情况严重。

四、幼儿教师队伍扩大，高学历教师增量大，未评职称教师比例、农村师幼比偏高情况未得到根本缓解

2009 年，幼儿园教职工总数比 2005 年增加了 36.3%，增速较快。专科以上学历的幼儿园教师已有 57.8 万人，比 2005 年增加了 23.2 万人，占当年幼儿园教师总数的 58.6%，本科和研究生学历的教师有 10.8 万人，比 2005 年增长了 188%。

"十一五"期间，全国幼儿园教师中一半以上没有职称。其中，城市为 51.85%，县镇为 54.8%，农村为 69.88%。与 2005 年相比，仅农村减少了 2 个百分点。

从各地情况来看，2007 年，未评职称幼儿园教师比例在 60% 以上的有江西、广东、浙江、海南、湖南、山东、辽宁和四川；未评职称教师比例在 40% 以下的有北京、河北、天津和上海（见表 1-8）。

表1-8   2007年部分地区未评职称幼儿园教师占比情况

地区	未评职称幼儿园教师所占比例（%）			地区	未评职称幼儿园教师所占比例（%）		
	整体	城市	农村		整体	城市	农村
江西	76.3	60.2	81.0	北京	38.1	37.4	42.0
广东	71.0	64.3	77.3	河北	34.1	48.2	27.5
浙江	70.2	58.9	77.0	天津	32.1	18.6	45.9
海南	66.3	68.7	64.5	上海	20.5	17.1	24.3
湖南	66.3	55.4	73.6	辽宁	64.0	59.8	71.7
山东	65.1	57.9	69.0	四川	63.1	56.2	66.7

幼儿园教师未评职称情况越来越严重，说明教师任职资格管理严重缺位，这是导致教师队伍不稳定、优质教师流失的主要原因之一。因此，必须尽快在城乡实施幼儿园教师的资格认证制度，完善教师职称评定制度，以促进教师的能力和学历层次的提高。

2009年，全国幼儿园教职工数与幼儿数比为1∶16.9，专任教师数与幼儿数比为1∶27.0，与国家编制标准规定的幼儿园师生比为1∶8～1∶7相比仍有很大差距。2009年的师幼比，教育部门办园为1∶45.1，集体办园为1∶22.2，其他部门办园为1∶15.6，民办园为1∶20.5。从城乡教师负担来看，城市师幼比为1∶16.3，县镇为1∶25.2，农村为1∶48.4，农村幼儿园教师的负担仍然过重。这就使得农村学前教育很难保证质量，也给儿童的安全带来很大隐患。

2007年5月，国家人事部、教育部联合颁布《关于中等职业学校、普通高中、幼儿园岗位设置管理的指导意见》，明确"幼儿园岗位分为管理岗位、专业技术岗位和工勤技能岗位三种类别"，根据幼儿园的特点，"专业技术岗位分为教师岗位和其他专业技术岗位，其中教师岗位是专业技术主体岗位"。要求"在确定岗位总量时，应根据核定的教职工编制总量、正式工作人员数量等因素综合确定"；"幼儿园教师岗位占幼儿园岗位总量的比例一般不低于88%，其他岗位原则上不超过 12％"。幼儿园教师岗位等级划分,参照普通小学岗位等级设置①的规定执行。该文件首次对幼儿园教职工队伍的岗位设置、结构比例进行规定,对规范幼儿园教师队伍的管理、保障教师权益提供了重要的政策依据。

五、幼儿园办学条件继续改善

2009 年幼儿园生均校舍建筑面积为 4.40 平方米,比 2005 年增加了 0.44 平方米,生均校舍建筑面积有了较大的提高。城市为 7.24 平方米,比 2005 增加了 0.43 平方米;县镇为 4.57 平方米,比 2005 增加了 0.18 平方米;农村为 2.58 平方米,比 2005 增加了 0.48 平方米。生均户外活动面积为 3.24 平方米,比 2005 年减少了 0.1 平方米。城乡办园条件的改善为提高教育质量、改善学前教育环境提供了物质保证。

六、加快推进学前教育立法准备工作

这一时期,我国学前教育事业在发展规模和教育质量等方面都取得了可喜的成绩,较好地满足了广大人民对学前教育的需求。然而,在经济体制改革过程中,学前教育也出现了一系列迫切需要解决的问题,引起社会的广泛关注。针对这些问题,各级教育部门采取了多种措施,但仍收效甚微。《幼儿园管理条例》《幼儿园工作规程》等法规已无法解决经济体制和社会结构转型带来的一系列问题。随着《中华人民共和国教育法》《中华人民共和国义务教育法》《中华人民共和国职业教育法》《中华人民共和国高等教育法》等教育法律的颁布和实施,《中华人民共和国教育法》所列出的四个独立学制阶段中,只有学前教育没有立法,学前教育的法律地位不明确,管理体制和投入体制不健全,各级政府的责任不清,难以建立健康的学前教育

---

① 义务教育学校小学教师岗位名称:小学高级教师一级岗位、小学高级教师二级岗位、小学高级教师三级岗位,分别对应八至十级专业技术岗位;小学一级教师一级岗位、小学一级教师二级岗位分别对应十一级、十二级专业技术岗位;小学二级教师、小学三级教师岗位对应十三级专业技术岗位。

管理秩序，因此学前教育立法迫在眉睫。

2004 年开始，全国人大、教育部根据人大代表和政协委员的多个议案、提案，赴江西、山东、河北、江苏等地，就明确政府的公共服务责任、建立规范的学前教育秩序、保证各类学前教育机构健康发展等问题进行深入调研。与此同时，地方学前教育立法工作也逐步推进。一些地方人大在学前教育立法、依法保障学前教育事业的地位、规范学前教育管理等方面做了很多工作。在江苏、北京等地相继颁布地方性学前教育法律法规之后，上海、山东、广州等地也就学前教育的法律地位、培养任务和目标、投入和条件保障、学前教育管理、相关法律责任等方面进行了研究，进行了大量的学前教育立法准备工作。2008 年，教育部启动学前教育立法的准备工作，国家层面的学前教育立法工作受到前所未有的重视。

第六节　改革创新，学前教育跨越式发展阶段（**2010** 年至今）

2010 年是我国学前教育发展进程中的重要转折点。在国家教育改革不断深化和"入园难"问题日益凸显的双重作用下，学前教育事业受到党和国家的高度重视，在《国家中长期教育改革和发展规划纲要（2010—2020 年）》和《国务院关于当前发展学前教育的若干意见》（简称"国十条"）的系统设计和全面部署下，成为国家教育改革发展战略的重要部分。

2010 年 7 月，胡锦涛在全国教育工作会议上就推动教育事业科学发展提出"五项核心要求"①，体现了中央政府实施科教兴国、人才强国战略的决心。2010 年 7 月 29 日，国务院发布《国家中长期教

---

① 这五项核心要求是：优先发展教育，强调政府责任，健全政府投入为主、多渠道筹措教育经费的体制；坚持以人为本，强调全面实施素质教育；坚持改革创新，深化办学体制改革；必须促进教育公平，坚持教育的社会公益性、普惠性；必须重视教育质量，强调质量为核心。

育改革和发展规划纲要(2010—2020 年)》。作为 21 世纪我国第一个
中长期教育改革和发展规划,《国家中长期教育改革和发展规划纲要
(2010—2020 年)》勾画了我国教育事业改革和发展的蓝图,明确了改
革和发展的方向与措施,是指导全国教育改革和发展的纲领性文件。
而在这一国家教育发展规划的纲领性文件中,将学前教育作为教育
改革发展的八大任务,首次用专章论述了学前教育发展问题,描绘
了学前教育发展的美好蓝图。该文件提出了到 2020 年"学前三年毛
入园率达 70%"的战略目标,并明确为达成该目标应落实的三项发展
任务:基本普及学前教育、明确政府职责、重点发展农村学前教育。
此外,《国家中长期教育改革和发展规划纲要(2010—2020 年)》还在
其他章节对完善学前教育投入体制、建立学前教育资助制度、加强
幼儿园师资队伍建设、开展学前教育督导、发展残疾儿童学前教育
和加快学前教育立法等方面提出了明确要求。

　　为贯彻落实《国家中长期教育改革和发展规划纲要(2010—2020
年)》,着力破解"入园难"问题,满足适龄儿童入园需求,促进学前
教育事业科学发展,2010 年 11 月,《国务院关于当前发展学前教育
的若干意见》颁布。在《国家中长期教育改革和发展规划纲要(2010—
2020 年)》对学前教育所做的系统设计基础上,"国十条"对我国学前
教育事业发展进行了全面部署,提出了十条强有力的政策措施:把
发展学前教育摆在更加重要的位置;多种形式扩大学前教育资源;
多种途径加强幼儿园教师队伍建设;多种渠道加大学前教育投入;
加强幼儿园准入管理;强化幼儿园安全监管;规范幼儿园收费管理;
坚持科学保教,促进幼儿身心健康发展;完善工作机制,加强组织
领导;统筹规划,实施学前教育三年行动计划。"国十条"是以国务
院名义出台的第一个落实《国家中长期教育改革和发展规划纲要
(2010—2020 年)》的文件,也是第一个以国务院名义出台的学前教育
工作文件,在中国教育和学前教育发展史上具有重要的里程碑意义。

自此，我国学前教育事业迎来了改革开放后的第二个春天，续写欣欣向荣的"春天的故事"，开创了学前教育改革发展的全新局面，实现了跨越式发展。

一、学前教育改革发展取得的成就

2010 年以来，在党和国家的系统设计、全面部署、积极推进和有力保障下，学前教育深化改革、不断创新，取得了令人瞩目的成就。主要表现在以下五个方面。

(一)学前教育的性质定位、发展方向和政府职责得以明确

性质定位不清是长期以来制约我国学前教育健康发展的根本原因，直接导致了政府职责不明、履责不力，影响了学前教育事业发展的价值取向。基于此，国家学前教育政策首先对学前教育的性质定位予以明确，在此基础上明晰了政府职责和学前教育事业的发展方向。

为推进学前教育事业科学发展，"国十条"在国家层面对学前教育的性质定位做出了明确规定。文件中，连续用三个"是"和三个"关系"深刻阐明了学前教育的性质和意义，指出学前教育"是终身学习的开端，是国民教育体系的重要组成部分，是重要的社会公益事业"，办好学前教育"关系亿万儿童的健康成长，关系千家万户的切身利益，关系国家和民族的未来"，肯定了它在国计民生中的重要位置。[①]

2017 年 10 月，党的十九大胜利召开。十九大会议报告中将"幼有所育"纳入新时代中国特色社会主义思想和基本方略，将其视为重要的民生问题，强调要"办好学前教育"。这是新时代党对学前教育性质的重申，再次肯定了学前教育作为国计民生组成部分的重要

[①]　朱永新、冯晓霞：《中国教育改革大系·学前教育卷》，29 页，武汉，湖北教育出版社，2016。

价值。

2017 年 12 月 18 日至 20 日，中央经济工作会议在北京召开。在这次被视为 2018 年国家各项工作"风向标"的会议上，按照党的十九大报告关于针对人民群众关心的问题精准施策的要求，首次提出要着力解决五大具体的"教育"问题，其中包括解决婴幼儿照护和儿童早期教育服务问题。①

可见，党和国家将学前教育的性质定位为我国国民教育体系的重要基石、重要的社会公益事业、广大人民群众关心的重大民生问题。

在明确学前教育性质定位的基础上，"国十条"确定了我国学前教育发展的基本方向，即"坚持公益性和普惠性，努力构建覆盖城乡、布局合理的学前教育公共服务体系，保障适龄儿童接受基本的、有质量的学前教育"。这是对学前教育社会化的真正含义所做的正确诠释。②

《国家中长期教育改革和发展规划纲要(2010—2020 年)》和"国十条"强调了政府要在学前教育事业发展中承担主要职责，发挥主导作用。《国家中长期教育改革和发展规划纲要(2010—2020 年)》在学前教育发展任务中强调要明确政府职责，从规划、投入、办园、管理等方面对政府职责做了具体规定：把发展学前教育纳入城镇、社会主义新农村建设规划；建立政府主导、社会参与、公办民办并举的办园体制；加大政府投入，完善成本合理分担机制；加强学前教育管理，规范办园行为。同时，明确了所属各部门的具体职责，即"教育行政部门加强对学前教育的宏观指导和管理，相关部门履行各自职责，充分调动各方面力量发展学前教育"。"国十条"也提出了"坚

---

① 其余三个问题分别是：中小学生课外负担重、择校热、大班额。
② 朱永新、冯晓霞：《中国教育改革大系·学前教育卷》，29 页，武汉，湖北教育出版社，2016。

持政府主导，社会参与，公办民办并举"的学前教育发展方针，要求"落实各级政府责任，充分调动各方面积极性"，要求各级政府"将大力发展学前教育作为贯彻落实教育规划纲要的突破口，作为推动教育事业科学发展的重要任务，作为建设社会主义和谐社会的重大民生工程，纳入政府工作重要议事日程，切实抓紧抓好"。

学前教育性质定位、发展方向及政府职责的明确为保障学前教育事业科学、健康发展提供了重要前提和政策保障。

（二）学前教育资源得到有效扩充，幼儿入园机会得到有效保障

"入园难"及"入园贵"问题凸显了学前教育资源的严重不足。对此，《国家中长期教育改革和发展规划纲要（2010—2020 年）》明确了"普及学前教育"的战略目标和发展任务。"国十条"提出要"多种形式扩大学前教育资源"，从以下四方面采取具体措施：一是大力发展公办幼儿园，提供"广覆盖、保基本"的学前教育公共服务；二是鼓励社会力量以多种形式举办幼儿园；三是城镇小区没有配套幼儿园的，应根据居住区规划和居住人口规模，按照国家有关规定配套建设幼儿园；四是努力扩大农村学前教育资源。

随着各地三期学前教育行动计划的积极推进和有效落实，学前教育资源建设取得了显著成就。2016 年，全国幼儿园总数为 23.98 万所，比 2010 年增加 8.94 万所，增幅为 59.44％。其中，2016 年公办幼儿园有 8.56 万所，占全国幼儿园总数的 35.70％，比 2010 年增加 3.75 万所，占比提高 3.72 个百分点；2016 年民办幼儿园有 15.42 万所，占全国幼儿园总数的 64.30％，比 2010 年增加 5.19 万所（见表 1-9）。可见，2010 年以来，全国学前教育资源增量显著，其中公办幼儿园的增幅低于民办幼儿园，说明民办幼儿园在扩大学前教育资源上做出了重要贡献。

表 1-9　2010—2016 年全国幼儿园规模

年份	幼儿园总数 （万所）	公办园数 （万所）	民办园数 （万所）	公办园占比 （%）
2010	15.04	4.81	10.23	31.98
2011	16.68	5.13	11.55	30.76
2012	18.13	5.66	12.47	31.22
2013	19.86	6.51	13.35	32.78
2014	20.99	7.06	13.93	33.64
2015	22.37	7.73	14.64	34.56
2016	23.98	8.56	15.42	35.70

　　学前教育资源的有效扩充为广大适龄幼儿提供了越来越多的入园机会。2016 年，全国在园幼儿总数为 4 413.86 万人，比 2010 年增加 1 437.19 万人，增幅几近 2010 年在园幼儿总数的一半。其中，公办园在园幼儿数量为 1 976.20 万人，民办园在园幼儿数量为 2 437.66 万人，后者约为前者的 1.2 倍。从公办园在园幼儿数量占全国在园幼儿总数的比例来看，自 2010 年以来呈逐年递减趋势。2016 年占比为 44.77%，为 7 年来最低，比 2010 年低 8.22 个百分点（见表 1-10）。这一情况主要由民办园在园幼儿数增幅大所致，也体现了民办园在为适龄幼儿提供入园机会方面的积极贡献。

表 1-10　2010—2016 年全国在园幼儿数及学前三年毛入园率

年份	在园幼儿 总数(万人)	公办园在园幼 儿数(万人)	民办园在园幼 儿数(万人)	公办园在园 幼儿占比(%)	学前三年毛入 园率(%)
2010	2 976.67	1 557.20	1 399.47	52.99	56.6
2011	3 423.45	1 729.24	1 694.21	50.51	62.3
2012	3 685.76	1 833.02	1 852.74	49.73	64.5
2013	3 894.69	1 904.44	1 990.25	48.90	97.5
2014	4 050.71	1 925.33	2 125.38	47.53	70.5
2015	4 264.83	1 962.39	2 302.44	46.01	75.0
2016	4 413.86	1 976.20	2 437.66	44.77	77.4

在园幼儿总量增加的同时，学前三年毛入园率也得到了极大提高。2014 年至 2016 年，全国学前三年毛入园率分别为 70.5％、75.0％和 77.4％，均已超过《国家中长期教育改革和发展规划纲要（2010—2020 年）》所制定的 2020 年学前教育普及发展的目标，提前完成了学前教育普及发展任务。相比 2010 年，2016 年的毛入园率提升了 20.8 个百分点（见表 1-10）。

在园幼儿总量的增加和学前三年毛入园率的提高有效保障了适龄幼儿接受学前教育的权利。"入园难"问题得到一定缓解，学前教育实现了跨越式发展。

(三)学前教育财政投入不断增加，弱势地区及弱势群体获益

财政投入是学前教育事业发展的关键保障。针对长期以来存在的学前教育财政投入不足问题，《国家中长期教育改革和发展规划纲要(2010—2020 年)》要求加大政府投入；"国十条"进一步明确为"多种渠道加大学前教育投入"，要求：各级政府要将学前教育经费列入财政预算；新增教育经费要向学前教育倾斜；财政性学前教育经费在同级财政性教育经费中要占合理比例，此后三年要有明显提高；各地根据实际研究制定公办幼儿园生均经费标准和生均财政拨款标准；制定优惠政策，鼓励社会力量办园和捐资助园；家庭合理分担学前教育成本；建立学前教育资助制度，资助家庭经济困难儿童、孤儿和残疾儿童接受普惠性学前教育；发展残疾儿童学前康复教育；中央财政设立专项经费，支持中西部农村地区、少数民族地区和边疆地区发展学前教育和学前双语教育；地方政府要加大投入，重点支持边远贫困地区和少数民族地区发展学前教育；规范学前教育经费的使用和管理。

为落实"国十条"，2011 年 9 月 5 日，财政部、教育部联合下发《关于加大财政投入支持学前教育发展的通知》，明确了财政支持学

前教育发展的基本原则，并确定了由中央财政支持实施四大类七个重点项目，包括"校舍改建类"项目、"综合奖补类"项目、"幼师培训类"项目和"幼儿资助类"项目。为确保上述项目的有效落实，有关部门发布了《财政部教育部关于建立学前教育资助制度的意见》《中央财政扶持城市学前教育发展奖补资金管理暂行办法》《中央财政扶持民办幼儿园发展奖补资金管理暂行办法》《支持中西部地区利用农村闲置校舍改建幼儿园的实施方案》《支持中西部地区农村小学增设附属幼儿园的实施方案》等文件。各项政策特别强调，中央财政重点支持各地特别是中西部地区农村学前教育发展，以及家庭经济困难儿童、进城务工人员随迁子女和留守儿童接受学前教育。可见，我国学前教育财政投入的重点在中西部农村地区，主要用于保障家庭经济困难儿童等弱势群体儿童接受学前教育的权利。

2015 年 7 月 1 日，财政部、教育部再次联合印发《中央财政支持学前教育发展资金管理办法》，明确在中央财政设立学前教育发展资金，主要分为"扩大资源"类项目资金和"幼儿资助"类项目资金两类，前者用于奖补支持地方多种渠道扩大普惠性学前教育资源，后者用于奖补支持地方健全幼儿资助制度。资金支持范围为各省、自治区、直辖市、计划单列市及新疆生产建设兵团。重点支持中西部和东部困难省份，并向农村、边远、贫困和民族地区倾斜。

2010 年以来，中央财政共计投入 5 662 亿元支持学前教育发展，投入额逐年递增。其中，2016 年共投入 1 325 亿元，比 2010 年增加 1 081 亿元，增加约 4.4 倍。年度财政投入增幅最大的是 2012 年，比 2011 年增加 332 亿元。学前教育财政投入占财政性教育投入的比重除 2014 年保持稳定外，其余年份逐年提高，其中 2016 年占比为 4.22%，比 2010 年提高 2.55 个百分点；年度财政投入占比增幅最大亦为 2012 年，提高约 1 个百分点(见表 1-11)。

表 1-11   2010—2016 年全国学前教育财政投入情况

年份	财政性学前教育投入 （亿元）	占财政性教育投入的比重 （％）
2010	244	1.67
2011	416	2.24
2012	748	3.23
2013	862	3.50
2014	934	3.50
2015	1 133	3.88
2016	1 325	4.22

针对贫困、边远和农村地区学前教育资源匮乏的情况，2010 年，国家启动"中西部农村学前教育推进项目"，重点支持农村乡镇中心幼儿园建设。项目实施 3 年，中央财政投入共 55.6 亿元，在中西部农村地区建设了 3 149 所幼儿园，为 63 万适龄幼儿提供了入园机会。①

中央财政投入的增加带动了地方学前教育财政投入，为全国学前教育资源的迅速扩大、提高幼儿园教师专业化水平、保障适龄幼儿入园提供了重要的经费保障。

(四)幼儿园教师队伍建设不断加强，学历层次不断提升

教育大计，教师为本。公平、有质量的学前教育发展有赖于一支数量充足、质量合格的幼儿园教师队伍。"国十条"要求"多种途径加强幼儿园教师队伍建设"，落实三方面的具体措施：加快建设一支师德高尚、热爱儿童、业务精良、结构合理的幼儿园教师队伍；依法落实幼儿园教师地位和待遇；完善学前教育师资培养培训体系。

为全面落实"国十条"要求，教育部及其他相关部委随后下发了一系列关于幼儿园教师配备、准入、培养、培训的政策，如《幼儿园

---

① 朱永新、冯晓霞：《中国教育改革大系·学前教育卷》，29 页，武汉，湖北教育出版社，2016。

教师专业标准(试行)》(2012)、《教育部中央编办财政部人力资源社会保障部关于加强幼儿园教师队伍建设的意见》(2012)、《幼儿园教职工配备标准(暂行)》(2013)、《幼儿园园长专业标准》(2015)、《教育部财政部关于改革实施中小学幼儿园教师国家级培训计划的通知》(2015)、《中共中央国务院关于全面深化新时代教师队伍建设改革的意见》(2018)、《教师教育振兴行动计划(2018—2022 年)》(2018)。

在上述政策的引导、支持和保障下，我国幼儿园教师队伍不断壮大。2016 年，全国共有幼儿园教职工 381.78 万人，其中园长 26.67 万人，专任教师 223.21 万人，分别比 2010 年增加了 196.85 万人、10.56 万人和 108.79 万人(见表 1-12)。队伍的壮大为不断扩大的学前教育资源提供了有力支撑，是确保幼儿园有效运转和质量提升的核心人力资源。

与此同时，2010—2016 年，全国幼儿园园长和专任教师的学历水平也在逐年提升。以专科学历以上的园长和教师为例，2016 年全国专科以上园长和教师占比为 77.55%，比 2010 年提高了 16.08 个百分点(见表 1-12)。

表 1-12 2010—2016 年全国幼儿园教师队伍数量及学历占比情况

年份	幼儿园教职工总数(万人)	园长和专任教师数(万人)	专任教师数(万人)	专科以上园长和专任教师占比(%)
2010	184.93	130.53	114.42	61.47
2011	220.44	149.60	131.56	63.67
2012	249.00	167.75	147.92	66.38
2013	282.68	188.51	166.35	69.38
2014	314.22	208.03	184.41	72.10
2015	349.58	230.31	205.10	74.90
2016	381.78	249.88	223.21	77.55

（五）不断提高幼儿园保教质量，落实科学保教

只有保障高质量的学前教育，才能为学前儿童带来高质量的人生开端。《国家中长期教育改革和发展规划纲要（2010—2020 年）》强调要遵循幼儿身心发展规律，坚持科学保教方法，保障幼儿快乐健康成长。为贯彻这一要求，"国十条"提出要"坚持科学保教，促进幼儿身心健康发展"，并明确了各项具体措施。

在各项提高保教质量的政策措施中，必须提及的是 2012 年教育部颁布的《3～6 岁儿童学习与发展指南》。这是我国第一个同时面向幼儿园、家庭和全社会发布的学前教育指导性文件。[1] 该文件描绘了 3～6 岁儿童的身心发展规律与学习特点，以一整套科学、明确、具体的目标和教育建议来指导教师和家长树立对幼儿发展的合理期望，实施科学的保育和教育。在教育部组织《3～6 岁儿童学习与发展指南》的国家级培训后，各地纷纷结合本地实际，积极开展了贯彻落实《3～6 岁儿童学习与发展指南》的理论学习和实践探索，推动了幼儿园科学保教实践不断向前发展，保教质量不断得到提升。

在《3～6 岁儿童学习与发展指南》颁布之后，教育部首次启动了"全国学前教育宣传月"活动，以引导全社会树立正确教育理念，营造共同关心、支持学前教育的良好氛围，推进学前教育科学发展，加强科学保教，确保幼儿健康快乐成长。

在《3～6 岁儿童学习与发展指南》指导幼儿园科学保教工作的同时，教育部也加大了整治幼儿园教育"小学化"现象的力度。2011 年12 月，《教育部关于规范幼儿园保育教育工作防止和纠正"小学化"现象的通知》下发。2016 年"全国学前教育宣传月"的主题确定为"幼小协同，科学衔接"，从正面积极引导幼儿园做好幼小衔接工作。2017

---

[1]　朱永新、冯晓霞：《中国教育改革大系・学前教育卷》，29 页，武汉，湖北教育出版社，2016。

年 10 月，教育部召开了"小学化"整治方案研讨会，形成初步的政策方案，以期实现对"小学化"问题的有效治理。

此外，教育部还重申了观察儿童对幼儿园课程设计和幼儿园保教质量提升的重要意义。2014 年，教育部组织全国 31 个省区市的幼教行政干部、教研员和优秀园长参加"贯彻《3～6 岁儿童学习与发展指南》，借鉴新西兰学习故事"培训，旨在引导我国幼儿园教育回归教育的起点和学习的主体——儿童，通过对儿童学习与发展的有效观察与评价，不断调整和改进课程与教学，提高保教质量，促进幼儿身心全面和谐发展。

为加强幼儿园的科学管理，规范办园行为，提高保育和教育质量，促进幼儿身心健康，2016 年 1 月，修订后的《幼儿园工作规程》正式颁布。这是 21 世纪我国学前教育领域第一个中央教育法规，从规范幼儿园内部管理的角度为保教质量提供了制度和法规保障。

二、学前教育改革发展面临的挑战

学前教育尽管已取得令人瞩目的成就，但从现阶段我国教育整体发展情况来看，学前教育仍然是教育现代化发展进程中最薄弱的环节之一，仍处于爬坡过坎的关键期，仍面临许多严峻的挑战。主要表现在以下五方面。

(一)普惠性学前教育资源依然不足

2018 年 3 月，教育部提出了学前教育事业发展的"双 8"目标：到 2020 年，全国学前教育普及率达到 85％，普惠性幼儿园占比达到 80％以上。但从当前我国学前教育资源布局情况来看，普惠性学前教育资源依然短缺，公益、普惠的学前教育公共服务体系尚未完全建立，"入园难"问题仍较突出，尚无法有效满足广大人民群众对普惠性学前教育的迫切需要。

从公办幼儿园的发展情况看，根据教育部统计数据，2016 年，民办幼儿园在数量、增幅以及在园幼儿的数量和增幅上都高于公办幼儿园。截至 2016 年民办幼儿园共有 15.42 万所，占全国幼儿园总数的比例达 64.3％，高于公办幼儿园占比约 30 个百分点。这说明公办幼儿园还未能达到独立支撑普惠性资源的程度。

另外，各地普惠性民办幼儿园的发展也存在诸多问题。根据中国学前教育研究会"普惠民办幼儿园政策研究项目"的研究结果，问题主要体现在三方面。一是部分地区普惠性民办幼儿园的认定标准不够科学，仅以收费水平是否降至政府规定水平为唯一判定标准，而未关注其办园质量，如是否取得办园许可证、是否存在违规办园行为、是否年检合格。二是对已认定的、获得资助的普惠性民办幼儿园的经费使用缺乏有效监管，致使出现部分幼儿园"一手拿补贴、一手拿收费"的现象。三是部分地区的普惠性民办幼儿园认定政策只抓住了认定这一"入口"而未关注"出口"，即普惠性民办幼儿园的退出问题，导致一些地方出现生源不佳时幼儿园申请认定、生源稳定后幼儿园自行退出的现象。上述问题的存在，都使得各地认定的一些普惠性民办幼儿园虽享受政府的财政补贴，但没有做到真正的"普惠"。在总结多年来政策实践的经验和教训的基础上，很多地区（如上海、天津、山东等）对原有普惠性民办幼儿园认定标准予以修订和完善，对本地普惠性民办幼儿园予以重新认定，并配套出台相应的管理政策。因此，对于普惠性民办幼儿园发展的情况还有待进行新一轮摸底。

（二）农村学前教育发展任务艰巨

作为学前教育事业发展的重点，在全国学前教育资源迅速扩大的背景下，农村学前教育资源建设也在积极推进。2016 年，全国共有农村幼儿园 16.56 万所，比 2010 年增加 5.10 万所。然而，农村学前教育事业发展仍然面临着数量不足和质量不高的双重挑战。

首先，农村学前教育资源仍无法有效满足农村适龄幼儿的入园需求。从中西部农村地区的实际情况来看，幼儿无园可上的情况仍不同程度地存在。以 2015 年为例，全国学前三年毛入园率已达 75％，其中城市已接近 100％，而农村地区（镇区和乡村）只有 60％ 左右。2014—2015 年，城市入园（班）人数增长率为 3.13％，而县城 和农村只有 0.23％。①

　　其次，农村学前教育质量也令人担忧。近年对于农村学前教育 质量的高度关注与一项对中国农村幼儿认知水平的调研结果密切相 关。美国斯坦福大学教授罗思高（Scott Rozelle）是"农村教育行动计 划（Rural Education Action Project，REAP）"的美方主任，其研究团 队历时两年（2013—2015 年）运用"贝利测试"（一种已被普遍接受的评 估儿童早期发展的国际量表）对陕西省 1 808 名 6～30 个月大的婴幼 儿进行了认知水平测试，测试范围涉及 174 个乡镇 351 个村庄。测 试结果发现，18～24 个月大的幼儿中，认知发展滞后的比例高达 41％；而在 25～30 个月大的幼儿中，这一比例更高达 55％。2015 年，REAP 在河北农村进行了第二次贝利测试，测试结果发现 55％ 的幼儿认知发展滞后。而在云南边远地区的测试中超过 60％ 的孩子 未能通过测试。研究还指出，导致农村幼儿认知水平低的原因主要 是监护人缺乏刺激性的养育行为和母亲陪伴的缺失。上述研究结果 在 2017 年 9 月"奋斗 2020 实现'一村一园'贫困地区农村学前教育专 题研讨会"上一经发布，便引发了学者们的热烈讨论甚至争论，也吸 引了媒体高度关注。尽管有学者对贝利测试这一工具的适宜性有质 疑，但并未妨碍低质量农村学前教育及由此可能造成的农村人口"隐 形危机"和社会危机成为业内外人士关注的焦点。

　　可见，要完成《国家中长期教育改革和发展规划纲要（2010— 2020 年）》提出的"重点发展农村学前教育"任务还要付出艰苦的努力。

---

　　①　刘航、兰岚：《农村学前教育：不可忽视的"最短板"》，载《光明日报》，2017-03- 23。

（三）学前教育财政投入占比仍较低，投入保障的长效机制亟待建立

当前，我国学前教育财政性经费投入水平总体仍然偏低。国际上学前三年毛入园率在 80％以上的国家，财政性教育经费支出中的学前教育经费占比平均为 9.67％；毛入园率在 60％～80％的国家，财政性教育经费支出中的学前教育经费占比平均为 7.73％。2016 年，我国学前教育三年毛入园率已经达到 77.4％，但财政性学前教育经费在 2013 年占比仅为 4.22％。

从经费保障机制来看，目前尚未建立起支持学前教育事业持续健康发展的长效机制。县级财政是当前区域内财政性学前教育经费的主要来源，区县政府是学前教育财政性经费投入的主体。对于不发达和欠发达地区，"以县为主"的投入体制重心过低，县级财政自给能力不足，难以维持学前教育可持续发展的长期投入。生均公用经费和生均财政拨款尚未全面落实，很多地区公办园、企事业单位办园以及集体办园缺乏必要的财政支持，家长负担较重，教师工资待遇低。

（四）部分民办幼儿园办园行为亟待规范

民办幼儿园的快速增长一方面成为破解"入园难"的积极力量，另一方面也带来了难以想象的管理难度和问题。主要存在的问题有以下两点。

其一，缺乏规范管理，民办幼儿园安全隐患大且质量无保障。

由于缺乏有效的规范管理，目前不少民办园存在着乱收费、高收费的问题。城市大多数民办园受经济利益驱动，无节制地乱收费、高收费，而城市面向低收入人群的幼儿园和农村的民办园则实行低价恶性竞争。同时，部分民办园为降低成本，违规聘用无教师资格证人员上岗。大量的无证幼儿园和托管点的安全隐患严重且无法保证教育质量，近几年频发的幼儿园重大安全事故几乎都发生在这类

幼儿园。

其二，违反学前教育规律，"小学化"现象严重。

目前，幼儿园教育"小学化"现象仍是幼儿园教育工作中存在的顽疾。受经济利益驱动，很多民办幼儿园不按《幼儿园教育指导纲要（试行）》和《国家中长期教育改革和发展规划纲要（2010—2020 年）》要求安排教育教学活动，开设名目繁多的"小学化"课程。这种状况不仅违背了学前教育规律，干扰了公办园正常的教育教学工作和办园方向，造成幼儿园大班生源严重流失、社会上对学前教育的误解和对学前教育科学性的质疑，同时也引起家长的焦虑，与扮演"幕后推手"的校外培训机构一起成为"小学化"问题屡禁不止的"始作俑者"。

（五）幼儿园教师队伍建设仍须加强

当前幼儿园教师队伍建设存在的问题主要表现在合格教师供给不足、教师地位和待遇偏低、队伍不稳定，这些问题严重制约了幼儿园教师队伍的建设与发展。

幼儿园专任教师总量严重不足，无法满足学前教育资源不断扩大的需要。以北京市为例，根据北京市教委 1996 年发布的《北京市幼儿园、托儿所办园、所条件标准（试行）》和《北京市统计年鉴 2016》计算，专任教师缺口仍约有 40％。而从现有设置学前教育专业的中职、高职和高等学校的供给能力看，还无法在短时间内补上这个缺口。

教师总量缺口大的问题尚未得到有效解决，同时面临的挑战还有教师质量不高。众多研究发现，长期以来我国幼儿园教师队伍质量总体不高，且质量不高的问题在我国不同区域、不同群体幼儿园中均不同程度地存在着。队伍素质总体不高主要表现在高中及以下学历教师占比偏高，本科及以上学历教师占比、合格教师占比及有职称教师占比均偏低。此外，非公办教师素质普遍低于公办教师，农村教师素质普遍低于城市教师，西部、中部地区教师素质普遍低于东部地区，农村转岗教师素质不高。

现行教师编制政策存在着公办教师编制覆盖范围不合理、现有编制标准滞后于幼教改革实际以及编制管理随意性大的问题，影响了幼儿园教师的身份确认、地位和待遇。教师身份影响教师各项待遇和权益。以编制定身份的教师管理政策导致民办园教师不能享有与公办教师同等的法律地位，农村幼儿园教师的教师身份得不到认可，其他非公办幼儿园教师的权益得不到有效保障，同工不同酬，以及专业发展机会不均现象严重，也是造成非公办教师处于"低待遇—低素质"的恶性循环的主因。①

体制改革后，企事业单位办园和农村幼儿园教师虽然具有教师资格，从事教师工作，但没有被纳入事业单位管理，不具有教师身份，不能享受教师应有的社会保障、职称评定和培训提高等方面的待遇，《中华人民共和国教师法》规定的教师的基本权益也无从保障。

由身份问题导致的教师地位和待遇问题是影响幼儿园教师职业吸引力和队伍稳定性的关键因素。受身份问题影响，社会地位和待遇缺乏有效的政策保障，导致幼儿园教师社会地位、经济待遇偏低，专业发展权益得不到有效保障，造成幼儿园教师职业吸引力大大降低，优质教师流失严重②③④⑤，甚至严重影响学前教育专业生源的质量⑥。同时，教师职称评定也受到很大影响。近年全国幼儿园教

① 梁慧娟：《我国现行幼儿教师政策的"身份制"特征表现与成因分析》，载《学前教育研究》，2011(9)。

② 张晓辉：《幼儿教师的社会地位》，载《学前教育研究》，2010(3)。

③ 全国教育科学规划领导小组办公室：《全国教育科学"十一五"规划教育部青年专项课题"中部地区幼儿教师流动问题及对策研究"成果公报》，载《当代教育论坛》，2011(8)。

④ 黄胜梅、张爱群、蔡迎旗：《农村幼儿教师流失意愿的调查研究——基于安徽省的调查》，载《淮南师范学院学报》，2012(5)。

⑤ 陈蓉晖、吴姝静：《提升农村幼儿园教师职业吸引力的机制研究》，载《中国教育学刊》，2017(8)。

⑥ 梁慧娟：《中国幼儿园教师政策研究》，博士学位论文，北京师范大学，2007。

师学历层次提高很快，但没有职称的教师数量却在逐年上升。

第七节 推进新时代学前教育深化改革和规范发展

改革开放40年来，我国政府一直将学前教育作为基础教育的重要组成部分。在邓小平提出的培养"四有"新人的思想指导下，为保证更多的儿童接受高质量的学前教育，为普及义务教育奠定良好基础，从中央到地方各级政府颁布了一系列政策法规，保证了学前教育事业朝着科学化、规范化的方向发展，基本形成了适应中国国情的、公办与民办相结合的学前教育公共服务体系。从40年学前教育事业发展的经验看，只有及时、正确地制定与社会改革发展相适应的学前教育政策法规体系并切实执行，才能保证学前教育事业走上适应国家和社会发展需要的、科学化发展的道路。

幼有所育，民生所向。站在新时代中国特色社会主义的起点，学前教育必须坚持深化改革，规范发展，努力解决发展不平衡、不充分与广大人民群众对优质学前教育的需求之间的矛盾。学前教育改革需要清晰的方向标和路线图。[①] 只有着眼未来、顶层设计、问题导向、精准施策，方能不负新时代赋予学前教育事业的神圣使命。

面对当前学前教育事业发展的诸多挑战，应着手做好以下工作。

一、完善学前教育法律法规体系，推进依法治教

贯彻依法治国要做到依法治教。学前教育事业发展面临的诸多困难和问题首先需要从法律层面加以应对。

首先，应加快国家学前教育立法进程，以问题为导向，以法理和学理为依据，通过建立和调整相应的法律关系来解决学前教育中

---

① 朱永新、冯晓霞：《中国教育改革大系·学前教育卷》，25页，武汉，湖北教育出版社，2016。

的困难和问题，包括：突出公益性普惠性，明确政府职责；积极推进幼儿园建设，明确成本分担制度；明确保教人员配备要求，规范保教行为；明确基本的法律责任，确保幼儿安全。[①]

其次，应进一步完善原有法规、规章、规范性文件，制定与国家有关法律相配套的法规和规范性文件，解决民办幼儿园规范管理问题、幼儿园收费管理问题、幼儿园质量评估问题、学前教育工作督导问题等。

最后，应推进依法行政，着力解决一些地方政府在发展和管理学前教育工作中有法不依的问题。同时，通过政府有关政策和信息的社会公示以及传媒等信息通道发挥社会舆论和群众监督的作用。

二、大力发展普惠性学前教育，加强公办园建设和对普惠性民办园的监管与扶持

要实现 2020 年普惠性学前教育发展的"双 8"目标，就必须着力加强公办幼儿园和普惠性民办幼儿园建设。应进一步加大公办幼儿园的建设力度，将企事业单位办园和集体办园全部纳入教育部门公办园建设和管理中；将"双 50％以上"（即公办幼儿园数量占比在 50％以上和在公办幼儿园就读的幼儿占比在 50％以上）作为各地建设公益普惠的学前教育公共服务网络的考核指标，普遍提高我国学前教育公共服务公益普惠的水平。

同时，应着力加强和完善对普惠性民办幼儿园的认定、扶持与监管，在通过财政补贴和收费管理引导民办幼儿园提供普惠性服务的同时，要加强对普惠性民办幼儿园的质量监管与指导，使其成为普惠性学前教育资源的有机组成部分。

三、积极发展农村学前教育，着力扩大资源，努力提高质量

非营利组织巴拉圭基金会首席执行官在联合国儿童基金会于

① 纪秀君：《立法保障学前教育持续健康发展——访学前教育立法研究课题组组长、江苏省教育厅原厅长沈健》，载《中国教育报》，2018-02-25。

2017 年 5 月组织的"发展儿童认知资本，促进社会繁荣进步"高级研讨会上表示，通过有效介入贫困儿童的早期发展，将不只是减少或者减轻贫困，而且是真正意义上的消除贫困。

应将发展农村学前教育作为国家"反贫困战略"的重要措施，严格落实《国家中长期教育改革和发展规划纲要（2010—2020 年）》将农村学前教育纳入社会主义新农村发展规划的要求，将其作为实现农村全面建设小康社会的发展硬指标。着力构建以公共财政投入为主、以公办幼儿园为主的发展机制，缩小城乡差距，尤其应解决好连片特困地区、少数民族地区、留守儿童集中地区和"三区三州"学前教育资源短缺问题。

同时，要采取灵活多样的学前教育服务形式，加强对农村幼儿园教师和其他学前教育工作者的培训，加强对农村家长科学育儿的指导，努力为广大农村幼儿提供有质量的学前教育。

四、加大政府投入，建立学前教育财政投入保障的长效机制

进一步持续稳定加大对学前教育的财政性投入，把我国财政性教育经费支出中的学前教育经费占比从 2013 年的 3.5% 至少提高到 7%，使学前教育财政性经费占比与当前我国学前三年教育的普及率相适应。

调整和完善学前教育财政性经费的投入结构。在经济欠发达地区，财政投入的重心要上移，完善省级统筹、以县为主的管理体制。

切实落实"国十条"把学前教育经费列入财政预算的要求，加大对公办幼儿园尤其是农村地区公办幼儿园的日常运行经费的投入，加大对教师工资社保、幼儿园玩教具和图书、生均公用经费等的投入，确保幼儿园的良性运转和健康发展，缩小家长分担比例的园际差距，体现教育公平。

应建立符合公共财政体制的教育拨款和成本分担机制。要制定科学的成本核算办法，各地要考虑社会承受力、收入水平等因素制定合理的收费标准。加强对价格的管制，限制过高的价格，限制民办幼儿园的利润水平；进行低价管制，限制恶性竞争；要加强学前教育经费管理的各项制度建设，建立学前教育经费管理体系，规范经费管理，最大限度地发挥经费的使用效益，保证幼儿园的办学质量，消除安全隐患。

五、加强教师队伍建设，提高教师待遇和专业化水平

2018 年 1 月，《中共中央国务院关于全面深化新时代教师队伍建设改革的意见》印发，提出要全面提高幼儿园教师质量，建设一支高素质、善保教的教师队伍。为此，应采取以下措施进一步加强幼儿园教师队伍建设。

切实提高幼儿园教师地位和待遇，完善幼儿园教师工资待遇保障机制，努力做到公办园在编与非在编教师同工同酬。引导和监督民办幼儿园依法保障教师工资和待遇，足额足项为教师缴纳社会保险和住房公积金。

加强幼儿园教师职前培养，为城市普通和农村幼儿园提供多类型、充足的合格师资。进一步加强对农村地区幼儿园教师的全员培训，继续加大培训力度，增强培训实效；组织面向幼儿园卫生保健人员的专项持证培训；提供差异化的、更贴近幼儿园教师工作实际需要的在职培训。

严格执行幼儿园教师任职资格、注册、聘用等教师管理制度，切实保证幼儿园教师持证上岗；要不断提高幼儿园教师工资待遇；制定民办和农村幼儿园教师工资的管理办法和监督机制，保证他们的工资不低于当地人均收入；同时，切实解决幼儿园教师社会保障和福利问题，保护幼儿园教师的合法权益。

要将学前教育的美好蓝图变为现实，要将学前教育改革发展进行到底，需要政府、学前教育工作者和全社会的共同奋斗。

第二章

政府职能与学前教育
管理体制变革

　　政府职能是一个动态的概念，国家不同的政治、经济和社会运行状况决定了政府在社会事务管理中的职责和功能是不同的。党的十一届三中全会以来，我国先后在 1982 年、1988 年、1993 年、1998 年以及 2003 年进行了五轮行政体制改革，主要目的在于转变政府职能，精简机构及人员，从体制上解决政府运行中长期存在的效率低下、行动迟缓、资源浪费、官僚主义等行政顽症。随着我国政治、经济、社会的发展和体制的转型，随着社会对教育需求的变化，政府在学前教育事业发展中的职能和履行的情况在不同时期和阶段是有所不同的，学前教育管理体制也因此经历了改革发展和不断变化的过程。回顾和总结政府在学前教育发展中的履职及管理体制变革，将有助于总结历史经验，发现存在的问题，为新时代政府职能转变、更好地履职和促进学前教育事业的科学、健康发展提供有益的借鉴。

第一节　学前教育发展中政府职能和管理体制改革回顾

　　所谓学前教育发展中的政府职能，是指政府在学前教育事业发展中所扮演的角色及应发挥的作用。学前教育管理体制是指政府在学前教育管理中的管理机构设置、隶属关系、权限划分等方面的体系和制度，其主要功能在于为学前教育事业发展提供保障、服务与监督。我国社会经济发展经历了计划经济体制和由计划经济体制向社会主义市场经济体制转型的两个时期，政府在不同时期中的职能履行情况具有不同的特点。计划经济体制下政府角色是全能政府，实行中央集权式管理体制，通过行政手段实现对全国教育事业包括学前教育事业发展的计划、组织和调控。改革开放开始，我国进入了由计划经济体制向社会主义市场经济体制转型的时期。40 年来，我国学前教育事业发展经历了四个主要的发展阶段，其中政府职能和管理体制均经历了较大的变化。

一、集中领导，分级管理，成立托幼工作领导小组(1978—1982 年)

这一时期，党和政府确立了"一个中心、两个基本点"的基本路线，明确了在社会主义现代化建设全局中优先发展教育、科教兴国的战略。教育行政机构得到恢复、发展和改革，对幼儿教育的领导力量加强，实现了对全国幼教事业发展的计划、组织和集中领导。各级政府认真履行领导和统筹学前教育发展的职能，学前教育得到党和政府的高度重视。1978 年，教育部在其下属的普通教育司内重新设立了幼教特教处，失去国家机关专职领导长达 16 年之久的学前教育事业又有了行政领导机构①，事业发展走上了快车道。1979 年 3 月，恢复设立了中国人民保卫儿童全国委员会。1979 年 7 月至 8 月，教育部、卫生部、劳动总局、全国总工会和全国妇联联合召开了"全国托幼工作会议"，参加会议的还有各省、自治区和直辖市五个部门的有关负责人。会议建议国务院设立托幼工作领导小组，由教育部、卫生部、计委、建委、农委、财政部、商业部、民政部、劳动总局、城建总局、全国总工会、全国妇联和中国人民保卫儿童全国委员会

---

① 史慧中：《中华人民共和国幼儿教育 有中国特色社会主义建设时期的幼儿教育（上）(1976 年 10 月～1999 年 6 月)》，载《幼儿教育》，2000(1)。

等单位的负责人组成。会议同时要求各省、自治区、直辖市设立与全国托幼工作领导小组相应的省级托幼工作领导小组，由省级相关部门组成，以保证全国托幼工作领导小组的有关批示精神在基层能得到贯彻落实。中共中央和国务院高度认可这一会议，并于 1979 年 10 月 11 日转发了《全国托幼工作会议纪要》，全国托幼工作领导小组由时任国务院副总理陈慕华任组长，办事机构设在全国妇联，以加强对托幼工作的领导力度，统筹政府有关部门共同协商托幼事业的发展问题，使学前教育事业发展的很多关键问题基本得到解决。

与此同时，国家举办幼儿教育机构，政府以财政投入履行办学职责。这个时期，幼儿园以集体办学为主，政府与幼儿园是上下级关系，允许办园单位税前预留文化教育经费，同时工矿、企业、机关、学校等以免费或低费的托儿所、幼儿园作为一种社会福利提供给其成员，受益对象主要是单位的职工。此外，政府重视通过制定政策性文件，规范幼儿园的工作秩序和教育教学质量。教育部于 1979 年颁发的《城市幼儿园工作条例（试行草案）》和 1981 年颁发的《幼儿园教育纲要（试行草案）》，强调和突出了幼儿园是对幼儿进行全面发展教育的机构，并对幼儿教育的方针、目标、内容和制度做出了详尽的规定，较为迅速地恢复了幼儿园的正常教育教学秩序。

二、地方负责，分级管理，各有关部门分工协作（1982—1992 年）

这一时期，政府对学前教育继续予以高度重视，领导、管理、政策保障有力，学前教育事业获得了稳步的发展。

将学前教育事业发展明确列入国家经济社会发展计划中。1982年，国务院在《关于第六个五年计划的报告》中明确提出"要注意发展学龄前教育"，确定了"六五"期间我国幼儿教育事业的发展指标。1987 年国务院办公厅转发国家教委等九部门《关于明确幼儿教育事业领导管理职责分工的请示》并明确指出，"幼儿教育是社会主义教育事业的重要组成部分"，"各级政府都应重视幼儿教育事业的改革和发展"，强调各级地方人民政府应制定规划，并认真组织实施，切实加强对幼儿教育工作的领导，积极推进幼儿教育事业的发展。

逐步形成地方负责、分级管理和有关部门分工负责的管理格局。因国家机构改革，全国托幼工作领导小组及其设在全国妇联的办事机构被撤销，这一度影响了幼儿教育事业的进一步发展。《关于明确幼儿教育事业领导管理职责分工的请示》明确了幼儿教育事业"必须在政府统一领导下"，"实行'地方负责，分级管理'和有关部门分工负责的原则"，同时明确规定了教育、卫生、计划、财政、劳动人事等部门对幼儿教育发展的职责，形成了由上而下统一领导、"地方负责、分级管理"和各有关部门分工负责的管理体制。1989 年，国务院批准了新中国第一个幼儿教育行政法规《幼儿园管理条例》，进一步明确了"幼儿园的管理实行地方负责，分级管理和各有关部门分工负责的原则"，要求地方各级人民政府"根据本地区社会经济发展状况，制订幼儿园的发展规划"，"地方各级人民政府可以依据本条例举办幼儿园，并鼓励和支持企事业单位、社会团体、居民委员会、村民委员会和公民举办幼儿园或捐资助园"，形成了全社会对幼儿教育事业齐抓共管的新局面。

制定一系列幼儿教育法规、政策，保障和促进幼儿教育事业的迅速发展。1988 年，国务院办公厅转发国家教委等八部门《关于加强幼儿教育工作的意见》。1989 年，国家教委颁布了《幼儿园工作规程（试行）》，在重申 1981 年《幼儿园教育纲要（试行草案）》基本精神的基础上，突出了促使幼儿教育进一步科学化的教育原则。[1] 1989 年的《幼儿园管理条例》不仅明确了地方各级政府发展和管理幼儿教育的职责，还对幼儿园的举办条件、审批程序、保教工作和行政管理等做出了明确规定，特别是明确提出各级教育行政部门应当负责监

---

[1] 史慧中：《新中国幼儿教育 50 年简史》，北京，中国学前教育研究会，1999。

督、评估和指导幼儿园的保育教育工作，有力地促进了幼儿园办园条件的改善和教育质量的提高。同时，根据我国农村人口占 80％以上的国情和不少农村地区幼儿教育发展缓慢的状况，1983 年和 1986 年分别颁发了《教育部关于发展农村幼儿教育的几点意见》和《关于进一步办好幼儿学前班的意见》，要求各地教育行政部门要充分认识幼儿教育在农村社会主义现代化建设中的作用，认真抓好农村幼儿教育的发展工作；提出坚持"两条腿走路"的方针，创造条件、有计划地发展农村幼儿教育；并指出要注重提高学前班教育的质量，全面贯彻教育方针，努力提高保教质量，防止小学化和成人化，有力地推动了农村幼儿教育事业的发展。

改革管理体制，简政放权，扩大幼儿园办学自主权。1985 年，《中共中央关于教育体制改革的决定》明确指出，"把发展基础教育的责任交给地方"，"加强领导，调动各方面积极因素，保证教育体制改革的顺利进行"，改革管理体制，在加强宏观管理的同时，坚决实行简政放权，扩大了学校包括幼儿园的办学自主权。

至此，我国"地方负责，分级管理，各有关部门分工协作"的学前教育管理体制基本建立，且从中央层面明确并践行了通过督导促进学前教育事业发展的基本原则和思路。这些政策与决定促使这一时期我国幼儿教育事业产生了明显的变化。首先，幼教机构获得了稳步的发展：1990 年，全国各类幼儿园（班）数为 17.2 万，较 1980 年增长 5％；在园幼儿数为 1 972 万，较 1980 年增长 50％。3～6 岁幼儿入园（班）率由 1978 年的 11.3％提高到 1990 年的 26.3％。其次，由于"依靠部门、单位和集体、个人等方面力量发展幼儿教育事业""坚持'两条腿走路'"等发展和管理方针的出台，更加广泛地调动了地方各级政府和社会各方面力量办园的积极性，形成了国家、单位、集体和个人办园的新格局。到 1991 年年底，全国有幼儿园 16.45 万所，其中民办幼儿园 1.21 万所。

三、地方负责，分级管理，进一步明确主管部门(1992—2009 年)

从 1992 年开始，随着计划经济向社会主义市场经济转型，经济体制改革不断深入，一方面，政府的经济职能与政治职能分离，社会公共管理职责和方式发生了转变。1993 年《中国教育改革和发展纲要》提出："政府要转变职能，由对学校的直接行政管理，转变为运用立法、拨款、规划、信息服务、政策指导和必要的行政手段，进行宏观管理。"另一方面，在学前教育领域，企业开始逐步剥离社会职能，鼓励多渠道、多形式社会集体办学和民间办学。在国家加大改革力度、由计划经济向社会主义市场经济体制转型的历史过程中，学前教育经历了在改革和探索中的曲折发展。

国务院办公厅 2003 年转发了教育部等部门《关于幼儿教育改革与发展的指导意见》，指出："坚持实行地方负责、分级管理和有关部门分工负责的幼儿教育管理体制……建立和完善政府领导统筹，教育部门主管，有关部门协调配合，社区内各类幼儿园和家长共同参与的幼儿教育管理体制。"这一文件对中央、省、市、县、乡(镇)五个层级政府在学前教育发展中的具体职责进行了初步规定："国家制定有关幼儿教育的法规、方针、政策及发展规划；省级和地(市)级人民政府负责本行政区域幼儿教育工作，统筹制定幼儿教育的发展规划，因地制宜地制定相关政策并组织实施，积极扶持农村及老少边穷地区的幼儿教育工作，促进幼儿教育事业均衡发展；县级人民政府负责本行政区域幼儿教育的规划、布局调整、公办幼儿园的建设和各类幼儿园的管理，负责管理幼儿园园长、教师，指导教育教学工作；城市街道办事处配合有关部门制定本辖区幼儿教育的发展计划，负责宣传科学育儿知识、指导家庭幼儿教育、提供活动场所和设备、设施，筹措经费，组织志愿者开展义务服务；乡(镇)人民政府承担发展农村幼儿教育的责任，负责举办乡(镇)中心幼儿园，筹措经费，改善办园条件；要发挥村民自治组织在发展幼儿教育中的作用，开展多种形式的早期教育和对家庭幼儿教育的指导。"同时，《关于幼儿教育改革与发展的指导意见》再次明确指出了幼儿教育的主管部门，并对政府其他相关职能部门的职责做了第三次分工，为学前教育事业发展的权责关系定下了基调。相应地，各级地方政府也根据国家学前教育管理体制的总原则，明确规定了本级政府内部各相关部门的职责分工与工作重点，并通过建立学前教育联席会议制度、第三方参与管理等方式理顺并创新地方学前教育管理体制。例如，上海的托幼领导小组，浙江、山东、河北、广西、辽宁、深圳等地的联席会议制度等都是这一时期地方学前教育管理体制改革的探索。[1]

此外，《关于幼儿教育改革与发展的指导意见》中提出"以社会力量兴办幼儿园为主体"的政策导向，引入了多元投资办学主体，社会团体、组织和个人纷纷投资兴办幼儿园，各种社会力量所办的幼儿园，如民办园、街道园、私立园、合资园、独资园等大量出现，发展很快。但是，由于对转型期政府在学前教育事业发展中的职责、宏观调控中应承担的公共管理责任的认识模糊不清，对幼儿教育的重要性认识不到位，在经济体制转型中，一些地方政府对学前教育事业发展的职责有弱化的趋势，出现了责任不到位甚至推卸责任的现象。由于认识上模糊甚至不重视，领导管理力量薄弱，计划、领导、组织、监管不力，甚至简单套用企业改制的做法将幼儿园推向市场，减少或停止投入，甚至出售，导致学前教育发展出现了所谓社会化和市场化的转向，造成了事业发展方向偏差，在一些地区不仅大批优质教育资源流失，而且教育质量下降，影响了学前教育事业的健康、可持续发展。此外，上述文件虽然从原则上一再强调各级地方政府和各部门的责任，但由于是首次将学前教育事权和财权

---

[1]　庞丽娟、洪秀敏：《中国学前教育发展报告》，34 页，北京，北京师范大学出版社，2012。

分开管理而又缺乏适当的协同机制，因而在实践上出现了"教育部门有心无力、财政部门有力无心"的怪现象，最后让学前教育沦落为无人疼爱的"灰姑娘"。[①]

这一时期，我国学前教育事业跌宕起伏，徘徊不前，甚至出现了严重滑坡。"九五""十五"期间我国幼儿教育事业发展规划目标均未能实现。从 1995 年至 2001 年，全国幼儿园数、在园幼儿数以及幼儿入园率呈现逐年下降的趋势：幼儿园数从 1995 年的 18.0 万所降至 2001 年的 11.2 万所，减少了 38.1%；在园幼儿人数从 2 711.2 万人降至 2 021.8 万人，减少了 25.4%；3～6 岁幼儿入园率从 41%降至 34%，已低于"八五"末的水平。"十五"初期，在园幼儿数继续下降，2003 年降到 10 年来的最低水平，直到 2004 年才得到扭转，逐步呈现恢复发展的态势。但到 2005 年也才恢复到 1996 年的水平，难以满足广大群众对幼儿接受优质早期教育的需要，与我国经济和社会的发展极不相适应，引发了社会反映强烈的"入园难""入园贵"，乃至"入园荒"问题，其实质是连续 10 年削弱的"供"和日益增强的"需"之间的突出矛盾。

四、政府主导职责回归，地方负责，有关部门分工协作（2010 年至今）

由于在我国经济体制转型过程中，一些地方政府和相关主管部门发展观和认识严重滞后，主导责任不到位，发展职责不落实，行政管理力量严重不足，使学前教育发展规划、组织领导和评估督导监管等失去基本保障。[②] 随着国家服务型政府建设目标的提出，政府对学前教育作为公益性日益趋强的准公共产品之于个体成长、经济发展、人口素质提高、国际竞争力提升等方面的重要价值的认识

---

① 庞丽娟、洪秀敏：《中国学前教育发展报告》，34 页，北京，北京师范大学出版社，2012。

② 庞丽娟：《加快推进〈学前教育法〉立法进程》，载《教育研究》，2011(8)。

进一步加强。2010 年以来，为从根本上解决"入园难、入园贵"的社会矛盾与问题，在以《国家中长期教育改革和发展规划纲要（2010—2020 年）》和《国务院关于当前发展学前教育的若干意见》为代表的系列新政策中，可以看到政府主导强力推进学前教育普及的决心和努力，而管理体制则成为落实政府主导责任的核心和关键，"九五"期间学前教育社会化所引发的政府职能弱化甚至消减的趋势得以缓解，学前教育政府职能不断回归并逐步增强，管理体制、政策法规、教师队伍建设等方面的制度保障日趋完善。

《国务院关于当前发展学前教育的若干意见》提出了"各级政府要加强对学前教育的统筹协调，健全教育部门主管、有关部门分工负责的工作机制，形成推动学前教育发展的合力"。同时要求各地"以县为单位编制学前教育三年行动计划"，对地方政府，尤其是县级政府的学前教育规划和行政管理职能做出强调。2014 年教育部、国家发展改革委、财政部联合印发的《关于实施第二期学前教育三年行动计划的意见》提出"以区县为单位制订幼儿园总体布局规划，合理确定公办园的布局"，"省级和地市级政府加强统筹，县级政府落实主体责任"，"各地要加强对幼儿园的监管，县级政府履行主体责任"。2016 年《国务院办公厅关于加快中西部教育发展的指导意见》提出："积极探索以县为主的管理体制，县级人民政府负责统筹辖区内园所布局、师资建设、经费投入、质量保障、规范管理等。"可以说，对地方政府发展学前教育职能的规定是国家对政府承担学前教育发展责任在地方一级的进一步延伸和明确，它不仅有利于地方政府更好地在中央的指导、监督之下实施具体的管理，从而确保国家发展学前教育的政策得以贯彻落实，而且有助于在统一的领导下发挥地方管理的灵活性和积极性，充分展现地方特色与优势。2017 年教育部等四部门联合印发的《关于实施第三期学前教育行动计划的意见》中强调："建立健全'国务院领导，省地（市）统筹，以县为主'的学前教育管理体制。省级、地市级政府加强统筹，加大对贫困地区支持力度。落实县级政府主体责任，充分发挥乡镇政府的作用。"

第二节   我国学前教育发展和管理中政府履职的有益经验

改革开放以来，在党和政府的领导下，依靠社会多方面力量，我国学前教育事业在发展规模和教育质量等方面都取得了较大成绩，城市基本解决幼儿入园难的问题，县乡幼儿教育得到较大发展，教育质量整体上得到较大提高。回顾 40 年来我国政府在学前教育事业发展中所发挥的职能与作用，取得的经验主要有以下几个方面。

一、政府重视是学前教育事业发展的根本保障

我国中央政府高度重视学前教育事业的改革与发展。改革开放40 年来，我国学前教育事业之所以取得较大成绩，关键在于有党和政府的重视和领导。改革开放以来学前教育发展的各个时期，无论实行怎样的管理模式，各级政府在学前教育发展目标的确定、体系的构建、领导体制和管理体制的建立、办学行为的规范等方面，都发挥着重要的领导和支持作用。改革开放伊始，党和政府就对恢复和发展学前教育予以了高度重视，设立了专门的行政管理机构，加强对幼儿教育的领导，并且制定政策性文件，指明了幼儿教育发展方向，对幼儿教育的发展方针、目标、内容和制度做出详尽规定，较为迅速地规范了幼儿园的工作秩序和教育教学质量；将学前教育事业发展明确列入国家经济社会发展计划中，制定学前教育发展的规划和目标，逐步形成了地方负责、分级管理和有关部门分工负责的管理格局；举办幼儿教育机构，以财政投入履行办学职责，并且制定和不断完善有关法规和政策，推进学前教育的改革与发展。近年来，随着相关研究对学前教育功能价值的揭示，学前教育的重要性日益凸显，同时教育界和社会各界对 20 世纪 90 年代后期以来我

国学前教育事业发展滞缓状况高度关注，我国政府日益重视促进学前教育事业发展，并努力加强在发展学前教育事业中的作用，一些地方政府努力克服困难，将学前教育纳入公共服务体系①，把发展学前教育作为提高未来劳动者素质的重要战略，通过多种途径积极履行相应责任，以保障和促进学前教育事业的改革与发展。

二、政府职能随着社会背景的变化而不断深化与调整

政府职能及其运行受到社会政治、经济、文化等大环境的影响和制约。因此，政府在学前教育事业发展中的职能范围、权力界限和行为方式在社会发展的不同时期不断调整改变。

（一）政府职能范围由责任政府向公共服务型政府转变

在国家实行计划经济时期，我国政府在学前教育事业发展中的角色是全力履行相关职责的全能责任政府，即通过行政部门以计划、行政命令等从宏观到微观对学前教育事业发展和幼儿园办学机构无所不管。随着我国改革开放，经济体制转型全面展开并不断推进，1985 年《中共中央关于教育体制改革的决定》颁发，标志着政府在教育中的职能开始转变。近几年来，随着服务型政府理念的提出与改革实践的逐步推进，政府职能逐渐调整为主要从事经济调节、市场监管、社会管理和公共服务。政府在学前教育事业发展中的职责，对幼儿园的管理模式逐渐发生转变，政府的职能范围逐渐转变为以宏观指导和提供服务为主。

（二）政府职能方式经历了直接管理向间接管理、单一调控向综合调控的转变

改革开放初期，由于我国实行的是计划经济体制，政府对学前教育管理的方式主要是运用行政手段，是直接的、微观的计划方式。

---

① 张月红：《加大力度发展学前教育——十一届全国人大常委庞丽娟教授谈现代政府科学发展、亲民为民的重要举措》，载《学前教育》，2008(4)。

所有学前教育的事业投入都由中央集中掌握，实行"计划定，财政拨，银行管"的方式，经费投入来源渠道单一。而且，政府主要通过行政命令对学前教育事业发展进行直接管理。20 世纪 80 年代以后，随着经济体制转型，政府管理和调控学前教育的手段和程度发生变化，逐步由主要依靠行政、计划手段转向综合运用政策、计划、经济、行政和信息等多种手段领导和管理学前教育事业。

三、坚持广泛调动社会力量的积极性，鼓励多渠道多形式办园

学前教育具有重要的基础性和公益性，但由于目前我国是发展中国家，要实现由国家包办学前教育是不现实的，适合由政府、市场、社会共同来承担。为使越来越多的儿童能够在发展早期接受学前教育，特别是高质量的学前教育，政府无疑要发挥主导作用；同时，自 20 世纪 80 年代以来我国政府在学前教育事业发展上始终坚持"两条腿走路"的方针，除地方政府举办幼儿园外，鼓励和支持企业事业单位、社会团体、居民委员会、村民委员会和公民举办幼儿园或捐资助园，坚持广泛调动社会各方面力量的办学积极性，多渠道、多形式地共同发展幼教事业。迄今为止，经过 40 年来的改革与发展，我国学前教育已基本形成政府主导、社会参与、公办民办并举的良好发展格局，办园资源快速增加在一定程度上补充了学前教育事业发展的不足，在更大范围内满足了人民群众对幼儿接受学前教育的需求和学前儿童受教育的权利。

第三节　当前政府履职与学前教育管理体制存在的主要问题

由于长期以来对学前教育重要性的认识不足，我国在经济体制改革和社会转型过程中未能充分考虑学前教育事业发展需要，学前教育管理体制改革未能与财政体制和教育体制改革相配套，存在着政府职责定位不清晰、职能转变不到位、各级政府与政府各部门之

间职权责划分不完全合理、管理机构和人员设置不健全、督导制度不完善等问题，已成为制约我国学前教育事业健康发展的体制性障碍，严重桎梏了学前教育事业的稳定、健康、可持续发展。[①]

一、政府和市场的关系未理顺，政府职责定位不明

政府和市场的关系没有理顺，直接导致了政府学前教育管理和服务职能的缺位。20 世纪末，我国在由计划经济向社会主义市场经济转型的过程中，随着政府经济职能与政治职能分离，原来计划经济体制下通过行政手段管理学前教育事业发展的做法受到挑战，而对政府职能新的定位又未能及时明确，加上对学前教育的必要性和重要性认识不足，很多地方政府的学前教育发展职责有一定弱化趋势，出现了责任不到位甚至推卸责任的现象。尤其是在 2003 年，国务院办公厅转发了《关于幼儿教育改革与发展的指导意见》，其中"以社会力量兴办幼儿园为主体"的政策导向进一步使学前教育发展出现了较为明显的社会化和市场化转向。

我国目前仍处于社会主义初级阶段，属于发展中国家的事实没有改变，"九五""十五"期间我国学前教育事业发展出现迟滞甚至下滑的情况，这就表明我国支持学前教育的制度尚不完善，为促进学前教育事业发展和普及，需要政府发挥强有力的主导作用。2008 年以来，入园难、入园贵问题集中爆发，成为重要的社会问题、民生问题，政府主导发展学前教育事业成为时代的呼声。2010 年，《国家中长期教育改革和发展规划纲要(2010—2020 年)》提出要基本普及学前教育，明确政府职责，重点发展农村学前教育。从中央到地方，各级政府都在落实文件精神，制定政策措施，并积极采取行动。2010 年 11 月 21 日颁布的《国务院关于当前发展学前教育的若干意

---

① 范明丽：《我国学前教育管理体制改革的方向与制度设计——基于政府治理模式转型的研究》，博士学位论文，北京师范大学，2014。

见》包含了推进学前教育管理体制改革的内容，对中央和省级政府的
职责做了一些规定，相比以往政策有了很大进步，但是对究竟应该
如何发挥政府的主导作用，对各级政府和政府各部门的具体职责及
其在学前教育管理上的权责划分尚缺乏明确规定，学前教育管理体
制有待进一步完善。从各省级行政区出台的政策文件与政策执行来
看，一些省份虽提出要"政府主导""明确政府责任"或"落实政府责
任"，但尚未对政府发展学前教育的责任进行定性，且力度较弱。有些
省市将"政府主导"窄化为"政府办园"，在一定程度上弱化了各级政府
在学前教育事业发展中统筹规划、政策引导、经费保障、规范管理、
队伍建设、质量提升和督导评估等其他重要方面的职能。

二、各级政府间职责定位不清，权责配置随意性大

2003 年以来，我国学前教育实行"地方负责，分级管理和各有关
部门分工负责"的管理体制，但是政府整体职责定位不明晰，缺乏刚
性化的法律保障，因此各级政府间权责配置随意性大，特定层级政
府在发展学前教育事业中的职、权、责、利不对称，政府职责缺位、
不到位、错位和越位的问题突出。多年以来，"地方负责"被更多地
误读为发展学前教育是县级甚至是乡镇政府的职责，管理重心和投
入重心过低。随着学前教育事业和实践改革的发展，"地方负责、分
级管理"的学前教育管理体制已经难以适应事业改革与发展的需要，
突出存在不同层级政府间职责不明确、权责配置不合理、事财不匹
配等诸多问题。省市级政府在学前教育事业发展中的宏观统筹、保
障促进、质量督导等方面的职能在相当程度上被弱化，直接导致了
学前教育管理的责任主体重心过低，统筹协调和财政保障能力严重
不足。

（一）中央层级政府发展学前教育的职责定位不明确，缺位、不
到位与错位并存

第一，中央政府提供学前教育法规制度类公共产品的职责缺位，

学前教育上位法缺失，政策法规、制度不健全或不完善，尤其是一些关系全国学前教育事业发展水平与质量的政策制度，如学前教育经费投入保障制度、学前教育督导评估制度等迟迟未出台或多年未修订。第二，中央政府维护公平、促进区域间学前教育事业均衡发展的职责缺位或不到位。学前教育公平是教育公平的起点和基础，然而各级政府在推进学前教育均衡发展方面职责不明，尤其是中央政府对中西部贫困地区学前教育事业发展的扶助职责不到位，我国城乡、区域、园所间学前教育发展差距大，发展失衡问题非常突出，在部分地区甚至已经成为重大的民生问题而引起了社会普遍关注。第三，当前我国中央政府仍然承担着极少数城市公办园的办园主体角色，中央部委办园是改革开放前国家整体经济实力不强、资源有限的特定历史背景下促进学前教育事业发展的有效举措，曾在推动学前教育事业整体发展方面发挥过积极作用。然而随着我国经济社会发展，尤其在转变政府职能、建设公共服务型政府的行政体制改革背景下，中央政府的职能需要重新定位。①

（二）地方政府间权责错位严重，责任主体重心过低

由于1994年我国实行了分税制的财政体制改革，中央财政在规范了与省级财政的关系后，并没有进一步对省与市、市与县、县与乡（镇）的财权与事权分配做出刚性规定，从而出现了财权逐年逐级上收，事权层层下放的局面。导致越到基层，财权与事权失衡的状况越严重。② 在分级小园分级管理体制中，地方各级政府间权责配置随意性大、缺乏统一规范，事权层层下放，导致责任主体重心过低、上下级政府间权责关系不对称等问题凸显。尽管多份政策文件

① 范明丽：《我国学前教育管理体制改革的方向与制度设计——基于政府治理模式转型的研究》，博士学位论文，北京师范大学，2014。
② 胡平平、张守祥：《农村义务教育投入保障机制及管理体制问题研究》，4页，北京，科学出版社，2007。

都提出地方各级政府要重视并扶持幼儿教育的发展，明确提出地方各级人民政府要积极采取措施，加大对幼儿教育的投入，做到逐年增长，但是由于对具体应该由哪一级政府承担主要责任的规定模糊，尤其是管理和支出职责不明确，导致在政策文本上扶持学前教育发展、加大对学前教育的投入是地方各级政府的职责，而在实际操作中上级政府往往依靠其行政权力优势把责任推给下级政府，同时并不提供履行职责所需的足额配套资金，出现"上级请客、下级买单"①，互相推诿，上下踢球，看似谁都该管，其实谁都不管的尴尬局面。

三、政府各部门间职责定位不清，职权责划分不尽合理

2003 年 3 月，《关于幼儿教育改革与发展的指导意见》明确提出建立"由教育部门牵头、有关部门参加的幼儿教育联席会议制度"，并进一步规定了教育部门、卫生部门、财政部门、价格主管部门、建设部门、民政部门、劳动保障部门、编制部门、妇女儿童工作委员会和妇联组织等的相关职责。然而，由于这个文件对各部门之间的职能、权限和责任配置规定不够到位、明确，导致政府各相关职能部门之间职责定位不清，职权责划分不尽合理，其中最突出的就是权责配置交叉，多头管理、批管分离问题突出。例如，城市街道幼儿园在行政上由街道办事处管理，业务上由区托幼办指导，在人事工作的衔接上由区妇联主管。当幼儿园经费陷入困境时，谁也拿不出解决的办法。② 在幼儿园审批方面，"懂行者没有审批权，有权

---

① 宋立、刘树杰：《各级政府公共服务事权财权配置》，24～25 页，北京，中国计划出版社，2005。

② 周红：《实行归口管理确立幼教改革的制高点》，载《学前教育研究》，1999(2)。

审批者又不懂行"①，"多头审批，批管分离"②。

由于现行学前教育政策与民办教育相关政策法规在幼儿园审批登记注册方面的规定不明确且不统一，造成实际执行中民办幼儿园可以在教育部门、民政部门和工商部门等多个部门注册。民政部门和工商部门因缺乏专业力量，既不负责资格审查也不负责园所开办后定期的监督和管理，导致出现了"批管分离"的问题。在民政部门和工商部门注册的幼儿园，往往因为缺乏教育部门及其他相关部门的严格资质审查，存在着诸多不规范的办园行为。这些幼儿园并没有经教育行政部门审批，也没有登记备案，这就导致教育行政部门往往并不了解这些幼儿园的开办情况，或者即便知道这类园所的存在，但因为不是这类园所的审批注册部门，也难以真正做到监管，这直接导致社会上出现了一批办园条件不达标、安全隐患问题突出的"非法幼儿园"。

多头管理不仅导致园所审批情况混乱、批管分离情况突出，也为教育行政部门行政执法带来困难。审批时多部门有权，行政执法时仅教育行政部门有责，教育部门责大权小，加上管理力量的严重不足，最终导致行政执法流于形式，甚至出现了"今天查处了不规范的幼儿园，明天他们换块牌子照常经营"的情况，不规范幼儿园屡禁不止。

四、学前教育管理机构和人员缺位，领导力量不足

教育行政组织管理机构是教育行政权力的载体和教育行政管理活动的主体，规划着全国各地区的教育事业。③ 合理设置的学前教

① 刘明远、张晖：《江苏幼儿教育事业发展与体制改革研究报告》，载《幼儿教育（教育科学版）》，2006(5)。
② 杨东平：《教育蓝皮书—2006年：中国教育的转型与发展》，107页，北京，社会科学文献出版社，2007。
③ 史万兵：《教育行政管理》，71～73页，北京，教育科学出版社，2005。

育行政组织管理机构是实现学前教育科学管理的有力保障，而合理配备的管理人员则是使管理机构高效运转的关键要素。我国学前教育行政组织管理机构一般设在各级政府教育行政部门内，是重要的职能部门之一。新中国成立以来，我国逐步建立了学前教育行政组织管理机构体系，并配备了相应的管理人员。中央一级主要是教育部基教司幼教处，省级主要是教育厅基础教育处幼教科，地市级主要是教育局幼教科，县级主要是教育局幼教办/股，乡（镇）级主要是幼教股等。在实践过程中，尤其是 20 世纪 90 年代以后，随着经济体制转型和教育管理体制改革，我国学前教育发展过程中的矛盾、问题不断涌现，学前教育行政管理的责任成倍增加，而学前教育行政组织管理机构的撤并现象却较为严重，管理人员配备不到位，政府行政管理力量相当薄弱。据调查，1998 年以来，国家层面负责领导全国学前教育的教育部幼教处的编制只有 3 人；全国（港、澳、台除外）31 个省（自治区、直辖市）只有 4 个保留学前教育处，其他 27 个陆续在机构改革中撤并学前教育处，只设一名专职或兼职管理干部；到了县一级和乡（镇）一级，管理力量更加薄弱，难以有效履行学前教育基本的管理职能。这直接导致了学前教育管理机构和人员设置严重缺位，导致学前教育组织领导力量不足。

第四节　新时代深化政府职能与管理体制改革的思考

加快发展学前教育是大力实施科教兴国战略和人才强国战略的重大举措，是全面建设小康社会、构建社会主义和谐社会的必然要求，也是夺取新时代中国特色社会主义伟大胜利的必要措施。要促进我国学前教育事业的健康、可持续发展，需要重新审视政府在学前教育发展中的角色与职能定位，进一步明确各级政府的责任，保障政府切实覆行发展学前教育的职责。政府职能是否充分发挥、性质及其程度如何，是影响和决定当前我国学前教育事业发展方向和质量的核心、首要因素。政府在学前教育事业发展中的职能不是一个简单的需否、强化或弱化的问题，而是一个应否和不断优化的问题，并以此推动和促进我国学前教育全面、高效、健康和均衡发展。[①] 而学前教育管理体制在我国学前教育事业发展中起着领导、组织、协调、保障、监控等重要作用，是保障政府切实履行发展学前教育职责的重要条件和促进学前教育事业健康、有序、可持续发展的关键因素。

一、尽快制定《学前教育法》，明确学前教育事业的政府职责与管理体制

现代政府在发展学前教育事业中的职责与作用包括多个主要方面，其中，制定科学、适宜的法律法规以规范和保障学前教育事业的发展是现代政府的重要职责，也是确保学前教育事业发展和政府其他各项职能落实到位的重要基础与前提。当前我国学前教育事业发展中存在的突出问题以及前述政府履职过程中出现的种种状况，与我国缺乏高位、有力的学前教育专门法律进行规范与保障密切相关。目前，我国尚无全国性的《学前教育法》，最高层次的学前教育专门法规是国务院 1989 年颁布的《幼儿园管理条例》，但也仅处于教育法律法规体系中的第四层级，法律规范的效力较弱。[②] 在《中华人民共和国教育法》所规定的四个独立学段中，只有学前教育没有专门法律。现有法规较低的法律层次和较弱的法律效力已经成为制约我国学前教育事业健康有序发展的重要制度性障碍，也不利于提高社会对学前教育事业的真正重视。因此，为保障并促进我国学前教育

---

① 范明丽：《我国学前教育管理体制改革的方向与制度设计——基于政府治理模式转型的研究》，博士学位论文，北京师范大学，2014。

② 庞丽娟、韦彦：《学前教育立法——一个重大而现实的课题》，载《学前教育研究》，2001(1)。

事业的改革与发展，当前亟须尽快推动立法。这既是现代政府的重要职责，也是破解当前我国学前教育事业发展中存在的种种突出矛盾与问题，切实保障和促进学前教育事业健康、可持续发展的迫切需求与关键所在。国务院相关部门应加快《学前教育法》的立法进程，随着立法工作的稳步推进，也必将使学前教育事业的科学、健康发展具有更稳固的保障。在研究和制定《学前教育法》的过程中，应抓住影响我国学前教育事业发展的根本性、深层次的核心问题，特别是对学前教育的性质和地位，中央和各级地方政府应当承担的职责和相关政府部门职责及其相互关系，财政投入、管理体制与办园体制，幼儿教师的身份、待遇与权益等做出明确规定，以使学前教育事业发展真正做到有法可依、有法必依，努力保障和促进我国学前教育事业的积极、健康、有序的发展，保障和促进同一片蓝天下 1.3 亿学前儿童健康、快乐地成长。

二、加大力度深化学前教育改革与发展，充分发挥政府的基本公共服务的职能

加强基本公共服务、努力实现公共利益是政府的执政目标和价值取向。顺应时代发展，以加强和优化公共服务为理念，调整政府结构，转变政府职能，以满足日益扩大的社会公共需求，这已成为我国政府行政改革的核心。自 2004 年提出"建设服务型政府"以来，建构公共服务体系、提供公共服务成为我国政府职能转变的基本目标与定位，成为现代公共服务型政府最根本的职能。[①] 这是现代社会"以人为本"发展方式的客观需要，也是缓解我国公共服务领域长期存在的公共服务体系不健全、公共服务投入不足和公共服务分配不均问题的必然选择。在日益关注民生、注重社会科学和谐发展的今天，社会基本公共服务职能的强化是社会和经济发展对政府提出

---

① 李军鹏：《公共服务学——政府公共服务的理论与实践》，288～326 页，北京，国家行政学院出版社，2007。

的必然要求。当前，我国政府正努力朝公共服务型政府转型，从经济建设型转变为公共服务型，其关键就在于将政府的主要职责投放到管理社会公共事务、构建公共服务体系和提供有效的公共服务上。① 中央和各级地方政府以改善民生为基本职责，积极回应公众需求，提供和加强基本公共服务，保障公共利益和公平。其中，教育作为社会公共服务的重要组成部分，正日益成为公共服务领域的核心。②③ 而作为国民教育体系的基础性一环、基础教育的重要组成部分的学前教育，其公共性仅次于义务教育，而且随着社会经济的发展和其正外部性效应的日益凸显，其公共产品属性不断增强，因此理应受到政府的更大关注与推动。当前，在我国一些地区，政府正积极进行改革和探索，加大力度支持和促进学前教育的发展，以拓展和强化政府基本公共服务的职能和能力，有利于推进和加快教育事业的发展与改革，积极解决和满足广大人民群众的最大关切和切身利益。④ 这些改革探索在当地起到了很好的教育、经济和社会发展的促进作用，同时为全国教育事业的改革与发展，特别是对政府职能的认识与发挥起到了非常积极良好的示范、榜样作用。⑤

三、新形势下深化推进政府职能与管理体制改革的着力点

为有效破解当前我国学前教育管理体制面临的困境，促进学前教育事业健康、有序、可持续发展，确保《国家中长期教育改革和发展规划纲要（2010—2020 年）》和"国十条"强调的"政府主导"和"地方负责、分级管理"落到实处，需要在"地方负责、分级管理"的基础

---

① 朱广忠：《我国政府在公共事业管理中的主体职责》，载《中国行政管理》，2007 (9)。
② 杨凤英：《教育产品的属性与政府职能的调整》，载《教育学报》，2006(1)。
③ 何鹏程、宋懿琛：《教育公共服务的理论探讨》，载《教育发展研究》，2008(9)。
④ 张月红：《加大力度发展学前教育——十一届全国人大常委庞丽娟教授谈现代政府科学发展、亲民为民的重要举措》，载《学前教育》，2008(4)。
⑤ 范明丽：《我国学前教育管理体制改革的方向与制度设计——基于政府治理模式转型的研究》，博士学位论文，北京师范大学，2014。

上，明确"省级统筹，以县为主"的学前教育管理体制。2017 年 4 月，经国家教育体制改革领导小组会议通过，《教育部等四部门关于实施第三期学前教育行动计划的意见》提出："建立健全'国务院领导，省地(市)统筹，以县为主'的学前教育管理体制。省级、地市级政府加强统筹，加大对贫困地区支持力度。落实县级政府主体责任，充分发挥乡镇政府的作用。""省地(市)级统筹，以县为主"的核心要义，一是加大省级政府以及县级以上人民政府对区域内学前教育事业的统筹作用，二是突出县级政府对县域内学前教育发展的主体责任。

（一）学前教育管理和财政保障重心的双上移

当前我国学前教育管理体制改革的重点在于管理主体重心和财政保障重心的双上移：行政管理的重心要全面提升到县级政府；统筹管理的重心宜进一步提升到省级政府或县级以上政府；财政投入保障的重心则以中央支持下的省级政府统筹为主，且应根据各地经济社会发展水平差异而有所区别，经济社会发展水平越落后的地区，其财政保障的主体重心应越高。同时，学前教育管理体制改革需要适应国情和各地经济社会发展的基本实际，综合考虑城乡、东中西部经济社会与教育发展差异，结合该地区行政管理体制和机构改革进程及管理实际来稳步推进。

（二）重视省级政府的统筹领导作用

省级政府应担当更多的统筹、保障省域内学前教育公共服务均衡、健康发展的重要责任。具体而言，各省级政府应成立由省长或分管副省长任组长，教育、财政、发展改革、编制、人事社保、国土资源、城乡建设等相关部门领导为主要成员的领导小组，统筹、协调全省学前教育事业的领导、组织、保障、督导和推动工作；省级政府及其教育行政部门负责根据中央相关法律法规、政策和宏观规划，制定全省学前教育事业发展规划及相关政策并指导实施；明确本省学前教育财政投入、教师队伍建设规划并保障落实，推动学前教育事业发展的省域均衡。

（三）明确县级政府的主体管理责任

县级政府作为基层行政枢纽，与中央、省和地市级政府相比，更了解基层群众对学前教育发展的需求。"以县为主"推进学前教育管理体制改革为大势所趋。借鉴义务教育管理体制改革的经验，考虑到当前我国区域经济发展很不均衡和许多中西部地区县级财政薄弱的客观现实，在此需明确指出，"以县为主"指的是管理上的以县为主，而不是经费保障上的以县为主，县级政府主要是在省市县共同努力、保障发展学前教育事业基本经费投入的基础上，切实落实学前教育行政管理的主体责任。

四、健全学前教育管理机构并合理配备管理人员，加强专业领导力量

随着政府对学前教育重要性的认识日益深入，基本普及学前教育成为国家中长期教育改革和发展的重要目标，健全学前教育组织管理机构、合理配备管理人员、优化管理成为学前教育普及目标实现的重要保障。[①] 在进行学前教育行政组织机构设置和人员配置时，应该遵循依法设置、按需设置、完整统一、合理分权、精简机构、事权对应以及稳定性与变动性相结合的原则。[②] 第一，应该依据《中华人民共和国宪法》《中华人民共和国地方各级人民代表大会和地方各级人民政府组织法》以及《地方各级人民政府机构设置和编制管理条例》等相关法律规定，结合地区性法规政策，按照地方学前教育事业发展的需求和管理的难度、幅度来设置学前教育行政组织机构并配置人员。第二，由于我国实行"省级统筹，以县为主"的学前教育管理体制，因此，学前教育行政组织机构设置和人员配置应该在完

① 范明丽：《我国学前教育管理体制改革的方向与制度设计——基于政府治理模式转型的研究》，博士学位论文，北京师范大学，2014。

② 史万兵：《教育行政管理》，71～73 页，北京，教育科学出版社，2005。

整统一的基础上，在中央支持、省市统筹的基础上，加强县一级政府学前教育管理机构设置与人员配置。第三，精简、增效是我国行政体制和机构改革的重要方向，但是应该明确，"精简"不能等同于"精减"，"精简"一方面是指不设不必要的机构，另一方面是指要保留高效能的机构，增设、扩大必要的机构和人员。显然，目前我国学前教育行政组织面临的不是机构臃肿，而是必要机构设置不健全。因此，应该在五级政府行政体制中增设学前教育管理机构并配齐管理人员，尤其要加强中央、省、县三级学前教育管理机构和人员设置的合理性与高效性。[1] 第四，学前教育管理机构设置和人员配置需要有一定的稳定性，不能朝令夕改、轻易变动，但同时又需要考虑内外部条件的变化，根据长远目标做出相应的调整。当前我国学前教育行政管理力量严重不足，应该在依法、科学增设管理机构与人员的基础上，注意保持机构和人员的稳定，但同时也允许其随着学前教育事业发展的变化进行相应调整。例如，北京市顺义区在"九五"期间健全学前管理机构设置，成立了学前教育中心，统管全区学前教育事业发展，并建立起行政管理和业务指导两个系列[2]，大大加强了学前教育行政管理力量，可以作为学前教育管理体制改革的经验，启发我国同级学前教育机构分类设置。

---

[1]　范明丽：《我国学前教育管理体制改革的方向与制度设计——基于政府治理模式转型的研究》，博士学位论文，北京师范大学，2014。

[2]　北京市顺义区教育委员会：《大力提升学前教育整体水平》，载《幼儿教育》，2004（1）。

第三章
学前儿童研究
进展与展望

　　20 世纪初，受欧美教育理念的影响，中国学者开始对旧教育的儿童观与教学方法展开批判，儿童观的更新与儿童研究的开展是中国教育科学化的起点。鲁迅在《我们现在怎样做父亲》一文中曾谈到中国封建社会对儿童的压抑，他说人们或者把儿童看做成人的附属，说小孩懂什么，一笔抹杀，不去理他；或者视儿童为"矮小的成人"，拿"圣经贤传"尽量地灌下去。新文化运动后，杜威来到中国，广泛推动了中国的教育民主化进程和儿童观的更新。陶行知和陈鹤琴身体力行，开创了中国历史上儿童研究的探索。新中国成立后的一段时间内，人们对儿童的认识不是从儿童本位出发，而是从社会本位出发，致力于把儿童培养成为社会主义事业的接班人。改革开放带来了中国学前儿童研究新的起点，1979 年全国托幼工作会议的召开使人们重新认识到要"以儿童的方式对待儿童"，提倡在幼儿教育过程中尊重儿童身心发展规律，儿童研究自此进入了蓬勃发展的阶段，研究的广度与深度超过了以往任何一个历史时期。本章将改革开放40 年分为 4 个主要的阶段，分别是 1978 年至 20 世纪 80 年代末、20世纪 90 年代、21 世纪头 10 年、2010 年至今。对每一阶段儿童权益保护和儿童教育的政策与措施、儿童发展研究成果与进展以及面临的问题与挑战进行梳理，以期为后续的儿童研究提供借鉴。

第一节　1978 年至 20 世纪 80 年代末：儿童研究蓬勃发展

改革开放初期，百废待兴、恢复重建任务繁重。改革、开放和发展是当时最主要的社会议题，国家的各项事业逐渐恢复与重建，儿童发展的概念和意识尚未在国家层面上被重视，但是在教育、卫生保健等事业中逐渐有了一些专业而具体的阐释，在学术界儿童研究也有了新的起点。

一、政策与措施

（一）关注儿童的生存权益

新中国成立以来，党和政府十分重视儿童的权益保护工作。《中华人民共和国宪法》《中华人民共和国婚姻法》《中华人民共和国义务教育法》《中华人民共和国劳动法》等法律都规定了儿童所享有的权益。

20 世纪 70 年代，随着医疗条件的改善和生活水平的提高，儿童死亡率大幅度下降。① 1978 年开始全国逐渐普及儿童计划免疫工作。20 世纪 80 年代成立计划免疫专家委员会，与联合国儿童基金会合作，进一步推进我国的计划免疫工作。1989 年联合国授予中国卫生部卫生免疫司一枚联合国儿童生存银质奖章，以肯定我国儿童计划免疫工作取得的成绩。

1975 年国家开始将制定儿童生长发育的标准列为全国医学卫生领域的重点研究项目。1987 年经国务院批准，国家统计局及有关部门对全国 9 个省（直辖市、自治区）的 84 个市（县）0～14 岁儿童的发育、健康和预防接种等情况进行了调查。

1985 年 12 月，卫生部颁发《托儿所、幼儿园卫生保健制度》，将婴幼儿饮食、健康检查、卫生消毒、预防疾病等方面的工作进一步

---

① 成尚荣：《儿童研究视角的坚守、调整与发展走向》，载《教育研究》，2017(12)。

制度化，确保婴幼儿的健康与安全。

可以说，在各方面的不断努力下，这一时期儿童的生存权益得到了基本保障，营养状况不断改善，生长发育水平有所提高。

（二）明确儿童教育与发展目标

1979年11月8日，教育部颁布了《城市幼儿园工作条例（试行草案）》，这是我国改革开放以后颁布的第一个幼教法规。该文件指出，要对幼儿进行初步的全面发展的教育，使幼儿健康、活泼地成长，为入小学打好基础。

1981年10月，教育部颁发了《幼儿园教育纲要（试行草案）》。同20世纪50年代的《幼儿园暂行教学纲要》相比，1981年的《幼儿园教育纲要（试行草案）》将“教学”改为“教育”，体现对学前儿童年龄特点的尊重。《幼儿园教育纲要（试行草案）》规定幼儿园的主要任务是：对幼儿进行体、智、德、美全面发展的教育，使幼儿身心健康活泼地成长，为入小学做好准备，为造就一代新人打好基础。该文件规定幼儿园的教育内容有生活和卫生习惯、体育活动、思想品德、语言、常识、计算、音乐、美术等八个方面，要求通过游戏、体育活动、上课、观察、劳动、娱乐和日常生活等教育手段来完成，以防止幼儿教育小学化、成人化。

1981年6月6日，卫生部妇幼局颁布了《三岁前小儿教养大纲（草案）》，根据3岁前小儿身心发展的特点，提出托儿所教养工作的主要任务是培养小儿在德、智、体、美方面得到发展，为造就体魄健壮、智力发达、品德良好的社会主义新一代打下基础。该文件开篇即强调3岁前是小儿体格和神经心理生长发育的重要时期，并从小儿的脑神经生理机制出发，强调早期教育对小儿的智力发展极为重要。该文件指出要发展小儿模仿、理解和运用语言的能力，通过语言及认识周围环境事物，使小儿智力得到发展，并获得简单知识。

可见在20世纪80年代初期，无论是3岁以前的小儿，还是幼儿园中 3～6 岁的幼儿，幼教法规都强调要依据幼儿的发展特点实施教育，体格发展被放在优先位置，语言与智力发展、常识的学习也得到特别强调。

1989 年，国家教委先后颁布了《幼儿园工作规程(试行)》和《幼儿园管理条例》。这两个文件均指出，幼儿园的任务是实行保育与教育相结合的原则，对幼儿实施体、智、德、美全面发展的教育，促进其身心和谐发展。比起 1981 年的《幼儿园教育纲要(试行草案)》，20 世纪 80 年代末期的政策文件不再强调为小学做好准备，更加专注于 3～6 岁幼儿全面、健康、和谐的发展。《幼儿园工作规程(试行)》指出："幼儿园保育和教育的主要目标是：促进幼儿身体正常发育和机能的协调发展，增强体质，培养良好的生活习惯、卫生习惯和参加体育活动的兴趣；发展幼儿正确运用感官和运用语言交往的基本能力，增进其对环境的认识，培养有益的兴趣和动手能力，发展智力；萌发幼儿爱家乡、爱祖国、爱集体、爱劳动的情感，培养诚实、勇敢、好问、友爱、爱惜公物、不怕困难、讲礼貌、守纪律等良好的品德、行为、习惯以及活泼、开朗的性格；萌发幼儿初步的感受美和表现美的情趣。"在对体、智、德、美全面发展的任务进行更详细的论述过程中，特别提到了幼儿活泼开朗性格的培养，呼应了身心和谐发展的工作任务。

二、儿童发展研究的成果与进展

1979 年中国学前儿童研究有了新的起点。当年召开了第一次全国教育科学规划会议，将幼儿教育纳入国家教育科研规划，各地相继设立儿童研究机构。如 1981 年上海社会科学院青少年研究所成立，主要关注家庭教育和儿童发展研究议题；1982 年成立的中国儿童中心主要关注校外教育、儿童活动娱乐和儿童发展等。[①] 1984 年中国教育学会成立了儿童教育心理学研究会，在全国范围内开展儿童研究工作。

20 世纪 80 年代学术活动与科研项目越来越多，国家级教育科学研究项目数量由"六五"规划的 1 个增加到"七五"规划的 9 个。其中有代表性的是朱智贤主持的跨"六五""七五"两个五年计划的国家级重点项目——中国儿童青少年心理发展特点与教育。这一阶段出版了一批有分量的儿童心理学与教育心理学专著，例如：《智育心理学》(1981，冯忠良)、《思维发展心理学》(1986，朱智贤、林崇德)等。1985 年，北京师范大学成立中国第一个儿童心理研究所，并创办我国第一份公开发行的儿童心理和教育学术杂志《心理发展与教育》，标志着我国儿童心理的科学研究走向成熟。

这 10 年间我国的儿童心理与教育研究者开展了广泛的国际交流与合作。华东师范大学心理系、北京师范大学儿童心理研究所、北京大学心理系、中国科学院心理研究所、中国儿童发展中心等都受邀成为国际行为发展研究会(ISSBD)的成员单位。在研究方法上，自 1980 年起我国重新恢复心理测验方面的研究。林传鼎、张厚粲、李丹、龚耀先等都在心理测量学方面取得了较好的成果，并于 1987 年出版了《心理测量》专著。[②] 研究方法上的进展大大推动了当时的儿童心理研究。

这一阶段儿童发展研究主要集中在制定儿童发展的指标与参数、探讨儿童发展的规律上。[③] 研究成果集中在以下几个方面。

---

① 刘继同：《改革开放 30 年来中国儿童福利研究历史回顾与研究模式战略转型》，载《青少年犯罪问题》，2012(1)。

② 林崇德：《儿童心理学与教育心理学空前活跃的十年》，载《中国教育学刊》，1989(2)。

③ 林崇德：《试论我国儿童心理学前进的道路》，载《心理发展与教育》，1985(1)。

（一）儿童体格发育

改革开放初期，国家相关部门进行了一系列大规模的调查研究，以了解我国幼儿的体格发育情况，掌握我国儿童生长发育的标准。

1975 年在卫生部领导下，由首都儿科研究所牵头，成立了九市儿童体格发育调查协作组，对北京、哈尔滨、西安等 9 个城市及其郊区农村的 0～18 岁的 27 万余名儿童青少年进行了体格发育调查。此后于 1985 年在上述地区进行第二次横断面调查，共调查 0～7 岁儿童 15 万余人。[①] 1985 年 4 月至 10 月，又对吉林、山西等 10 省（直辖市、自治区）城乡 0～7 岁儿童的体格发育进行了调查。与 1975 年相比，我国 1～7 岁儿童身高平均增长约 1.5 厘米，体重平均增长约 0.5 千克。1991 年，首都儿科研究所等单位对北京、南京、广州等代表我国北部、中部、南部的 8 个城市的 890 名健康婴儿进行调查，首次获得了中国儿童婴儿期生长发育的主要参数。研究表明，3 月龄和 12 月龄是婴儿生长发育的两个关键时期，前者代表婴儿生长发育的第一个高峰，后者则是幼儿生长发育的起点。[②]

除了医学研究机构外，我国的教育部门也在关注幼儿的体格发展。1984 年至 1986 年，中央教育科学研究所幼教研究室与 16 个省（自治区、直辖市）幼教工作者协作开展了"我国幼儿形态、机能、基本体育活动能力的调查研究"，研究共获得 3.4 万余名幼儿的 58 万个数据，为我国幼儿生理素质发展的有效教育行为提供了可靠依据。该研究的对象为我国汉族、蒙古族、朝鲜族、维吾尔族、哈萨克族、回族、苗族、壮族等多个民族的幼儿，分为 7 个年龄组进行测查（3

---

①　中华人民共和国卫生部妇幼卫生司九市儿童体格发育调查研究协作组：《1995 年中国九市 7 岁以下儿童体格发育调查研究》，前言，北京，中国医科大学中国协和医科大学联合出版社，1998。

②　中国学前教育研究会：《百年中国幼教（1903—2003）》，58 页，北京，教育科学出版社，2003。

岁、3岁半、4岁、4岁半、5岁、5岁半、6岁)。具体的测查项目有形态指标8项(身高、坐高、腓骨头高、体重、头围、胸围),生理机能指标7项(呼吸差、心率、呼吸率、肺活量、动脉血压、握力、背肌力),基本体育活动能力指标8项(坐位体前屈、立定跳远、纵跳、沙包掷远、20米跑、100米跑、200米跑、300米跑)共19项。该研究是我国第一次大范围对3~6岁幼儿形态、机能、基本体育活动能力的多类别、多指标测查,它不仅为中国幼儿体质测查工作经常化、制度化奠定了基础,而且成为广大幼儿园教师开展体育教学的重要参考依据。[1]

(二)儿童认知发展

认知与个体知识学习及能力获得有着密切的联系,因此认知因素的研究一直是儿童研究的主要课题。20世纪80年代认知发展研究涵盖的问题内容广泛,以下介绍几个主要方面。

一是中国科学院心理研究所研究员刘范带领的儿童认知发展研究小组,通过10年的研究系统探索了3~12岁儿童概念认知与理解的特点,并比较了汉族与10个少数民族儿童认知发展的异同,提出了儿童概念学习的最佳时期、儿童认知结构的发展变化等方面的观点。他们提出:儿童认知发展,是先把握客观现实一个单一成分,再把握多个成分的;在把握了多个成分时,这些成分对他似乎是并列的,没有抓住它们之间的联系;然后,这种联系式矛盾(如果有的话)被发现了;最后,达到各成分之间的统一式整合,从而上升到高一级的认知水平。[2]

二是华东师范大学朱曼殊带领的语言发展研究组,他们对2~6岁幼儿语言发展情况开展了一系列研究。此外,从1979年开始中央

① 中国学前教育研究会:《百年中国幼教(1903—2003)》,58页,北京,教育科学出版社,2003。

② 刘范:《中国的发展心理学》,载《心理学报》,1982(1)。

教育科学研究所幼儿教育研究室的"我国 3～6 岁儿童口语发展特点与教育"科研项目也对 10 个省（自治区、直辖市）的幼教工作者进行相关调查，积极探索我国幼儿语言教育的基本规律。汉语是世界语言体系中十分独特的语种，可以说中国儿童语言的研究对国际社会发展心理学领域的研究有着独特的贡献。

三是北京师范大学张厚粲等研究者引入并修订了韦氏儿童智力量表①，推动了我国关于儿童智力发展的研究。查子秀的研究组则对超常儿童进行了 5 年的追踪研究，内容涉及超常儿童的鉴别、筛选和认知特点等。

(三)儿童个性社会性发展

儿童个性社会性发展研究是 20 世纪 80 年代发展较为迅速的研究领域，众多研究者对儿童个性社会性发展的过程进行了探讨。这部分研究比较庞杂，大致可以总结为以下几个研究主题。

对儿童社会认知的研究主要包括道德认知、情绪认知等的研究。如李伯黍等在皮亚杰、科尔伯格的道德发展理论基础上开展了我国儿童对公私财物损坏的道德判断研究，还比较了汉族与少数民族儿童在公有观、公正观、惩罚观等方面的差异。②③ 陈欣银等对集体讨论过程如何影响个体的道德判断进行了研究。在情绪与认知的关系方面孟昭兰对不同情绪状态对儿童认知操作的影响进行了系列实验

① 张厚粲、王晓平：《中国儿童认知能力的性别差异发展倾向：韦氏儿童智力量表结果分析》，载《心理科学》，1996(2)。
② 陈会昌、李伯黍：《关于儿童对公私财物损坏的道德判断的研究》，载《心理学报》，1982(3)。
③ 顾海根、岑国桢、李伯黍：《汉族与少数民族儿童道德发展比较研究》，载《心理科学通讯》，1987(5)。

研究。① 李山川等用实验法研究了幼儿的情绪状态对情绪词记忆的影响。②

在儿童的社会行为研究方面，研究者主要关注了儿童的自控行为、亲社会行为与利他行为等。如张丹华研究了诱因对儿童自控能力的影响。③ 周宗奎总结整理了儿童亲社会行为的发展特点。④ 郑健成等人对儿童利他行为的发展进行了研究。⑤

受计划生育政策的影响，20 世纪 80 年代独生子女的数量与独生子女家庭的比例都不断上升。独生子女的个性与社会性发展也成为当时社会关注的热点。⑥ 如杨善堂等对两代人家庭与三代人家庭独生幼儿个性心理发展做了比较研究。⑦

(四)跨文化研究

20 世纪 80 年代中后期跨文化研究比较流行，既有与国外研究者合作的跨文化研究，也有国内做的不同亚文化群体的比较研究。如方格等对不同国家儿童数学差异原因进行了比较分析。⑧ 赵鸣九等用瑞文测验对汉族、藏族、回族等民族儿童的智力发展进行了

---

① 孟昭兰：《不同情绪状态对智力操作的影响——三个实验研究的总报告》，载《心理科学通讯》，1987(4)。

② 李山川、张履祥、钱含芬等：《小学儿童不同情绪状态对记忆情绪词的影响》，载《心理科学通讯》，1987(3)。

③ 张丹华：《诱因对 3—6 岁儿童自控行为发展的影响》，载《心理发展与教育》，1989(3)。

④ 周宗奎：《儿童亲社会行为发展研究述评》，载《心理发展与教育》，1987(4)。

⑤ 郑健成、潘洁、李伯黍：《儿童利他行为发展研究》，载《心理发展与教育》，1990(2)。

⑥ 刘云德、王胜今、尹豪等：《独生子女与非独生子女比较研究调查报告》，载《人口学刊》，1988(3)。

⑦ 杨善堂：《两代人家庭与三代人家庭独生幼儿个性心理发展的比较研究》，载《心理发展与教育》，1988(3)。

⑧ 方格、佟乐泉、刘范：《三国四城市小学儿童数学成绩的比较研究——跨文化研究之一》，载《心理学报》，1988(3)。

比较。①

三、面临的问题与挑战

尽管这一阶段儿童研究取得了丰富的成果，但与同时期国外的儿童研究相比还存在一定差距。主要表现在以下几个方面。

一是研究对象不够全面。如这一阶段我国还极少涉及婴儿研究。婴儿研究需要一套精细的实验操纵方法、可靠的观察程序及编码方法，同时需要借助一些技术设备（如摄像机），这种条件的限制导致研究者对儿童发展的起点关注不够，缺少儿童从出生到入学的完整且有系统的科学资料。

二是研究课题相对零乱，缺少系统性与联系，同时缺乏理论指导。如对儿童社会性发展过程还缺乏深入的了解和认识，对环境变量（如大众传媒）如何影响儿童社会化过程的研究不足。再如跨文化研究往往流于"就跨文化而跨文化"的弊端，缺少对文化本身的研究。②

三是研究方法的规范性、科学性不够。20 世纪 80 年代儿童研究方法趋于多样化，不同研究者根据研究对象与研究目的采用了不同的研究方法。有的采用实验控制法，有的用测验法，也有一部分研究采用临床法和问卷法，甚至有少量研究者采用追踪的研究设计，但一些研究也存在研究方法方面的规范性问题。有的在设计部分阐述不规范，难以对研究进行重复验证；有的研究设计过于简单，未能考虑研究问题的多因素相互影响；有的存在统计滥用与误用问题，导致研究结果错误。这些都影响到研究的科学性以及对实践的有效

① 赵鸣九、童长江、万明钢：《汉、藏、回、东乡族 9～15 岁儿童智力发展水平的比较研究》，载《心理科学通讯》，1988(3)。
② 李康：《我国儿童发展心理学研究新近的进展》，载《应用心理学》，1988(4)。

引导。① 另外，我国研究者在研究方法上以借鉴国外的研究方法为主，缺少诸如测量学、统计学、评价技术等方法学的深入研究。②

第二节 20 世纪 90 年代：与国际接轨，关注儿童发展权益

1989 年 11 月 20 日，联合国通过《儿童权利公约》，提出应赋予儿童享有的各项权利，其中最基本的是生存权、发展权、受保护权和参与权。1990 年 9 月联合国世界儿童问题首脑会议又通过了《儿童生存、保护和发展世界宣言》和《执行九十年代〈儿童生存、保护和发展世界宣言〉行动计划》。1991 年 12 月 29 日中华人民共和国第七届全国人民代表大会常务委员会第 23 次会议决定加入《儿童权利公约》；1992 年 4 月《儿童权利公约》开始对我国正式生效。中国政府签署了以上公约、宣言和行动计划，意味着承担履行公约、宣言和行动计划中规定的保障儿童各项权利的责任。中国政府承担并认真履行公约规定的各项责任，这标志着我国儿童权益保护工作迈上了一个新台阶。

一、政策与措施

(一)关注儿童的发展权益

为了积极履行《儿童权利公约》的内容，我国于 1992 年颁布了《九十年代中国儿童发展规划纲要》，20 世纪 90 年代最主要的儿童议题就是贯彻落实国务院批准的《九十年代中国儿童发展规划纲要》。

《九十年代中国儿童发展规划纲要》提出了 10 个主要目标，39 项支持性目标，明确了 20 世纪 90 年代我国儿童生存、保护和发展的

---

① 董奇、夏勇：《我国儿童、教育心理学研究的现状分析与发展对策》，载《北京师范大学学报》，1991(1)。

② 林崇德：《试论我国儿童心理学前进的道路》，载《心理发展与教育》，1985(1)。

主要目标以及实现这些目标的主要策略与措施。在儿童生存权益保障方面的主要目标是将婴儿死亡率和 5 岁以下儿童死亡率分别降低 1/3，将 5 岁以下儿童中度和重度营养不良患病率降低一半。1991 年国家设立了全国妇联妇女研究所与中国青少年发展中心，1996 年设立中国收养中心等机构，开展妇女儿童权益保护工作。

在保护儿童发展权益方面，《九十年代中国儿童发展规划纲要》也提出了具体的目标，包括 3～6 岁幼儿入园（班）率达到 35％；各省（自治区、直辖市）、各地市（州、市）和 90％的县要有一种以上儿童校外教育、文化、科技、体育、娱乐等活动场所；使 90％儿童（14 岁以下）的家长不同程度地掌握保育、教育儿童的知识等。

在《九十年代中国儿童发展规划纲要》的精神下，各地方政府也相继制定了本地区的儿童发展规划，国务院妇女工作委员会、商务部和联合国儿童基金会合作帮助部分西部贫困地区制定了实施儿童发展规划的跨部门行动计划。国家统计局和各省统计局还开发了儿童发展纲要评估工作方案及评估工作实施办法。

一些教育家、社会学家也一直在呼吁保障儿童发展权益。他们认为，儿童是具有独立人格的社会人，同时又是不同于成人的正在发展中的人。他们要有主动发展的机会，有权发展自己的潜能，因此对他们的保护决不能是消极的以限制为主的，要承认他们在出生、发育、成长过程中有很多不同于成人而仅属于他们自己的权利。《中华人民共和国未成年人保护法》体现了对于儿童权利的新观念，第五条规定："保护未成年人的工作，应遵循下列原则：（一）尊重未成年人的人格尊严；（二）适应未成年人身心发展的规律和特点；（三）教育与保护相结合。"同时，在第二章家庭保护、第三章学校保护、第四章社会保护中分别对家长、教师和社会明确了保护儿童权利的义务与责任，突出显示了对儿童权利更为深刻、更为民主的新观念。它积极影响了社会对于儿童权利的观念，并成为依法保障儿童权利的保证。[1]

这一阶段国家还出台了《中华人民共和国残疾人保障法》，规定幼儿教育机构必须接纳有能力适应其学习和生活的残疾儿童。另外规定专门的残疾幼儿教育机构、儿童福利机构和家庭要对残疾儿童进行学前教育。

经过 7 年的试行与修改，1996 年 6 月 1 日国家教委正式颁布了《幼儿园工作规程》，是我国第一个正式的幼儿园管理规章。与 1989 年《幼儿园工作规程（试行）》相比，其基本精神未变，明确了幼儿园是学校教育制度的基础阶段，改变了试行版中"预备阶段"的提法；将试行版第四章第二十五条"严禁虐待、体罚和变相体罚等损害幼儿身心健康的行为"调整为总则的第六条，加强了对尊重儿童、爱护儿童、严禁身心伤害的强调；在培养目标方面增加"求知欲望"，将"不怕困难"改为"克服困难"，体现了对幼儿非智力因素的重视。

（二）缩小城乡儿童的发展差距

20 世纪 90 年代整个幼儿教育事业发展的过程中，很重要的一方面是国家关注了农村地区、边远地区、山区、少数民族地区、贫困地区学前儿童受教育机会的保障。

从 1993 年开始，教育部和联合国儿童基金会就开始了发展贫困地区学前教育的项目。第一个周期是 1993—1995 年，在安徽、广西的 8 个县开展了正规与非正规教育相结合的学前教育。1996 年在上个周期的基础上又继续做了 5 年，在西部的 11 个省级行政区的 32 个县深化了这个项目。与此同时，中央教科所与荷兰伯纳德·范里尔教育基金会的"农村幼儿教育体系研究"（又称"河北农村学前教育项目"）也在持续推进，1992 年该项目被列为"八五"全国教育科学规划重点课题。该项目一方面调查了经济欠发达地区或少数民族地区

---

[1] 朱慕菊：《幼儿受教育权利的保护与国家政策》，载《学前教育研究》，1996(3)。

幼儿教育的情况，另一方面着重探索如何有效利用农村幼教现有资源，针对不同的经济和教育基础，各地选择和开展适应当地需求的幼儿教育。[①] 农村学前教育项目为贫困、边远地区幼儿提供了接受学前教育的机会，也对家长改进育儿观念与方法起到了有效的指导作用。[②]

二、儿童发展研究的成果与进展

20 世纪 90 年代儿童研究的数量与质量有了大幅度提升，研究人员队伍构成也发生了结构性变化，部分专职干部与行政管理人员参与到研究队伍之中。研究成果以国家发展规划、政策法规、研究报告、学术论文和会议论文集等多种形式呈现。研究者越来越重视量表等测查工具的使用，翻译修订了一些国外的经典量表并建立适应中国儿童发展的常模，亦有研究者针对研究问题自编了一些研究工具。比如白学军编制了儿童思维发展水平测验[③]，李辉编制了学前及初小儿童中文识字量表[④]，吴放、邹泓翻译修订了儿童依恋行为分类卡片[⑤]。与 20 世纪 80 年代相比，这一阶段的儿童发展研究仍关注体格发育、认知发展、个性与社会性发展几方面，但研究者意识到片面关注发展的某一方面是不完整的，在做项目设计时会综合考虑儿童发展的各方面以及影响儿童发展的多重环境因素。

[①] 王化敏：《〈农村学前教育发展与提高对策的研究〉项目简介》，载《早期教育》，2000(19)。

[②] 教育部基础教育司：《幼儿园教育指导纲要(试行)解读》，19 页，南京，江苏教育出版社，2002。

[③] 白学军：《儿童思维发展水平测验的编制与测试结果》，载《心理发展与教育》，1994(1)。

[④] 李辉：《学前及初小儿童中文识字量表的编制与初步效应检验》，载《心理发展与教育》，1999(3)。

[⑤] 吴放、邹泓：《儿童依恋行为分类卡片中文版的修订》，载《心理发展与教育》，1994(2)。

（一）儿童体格发育

为了解自 1985 年调查之后 10 年来我国儿童生长变化趋势及营养状况，同时积累系统的历史性资料，卫生部妇幼司于 1995 年组织进行第三次 7 岁以下儿童的体格发育调查，并于 1996 年对 9 市城区儿童期单纯性肥胖进行第二次调查。调查结果显示，儿童的身高、体重与 1985 年相比均有不同程度的增长；郊区儿童的增长幅度大于城区，城郊差距进一步缩小。我国儿童在此 10 年身高、体重的增长幅度大于同时期的日本儿童，实际生长水平正在接近或赶上一些发达国家儿童，说明我国儿童的生长水平和营养状况在 1985—1995 年的 10 年间又有了明显的改善和提高。但是研究也发现了我国学龄前儿童生长发育的一些问题，如学龄前儿童的胸围增长很少，郊区儿童也出现了体重、身高快速增长而胸围增长很少甚至不增长的趋势；城区学龄前儿童体重与身高增长幅度不成比例，体重增长幅度明显高于身高增长幅度。[①]

（二）儿童认知发展

20 世纪 90 年代学前儿童认知发展领域依然主要关注儿童的语言发展和概念理解。20 世纪 80 年代研究者已经对幼儿的语言发展规律做了比较系统的研究，而 90 年代的幼儿语言发展研究拓展了研究对象，研究问题也更聚焦。比如研究婴儿的语音获得规律[②]和前言语行为[③]；研究儿童语言发展关键期、儿童双语形成关键年龄[④]；亦有研究者关注了儿童自我言语的行为。[⑤]

————————

①　中华人民共和国卫生部妇幼卫生司九市儿童体格发育调查研究协作组：《1995 年中国九市 7 岁以下儿童体格发育调查研究》，前言，北京，中国医科大学中国协和医科大学联合出版社，1998。

②　迟立忠：《儿童语音获得理论简述》，载《心理发展与教育》，1997(3)。

③　李辉：《婴儿前言语行为研究的新进展》，载《心理发展与教育》，1993(2)。

④　肖平：《儿童双语形成的关键年龄和教育》，载《心理发展与教育》，1993(4)。

⑤　白学军：《国外对儿童自我言语研究的新进展》，载《心理发展与教育》，1990(1)。

在概念认知方面，与数学能力联系密切的空间与图形、时间、分类推理等方面的认知能力依旧是研究者关注的热点，也有研究者关注幼儿解决算数应用题的认知加工过程。[1][2] 亦有研究者关注幼儿对日常生活物质概念的认知[3]以及对丧失或死亡概念[4][5]的认知。

（三）儿童个性社会性发展

儿童个性与社会性发展是 20 世纪 90 年代儿童发展研究的热点。北京师范大学庞丽娟等将同伴提名法引入对幼儿同伴交往的研究，区分了不同的幼儿交往类型，并对不同交往类型幼儿的心理特征和不良社交地位幼儿的矫正做了系统的研究。[6] 北京师范大学陈会昌主持的"中国 3~9 岁儿童的社会性发展"课题组系统研究了儿童社会性发展的规律和影响因素并编制了《中国儿童社会性发展量表》。[7] 姜勇等人对幼儿的责任心的发展与影响因素进行了研究，为幼儿社会性品质的相关研究打下了基础。[8][9]

---

[1] 徐敏毅：《儿童解决算术应用题时认知加工过程的实验研究》，载《心理发展与教育》，1994(2)。

[2] 刘广珠：《儿童解决算术应用题认知加工过程及比较图式形成的实验研究》，载《心理发展与教育》，1996(2)。

[3] 叶平枝、侯岩：《4~6 岁儿童对几种日常生活物质概念的认知发展研究》，载《心理发展与教育》，1993(2)。

[4] 张向葵、王金凤、孙树勇等：《3.5~6.5 岁儿童对死亡认知的研究》，载《心理发展与教育》，1998(4)。

[5] 张向葵、张布和、王金凤等：《3.5~6.5 岁儿童对丧失认知的初步研究》，载《心理发展与教育》，1999(4)。

[6] 庞丽娟：《幼儿同伴社交类型特征的研究》，载《心理发展与教育》，1991(3)；庞丽娟：《幼儿被忽视社交地位的矫正研究》，载《心理发展与教育》，1992(2)；庞丽娟：《幼儿被拒绝社交地位的矫正研究》，载《心理发展与教育》，1993(1)；庞丽娟：《同伴提名法与幼儿同伴交往研究》，载《心理发展与教育》，1994(1)。

[7] 陈会昌：《儿童社会性发展的特点、影响因素及其测量——〈中国 3~9 岁儿童的社会性发展〉课题总报告》，载《心理发展与教育》，1994(4)；陈会昌：《儿童社会性发展量表的编制与常模制订》，载《心理发展与教育》，1994(4)。

[8] 姜勇、陈琴：《中班幼儿责任心水平影响因素的协方差结构模型分析》，载《心理发展与教育》，1997(2)。

[9] 庞丽娟、姜勇：《幼儿责任心发展的研究》，载《心理发展与教育》，1999(3)。

　　儿童个性、社会性发展研究大热的同时，与儿童亲密联系的父母和教师也成了研究者的关注对象。比如，陶沙、林磊研究了 3～6 岁儿童母亲的教育方式及影响因素[①]；关颖、刘春芬研究了父母教育方式与儿童社会性发展的关系[②]；叶子、庞丽娟基于国内外已有实证研究探讨了儿童亲子关系、同伴关系和师生关系之间的相互关系。[③] 邹佩霞、陶沙等人则研究了幼儿的气质特点与母亲抚养困难的关系。[④]

　　研究者也十分关注与道德发展相关的幼儿利他行为、助人、分享等的发生及其影响因素。比如李丹研究了儿童角色采择能力与利他行为发展的关系[⑤]；张莉研究了榜样和移情对幼儿分享行为的影响[⑥]。

（四）学前教育与儿童发展关系的研究

　　1991—1995 年在国际教育成就评价协会（IEA）学前项目国际协调中心的指导下，中央教科所幼教室主持并开展了"六省市幼教机构教育评价研究"项目。项目主要目的是了解我国幼教机构教育过程的现状，并试图通过对机构教育过程、机构设施与人员条件、儿童家庭背景及其教养状况等诸方面对儿童发展影响的分析，为幼教机构的教育，尤其是教育过程的评价取向提供实证依据。研究发现，虽

　　① 陶沙、林磊：《3～6 岁儿童母亲的教育方式及影响因素的研究》，载《心理发展与教育》，1994(3)。
　　② 关颖、刘春芬：《父母教育方式与儿童社会性发展》，载《心理发展与教育》，1994(4)。
　　③ 叶子、庞丽娟：《论儿童亲子关系、同伴关系和师生关系的相互关系》，载《心理发展与教育》，1999(4)。
　　④ 邹佩霞、陶沙、曾琦等：《2～6 岁儿童的气质特点与母亲抚养困难的关系》，载《心理发展与教育》，1997(3)。
　　⑤ 李丹：《儿童角色采择能力与利他行为发展的相关研究》，载《心理发展与教育》，1994(2)。
　　⑥ 张莉：《榜样和移情对幼儿分享行为影响的实验研究》，载《心理发展与教育》，1998(1)。

然父母较高的文化水平与良好的亲子交往可以有效地促进儿童的认知发展，但是幼教机构教育通过提供同伴共同交往、游戏的环境与机会等，在儿童社会性发展中起着家庭无法替代的作用；幼教机构教育对乡村儿童的认知发展与优化乡村儿童的家庭教养环境的作用显著；但家庭对城市儿童认知发展的作用大大超出机构的作用。家庭教育过程中对儿童发展影响较大的是家长教养方式与亲子交往的数量和质量；机构教育过程中则是教师组织活动的方式，教师指导儿童、热爱理解儿童的程度和儿童在园活动的积极性。教育过程比起人员素质与物质条件对儿童发展的作用更直接、更强烈。

（五）幼小衔接的研究

学前教育实践领域除了关心教育环境与过程对儿童发展的作用外，还关注儿童发展的转折期——由幼儿园大班进入小学一年级的过渡期，研究两个阶段的教育应如何做好衔接的问题。1990—1994年联合国儿童基金会与国家教委合作的"幼儿园与小学衔接的研究"从幼儿的社会性准备、读写准备和数学准备来全面考虑学前幼儿获得的经验，强调了幼儿的整体发展与入学准备的重要意义，为我国幼儿园与小学衔接工作提供了科学依据。

三、面临的问题与挑战

20 世纪 90 年代学前儿童发展研究已经得到了相当程度的重视，相较于 20 世纪 80 年代，儿童研究在方法的科学性与研究的规范性方面都有明显提高。量表与问卷调查的方法在这一时期得到大范围的应用，基于数据的实证研究逐渐成为主流的研究范式，学者也掌握了相当规模的我国学前儿童发展的研究材料。但这一时期的研究多为零散的、小范围内的研究，缺少对某一问题的深入、系统研究。

另外，这些研究大多局限在儿童发展研究领域内，没有进一步与学前教育实践挂钩，没有进一步去研究不同教育方法与教育条件下儿童发展与学习的问题，这在一定程度上限制了学前儿童研究对学前教育实践发挥的作用。①

这一阶段政府主导、政策法规先行的时代特征也较为明显，基础理论与学术研究滞后于实践领域的政策法规与行政管理。②

第三节　21 世纪头 10 年：提高身心素质，优化发展环境

2001—2010 年宏观国际背景发生了两个重大历史变化，一是 2000 年联合国千年发展目标将儿童保护和儿童权利提高到前所未有的高度。二是改革开放 30 年来中国综合国力显著提高，成为世界经济大国。中国全球发展战略、国家形象建构、创建和谐世界、外交模式战略转型等议题日趋重要。国内环境最主要的变化是由建设小康社会、统筹城乡发展，转变为科学发展、构建和谐社会。③

这一时期我国学前教育政策数量较少，关注的问题以幼儿园内部事务为主，体制、机制等方面几乎没有涉及。主要政策文本除了《幼儿园教育指导纲要（试行）》外，仅有《关于幼儿教育改革和发展的指导意见》和《教育部关于加强民办学前教育机构管理工作的通知》两个政策文本。这一时期新的学前教育政策体系尚未建立，原有的学前教育政策体系由于社会经济改革以及学前教育本身的发展变得支离破碎，不但不能保障学前教育事业发展，甚至部分政策已经成为学前教育发展的障碍。④

在总结《九十年代中国儿童发展规划纲要》实施情况的基础上，2001 年，国务院颁布了《中国儿童发展纲要（2001—2010 年）》。该文

① 于京天：《对学前教育研究自身去向的思考》，载《学前教育研究》，1994(2)。
② 刘继同：《改革开放 30 年来中国儿童福利研究历史回顾与研究模式战略转型》，载《青少年犯罪问题》，2012(1)。
③ 刘继同：《中国特色儿童福利概念框架与儿童福利制度框架建构》，载《人文杂志》，2012(5)。
④ 吕武：《改革开放以来我国学前教育政策嬗变的动力变迁及其优化路径——基于多源流理论的考察》，载《现代教育管理》，2018(2)。

件按照"十五"计划的总体要求，根据我国儿童发展的实际情况，以促进儿童发展为主题，以提高儿童身心素质为重点，以培养和造就21 世纪社会主义现代化建设人才为目标，从儿童与健康、儿童与教育、儿童与法律保护、儿童与环境四个领域，提出了 2001—2010 年的目标和策略措施。主要的目标有：婴儿和 5 岁以下儿童死亡率以2000 年为基数分别下降 1/5；发展 0～3 岁儿童早期教育，大中城市和经济发达地区适龄儿童基本能接受学前 3 年教育，农村儿童学前 1年受教育率有较大提高；建立多元化的家长学校办学体制，增加各类家长学校的数量；保障儿童生存权、发展权、受保护权和参与权，建立法律援助机构；改善儿童生存的自然环境，优化儿童发展的社会环境，保护处于困境中的儿童等。

一、政策与措施

（一）关注儿童的综合素质

2001 年 12 月，联合国认定了儿童早期综合发展（ IECD，Integrated Early Childhood Development）的优先地位，要求各国政府关注儿童早期健康、营养、卫生、儿童心理和社会性发展、儿童保护，以确保儿童拥有"生活的最佳开端"。同年，联合国儿童基金会与我国教育部共同启动"早期儿童养育与发展"合作项目，旨在改善儿童生存和发展环境，保护儿童权利，促进儿童综合发展。

2003 年 1 月 27 日，国务院转发教育部等部门《关于幼儿教育改革与发展的指导意见》，提出要全面实施素质教育，提高幼儿教育质量。幼儿园要认真贯彻《幼儿园工作规程》和《幼儿园教育指导纲要（试行）》，积极推进幼儿教育改革，摆脱"保姆式"的教育模式，防止应试教育的消极因素向幼儿教育渗透，全面实施素质教育。要尊重儿童的人格尊严和基本权利，为儿童提供安全、健康、丰富的生活和活动环境，满足儿童多方面发展的需要；尊重儿童身心发展的特点和规律，关注个体差异，使儿童身心健康成长，促进体、智、德、美等全面发展。

（二）促进教育公平的措施

针对早期教育发展的状况，2001—2005 年早期儿童养育与发展项目在广西、贵州、甘肃、四川、内蒙古、宁夏等西部六省（自治区）和天津、沈阳和青岛三个东部地区开展，在中国经济体制改革的大背景下，特别是在转型期，所进行的摸索探究包含开发和制定 0～6 岁早期教育的国家和地方政策，建立与政府公共服务责任相适应的0～6 岁早期教育服务体系，建立跨部门合作的早期教育管理机制，以及形成以家庭、社区为基础的早期教育服务模式等方面。项目开展地区政府加强领导，各级教育部门与卫生等有关部门协调配合，依托当地幼儿园等幼儿教育资源，使当地 0～6 岁儿童家长普遍得到科学育儿指导。2003 年国务院办公厅转发教育部等部门《关于幼儿教育改革与发展的指导意见》，在此后 5 年全国幼儿教育事业的发展目标中明确提出了"全面提高 0～6 岁儿童家长及看护人员的科学育儿能力"的目标。2006—2010 年这一周期，在总结推广上一周期项目经验成果的基础上，项目扩大覆盖面，针对东西部地区、经济发达和欠发达地区早期教育事业发展差异显著的现状，将项目试点县分为A 类和 B 类地区。A 类地区为不发达、需要经费资助的地区；B 类地区为有技术支持但无经费支持的地区。项目在这两类地区探索为0～6 岁儿童服务的多种形式和早期教育事业发展和管理的模式，使更多的儿童和家长受益。①

为了让偏远山村的孩子就近接受学前教育，2009 年中国发展研究基金会和青海省乐都县合作（2013 年乐都撤县设区，成为海东市乐都区），发起了一项社会试验项目"山村幼儿园计划"，旨在探索符合

---

① 　儿童早期养育与发展（ECCD）项目专家组：《教育部—联合国儿童基金会：儿童早期发展（ECD）2006—2010 周期项目方案介绍》，http：//www.cnsece.com/KindTemplate/MsgDetail/26654，2018-06-30。

中西部山区特点的学前教育普及方式。项目主要做法是：在试点地区招募符合条件的幼教志愿者，将村里闲置房舍资源布置为活动场地，志愿者经过培训后以"送教入村"方式为幼儿就近提供早期启蒙教育。针对农村贫困地区的交通条件、经济水平，山村幼儿园尽量遵循操作简便、成本合理、服务可及和质量保障这四项原则开展工作。为了检验山村幼儿园的运营成效，中国发展研究基金会委托华东师范大学周念丽及其团队对项目进行第三方评估。结果发现：相较于县城幼儿来说，山村幼儿园幼儿社会情绪和动作发展较好；但在语言、认知、游戏和绘画技能方面，山村幼儿园幼儿的能力比县城幼儿薄弱；所有测评维度上，山村幼儿园幼儿都显著优于散居儿童。可见，山村幼儿园显著缩小了未入园儿童与县城儿童在心理测评上的差距。此外，调研过程中学者做了大量入户访谈和问卷，结果发现山村幼儿园不仅促进了农村儿童健康成长，为幼儿特别是少数民族地区幼儿进入小学做好准备，还减轻了贫困家庭的经济负担，受到农民家长的由衷欢迎。[1] 2018 年 4 月 11 日，"山村幼儿园计划"作为 12 个项目之一入围 2018 年度世界教育创新峰会（WISE）教育项目奖。

二、儿童发展研究的成果与进展

2000 年以来，中国儿童研究进入崭新的历史发展阶段，医学、心理学、教育学、人口学、社会学、发展学、经济学等学科学者均参与儿童问题研究，研究内容覆盖范围较广。儿童研究工作人员队伍构成也发生重大变革，不同学者从不同学术角度研究儿童问题，儿童问题成为一个跨学科的、综合的研究领域。

2007 年 11 月，全国政协教科文卫体委员会、国务院妇儿工委办

---

[1] 《山村幼儿园计划——服务最底层 20% 儿童的学前教育》，http：//veec. cdrf. org. cn/about. html，2018-06-30。

公室、教育部、卫生部、中国科协、全国妇联等单位在北京召开了
"儿童早期发展高层论坛"，旨在贯彻落实党的十七大精神，分享和
交流国内外关于儿童早期发展的最新研究成果、政策与实践举措，
宣传科学的儿童发展知识和理念，呼吁全社会重视和关心儿童早期
发展，推动各级政府和相关部门进一步研究制定相关的政策和行动，
让每一个儿童拥有良好的人生开端。会上10多位国内外知名专家做
了营养学、心理学、教育学、社会学、经济学等方面的报告，并发
出了《让每一个儿童拥有良好的人生开端》倡议书，内容包括：制定
和实施国家早期儿童发展行动计划；加大对儿童早期健康保育和教
育的投入；建立跨部门合作的工作机制；加强儿童早期发展的科学
研究，提高服务质量；加强幼儿园和妇幼保健机构的公共服务职能
建设；提高儿童保健人员和幼儿园教师的专业水平；开展广泛的社
会宣传动员。[1] 可见，儿童早期发展越来越受到多学科的共同关注。

（一）儿童体格发育

中国卫生部妇幼保健与社区卫生司继1975年、1985年、1995
年3次在我国9个主要城市的城区及郊区调查7岁以下儿童体格发
育状况后，于2005年5—10月进行了第4次调查，再次评价我国儿
童的体格发育状况及变化趋势。研究发现我国儿童生长发育水平10
年来又有明显提高，呈现快速增长的趋势，城市儿童生长发育平均
水平已达到世界卫生组织的标准，城乡儿童间的差距正在缩小。但
是城乡差异依然存在，农村儿童的生长发育水平依然低于城市儿童；
中西部地区部分农村营养不良仍然是影响儿童生长发育和健康的主
要原因；城市儿童超重和肥胖呈快速上升趋势。[2]

---

[1] 唐淑、钱雨、杜丽静等：《中华人民共和国幼儿教育60年大事记（下）》，载《学前教育研究》，2009(10)。
[2] 李辉：《2005年中国九市7岁以下儿童体格发育调查研究》，45页，北京，人民卫生出版社，2008。

(二)儿童认知发展

这一时期的认知发展研究者不再聚焦于智力与领域知识，而更关注一般的认知过程与思维品质。比如在数学认知方面，研究者关注幼儿进行数学学习的策略，并且开始关注数感、数字估计等泛数学能力的发展。①②③ 除了已有的对时间认知、空间表征、图形认知、匹配分类等问题的继续深入研究，这一时期的研究者比较系统地关注了幼儿推理能力的发展，涉及因果推理、特质推理、传递推理、归纳推理、类比推理、非形式推理等不同的角度。

受脑科学研究的影响，儿童发展研究者开始关注高级认知功能——执行功能与幼儿自我控制能力的发展。有研究者关注了幼儿心理理论与执行功能、抑制控制的关系。④⑤⑥ 杨丽珠、董光恒探究了幼儿自我控制能力的结构。⑦ 侯静等探讨了家庭中亲子互动与儿童行为抑制之间的关系。⑧ 另外也有研究发现儿童执行功能的发展与文化地区等因素有关。⑨ 对聋童执行功能的研究则发现语言与注意力会影响儿童执行功能的发展，表明执行功能的发展与环境有很

---

① 晏倩、熊哲宏：《国外人类先天"数字模块"的研究现状及展望》，载《心理发展与教育》，2006(4)。

② 赵振国：《3～6 岁儿童数感发展的研究》，载《心理发展与教育》，2008(4)。

③ 周广东、莫雷、温红博：《儿童数字估计的表征模式与发展》，第十二届全国心理学学术大会，济南，2009。

④ 徐芬、王卫星、高山等：《幼儿心理理论水平及其与抑制控制发展的关系》，载《心理发展与教育》，2003(4)。

⑤ 崔云、李红：《论儿童的心理理论与执行功能的关系》，载《心理发展与教育》，2004(2)。

⑥ 李红、高山、白俊杰：《从儿童赌博任务看热执行功能的发展》，载《心理发展与教育》，2005(1)。

⑦ 杨丽珠、董光恒：《3～5 岁幼儿自我控制能力结构研究》，载《心理发展与教育》，2005(4)。

⑧ 侯静、陈会昌、陈欣银：《中国家庭中的亲子互动行为与儿童行为抑制性的发展》，载《心理科学》，2005(4)。

⑨ 张婷、吴睿明、李红等：《不同维度的执行功能与早期心理理论的关系》，载《心理学报》，2006(1)。

大关联。

（三）儿童情绪与社会性发展

21世纪的头10年研究者逐渐重视从社会认知理解的角度认识儿童的社会性发展，有关幼儿心理理论发展的研究成为这一时期的热点。对幼儿心理理论的关注不限于幼儿对他人信念理解的发展规律，研究者也探讨了心理理论和社会行为发展的关系[1]、和同伴交往的关系[2]、和语言能力的关系[3]、和欺骗的关系[4]等问题。

这一时期幼儿的情绪发展与情绪理解也受到了一定的关注。一些心理理论的相关研究关注了情绪理解问题，如陈璟、李红探究了幼儿心理理论愿望信念理解与情绪理解的关系[5]；另外一些研究关注婴幼儿的情绪认知理解和情绪调节的问题。[6][7] 研究者还探讨了幼儿情绪与社会性行为之间的关系。[8][9]

21世纪初的研究者依然对幼儿的与道德相关的社会性行为有所关注，但是不再强调"利他"的概念，而更普遍地使用了"亲社会行

---

[1]　刘明、邓赐平、桑标：《幼儿心理理论与社会行为发展关系的初步研究》，载《心理发展与教育》，2002(2)。

[2]　桑标、徐轶丽：《幼儿心理理论的发展与其日常同伴交往关系的研究》，载《心理发展与教育》，2006(2)。

[3]　莫书亮、苏彦捷：《心理理论和语言能力的关系》，载《心理发展与教育》，2002(2)。

[4]　刘秀丽：《学前儿童心理理论及欺骗发展的关系研究》，载《心理发展与教育》，2005(4)。

[5]　陈璟、李红：《幼儿心理理论愿望信念理解与情绪理解关系研究》，载《心理发展与教育》，2008(1)。

[6]　邓赐平、桑标、缪小春：《幼儿的情绪认知发展及其与社会行为发展的关系研究》，载《心理发展与教育》，2002(1)。

[7]　姚端维、陈英和、赵延芹：《3~5岁儿童情绪能力的年龄特征、发展趋势和性别差异的研究》，载《心理发展与教育》，2004(2)。

[8]　赵景欣、申继亮、张文新：《幼儿情绪理解、亲社会行为与同伴接纳之间的关系》，载《心理发展与教育》，2006(1)。

[9]　潘苗苗、苏彦捷：《幼儿情绪理解、情绪调节与其同伴接纳的关系》，载《心理发展与教育》，2007(2)。

为"的说法。研究者更多地研究幼儿亲社会行为的发展特点和影响因素，研究真实生活中幼儿的合作、分享的行为。例如，陈会昌的研究团队探究了幼儿公平分配玩具行为①，幼儿对"偶得物品"与"拥有物品"的分享行为②；陈琴研究了幼儿合作行为的认知发展特点。③

（四）儿童心理品质的研究

庞丽娟、姜勇、叶子通过因素分析发现幼儿的社会性品质主要由同情心、自制力、责任心、自信心、克服困难的勇气与意志力等维度构成，并发现同情心与自制力是影响幼儿社会性行为的最主要的社会性品质因素。④

张日昇、胡克祖、杨丽珠对 3～6 岁幼儿好奇心的结构进行了探索与验证性因子分析，发现好奇心包括敏感、对未知事物的关注、好问、喜欢摆弄、探索持久和好奇体验 6 个维度。⑤

余益兵、邹泓从积极心理学的视角探讨了流动儿童的积极心理品质，从乐观—悲观主义倾向、积极—消极情感以及个人掌控感 3 个方面考察积极心理品质的发展特点。⑥

三、面临的问题与挑战

进入 21 世纪以来，我国学前儿童研究的规范性明显增强，研究设计也更加复杂，因素分析、多元回归、路径分析等统计方法成为

---

① 王晓艳、陈会昌：《5～6 岁儿童公平分配玩具行为的心理机制》，载《心理发展与教育》，2003(1)。

② 王海梅、陈会昌、张光珍：《4～6 岁儿童对"偶得物品"与"拥有物品"的分享行为》，载《心理发展与教育》，2005(3)。

③ 陈琴：《4～6 岁儿童合作行为认知发展特点的研究》，载《心理发展与教育》，2004(4)。

④ 庞丽娟、姜勇、叶子：《幼儿社会性品质的结构维度及其对社会性行为的影响》，载《心理发展与教育》，2000(4)。

⑤ 张日昇、胡克祖、杨丽珠：《3～6 岁幼儿好奇心结构探索与验证性因子分析》，载《心理发展与教育》，2005(2)。

⑥ 余益兵、邹泓：《流动儿童积极心理品质的发展特点研究》，载《中国特殊教育》，2008(4)。

许多儿童发展研究的"标配"，体现出研究者的研究能力不断增强。但在学术研究一片繁荣的背后却鲜见对实践有指导价值的研究，学术性与实践性这两者被人为地放在二元对立的关系中。如何建立儿童研究与儿童教育之间的桥梁是儿童研究者面临的挑战。

同时，儿童研究在以实证主义的方法论为指导的同时忽略了理论的建构。尽管我国的儿童研究已经取得了一定的成果，但未能形成有代表性的本土理论。研究内容相对零散，也缺少清晰的理论建构思路。在研究过程中多对西方的理论与概念不加任何修正地应用。如何在实证数据与资料的基础上探索本土化的理论建构也是我国儿童研究者在 21 世纪面临的首要问题。

第四节　2010 年至今：新时代，新议题，新发展

《中国儿童发展纲要(2001—2010 年)》颁布的 10 多年来，国家加快完善保护儿童权利的法律体系，强化政府责任，不断提高儿童工作的法制化和科学化水平，我国儿童生存、保护、发展的环境和条件得到明显改善，儿童权利得到进一步保护，儿童发展取得了巨大成就。截至 2010 年，《中国儿童发展纲要(2001—2010 年)》确定的主要目标已基本实现。儿童健康、营养状况持续改善，婴儿、5 岁以下儿童死亡率分别从 2000 年的 32.2‰、39.7‰下降到 13.1‰、16.4‰，孕产妇死亡率从 2000 年的 53.0 人/10 万人下降到 30.0人/10 万人，纳入国家免疫规划的疫苗接种率达到了 90%以上。儿童教育普及程度持续提高，学前教育毛入园(班)率从 2000 年的35.0%上升到 56.6%，小学学龄儿童净入学率达到 99.7%。2011年颁布的《中国儿童发展纲要(2011—2020 年)》提出了新的目标与要求："坚持儿童优先原则，保障儿童生存、发展、受保护和参与的权利，缩小儿童发展的城乡区域差距，提升儿童福利水平，提高儿童

整体素质，促进儿童健康、全面发展。"

一、政策与措施

2010 年，《国家中长期教育改革和发展规划纲要（2010—2020年）》出台，其中对学前教育给予了极大的重视。同年《国务院关于当前发展学前教育的若干意见》发布。这两项政策的出台标志着我国学前教育重新繁荣的开始。在此后的几年里，学前教育政策集中出台。这一时期学前教育政策的主要目标和内容是扩大学前教育资源，推动学前教育普及。

（一）强化政府责任、提高儿童工作的法制化

2010 年 9 月 6 日，卫生部、教育部联合发布新的《托儿所幼儿园卫生保健管理办法》。新版《托儿所幼儿园卫生保健管理办法》突出了托幼机构在开展卫生保健工作时应贯彻"保教结合，预防为主"的方针，明确了各部门的职责，详细说明了卫生行政部门、教育行政部门、妇幼保健机构、疾病预防控制机构、卫生监督机构、食品药品监督管理部门的分工和职责，各部门职责分明、分工明确、相互配合，形成有效的分工协作监管机制。这一新的政策文件更加适用于现实中出现的各种问题，为保障幼儿健康、促进幼儿发展提供了良好的保障。

2011 年 12 月 28 日，《教育部关于规范幼儿园保育教育工作防止和纠正"小学化"现象的通知》发布。该通知强调幼儿园（含学前班）要遵循幼儿的年龄特点和身心发展规律，科学制定保教工作计划，合理安排和组织幼儿一日生活。要坚持以游戏为基本活动，灵活运用集体、小组和个别活动等多种形式，锻炼幼儿强健的体魄，激发探究欲望与学习兴趣，养成良好的品德与行为习惯，培养积极的交往与合作能力，促进幼儿身心全面和谐发展。该通知中弱化了知识技能和认知智力等方面的发展，强调身体、品德习惯、交往合作，并且提到了要激发幼儿的探索欲望和学习兴趣。一方面通知再次强调

对于顺应幼儿发展规律，促进身心全面和谐发展的要求；另一方面也体现了现实中幼儿教育过于强调知识技能的传授，强调所谓的智力发展。

2012 年 9 月，为深入贯彻《国家中长期教育改革和发展规划纲要（2010—2020 年）》和《国务院关于当前发展学前教育的若干意见》，指导幼儿园和家庭实施科学的保育和教育，促进幼儿身心全面和谐发展，教育部制定并出台了《3～6 岁儿童学习与发展指南》。该文件以为幼儿后继学习和终身发展奠定良好素质基础为目标，以促进幼儿体、智、德、美各方面协调发展为核心，从健康、语言、社会、科学、艺术五个领域描述幼儿的学习与发展。该文件关注幼儿学习与发展的整体性，尊重幼儿发展的个体差异，要求教育者理解并尊重幼儿的学习方式和特点——幼儿的学习是以直接经验为基础的，是在游戏和日常生活中进行的，并且首次明确地提出了重视幼儿的学习品质的要求。

2016 年 1 月教育部发布了新的《幼儿园工作规程》，废止了 1996 年 3 月 9 日由原国家教育委员会发布的《幼儿园工作规程》。新版《幼儿园工作规程》对幼儿园任务的表述为："贯彻国家的教育方针，按照保育与教育相结合的原则，遵循幼儿身心发展特点和规律，实施德、智、体、美等方面全面发展的教育，促进幼儿身心和谐发展。"幼儿园保育和教育的主要目标与之前版本的表述相似，但在身体发展目标中增加了促进幼儿心理健康的表述。同时在关于卫生保健的章节中，增加了"幼儿园应当关注幼儿心理健康，注重满足幼儿的发展需要，保持幼儿积极的情绪状态，让幼儿感受到尊重和接纳"的条目。

在"幼儿园的教育"一章中，增加"教育活动的过程应注重支持幼儿的主动探索、操作实践、合作交流和表达表现，不应片面追求活动结果"。将 1996 年版关于游戏的表述改为"幼儿园应当根据幼儿的年龄特点指导游戏，鼓励和支持幼儿根据自身兴趣、需要和经验水平，自主选择游戏内容、游戏材料和伙伴，使幼儿在游戏过程中获得积极的情绪情感，促进幼儿能力和个性的全面发展"。强调了对幼儿自主性和个性的尊重和培养。

(二)推动学前教育普及

面对我国儿童事业发展不平衡，特别是集中连片特殊困难地区的 4 000 多万儿童在健康和教育等方面的发展水平明显低于全国平均水平的严峻现实，2014 年 12 月 25 日国务院办公厅印发了《国家贫困地区儿童的发展规划（2014—2020 年）》，希望通过促进贫困地区儿童发展切断贫困的代际传递，全面建成小康社会。规划主要从保障母婴安全、保障儿童健康、保障儿童教育三方面提出目标，以保障我国贫困地区儿童的发展。

为贯彻落实《中国儿童发展纲要（2011—2020 年）》和《中国农村扶贫开发纲要（2011—2020 年）》，改善贫困地区婴幼儿营养和健康状况，提高儿童家长科学喂养知识的普及程度，自 2012 年 10 月起"贫困地区儿童营养改善试点项目"开始实施，利用中央财政专项补助经费，为贫困地区 6～24 个月龄儿童提供辅食营养补充品，开展项目人员管理和技术培训，开展社会动员、宣传活动及多种形式的健康教育活动，普及婴幼儿科学喂养的知识与技能，改善贫困地区儿童营养和健康状况。项目在 2012 年即在 10 个项目省的 100 个项目县顺利实施，惠及 28 万余名适龄儿童；2013 年在 14 个集中连片特殊困难地区的 300 个县实施，惠及 82.2 万名 6～24 月龄的婴幼儿。经评估发现，项目实施一年后婴幼儿生长迟缓率由 10.1％下降到了 8.4％，贫血率由 32.9％下降到了 26％，腹泻患病率由 14.2％降低到 9.4％。该项目取得了很大的成效，并促成 2014 年国家卫计委和全国妇联共同出台了《2014 年贫困地区儿童营养改善项目方案》，改善全国集中连片特殊困难地区的儿童营养状况，国家福利逐渐覆盖了贫困地区的儿童营养改善。

　　2013 年，全国妇联与联合国儿童基金会合作实施了"儿童早期发展社区家庭支持项目"（简称 ECD 项目）。该项目以社区为平台为家庭提供早期科学育儿的支持和服务，改善家长的养育技巧，提高家庭的养育水平，促进儿童健康发展。ECD 项目在湖北省、湖南省、河北省保定市的 40 个社区（村）进行试点，建立儿童早期发展中心，为家长和看护人提供托管和育儿指导服务。截至 2015 年，项目共建立运行儿童早期发展中心 80 个，近 8 000 名 0～3 岁儿童及其家庭受益。

　　与 ECD 项目同步进行的还有"贫困地区儿童早期综合发展项目"（简称 IECD 项目）。IECD 项目旨在对项目区 0～3 岁儿童提供包括卫生、营养、早期启蒙、儿童保护和儿童福利的综合服务和干预措施，促进儿童早期综合发展，同时探索将儿童贫困纳入扶贫规划、统一组织、同步实施的方式和方法。在贵州省和山西省的 80 个国家级贫困村开展了儿童早期综合发展项目试点。项目县的调查显示，3 岁以下儿童生长迟缓率为 13.9%，高于 2010 年全国平均水平（9.9%）；6～35 个月婴幼儿的贫血患病率为 44.8%，大大高于 2010 年全国农村平均水平（13.3%）；36.7% 的儿童存在语言、社会交往、大运动或精细动作等至少一方面的可疑发育迟缓。经过努力，"贫困地区儿童早期综合发展项目"的成果令人欣慰。2016 年调查显示，项目地区 0～3 岁儿童总可疑发育迟缓率降低了 17.8%，反映儿童心理行为发育水平的沟通、大运动、精细动作、解决问题和个人社会能力 5 个功能区的可疑发育迟缓率都大大降低。以社区为基础、以流动服务为补充的儿童早期综合发展服务模式得到了政府和社区的认可和欢迎，项目地区服务人员的儿童早期发展知识和服务能力获得提升，看护人的育儿知识和技能得到增强，观念也得到改变。儿童早期综合发展干预措施有效地减少了导致儿童发育迟缓的危险因素，促进了早期启蒙和合理的喂养行为，降低了暴力管教的出现频率。

为全面促进贫困农村地区儿童的早期发展，从根本上打破贫困的代际传递，2015 年 7 月，中国发展研究基金会"慧育中国"项目在浙江敦和慈善基金会的资助下正式启动，在甘肃省华池县开展首个试点工作。"慧育中国"是一项结合养育指导及营养干预的 6～36 个月婴幼儿早期发展项目，旨在通过家访、亲子小组活动、营养补充剂发放等方式，改善农村幼儿与其看护人的互动质量，促进儿童认知、语言、社会性以及健康等方面发展，探索适合中国农村的儿童早期发展干预模式，采用科学的评估方法，为儿童早期发展研究和政策制定提供依据。"慧育中国"是首个在中国贫困农村地区结合营养和养育的干预方式，开展随机对照实验与跟踪评估的综合儿童早期发展项目。项目将大约 1 600 名 6～36 个月婴幼儿分为干预组和对照组，为两组儿童提供营养包和其他服务，区别在于干预组有家访员每周入户进行养育培训（经过改编的牙买加家访课程），而对照组没有。在该项目中，经过培训的家访员协助孩子的父母，为孩子提供具有丰富刺激的环境，促进孩子与家长的互动，并帮助孩子学习。家访员需要检查受访儿童的妈妈是否能够很好地利用上一周学到的课程跟孩子玩，然后决定是否向妈妈演示新的课程。从 2015 年 9 月至 2017 年 5 月底，家访员们已经对 56 个行政村的婴幼儿进行了44 200 次家访。截至 2017 年 7 月，基线、中期和末期评估分析显示，"慧育中国"项目能够有效促进婴幼儿语言、大动作、健康等方面的发展，显著提升儿童智力发育筛查正常率，明显改善家长的教养行为和家庭的养育环境。2017 年 10 月，华池县"慧育中国"试点实现全县覆盖。项目采用滚动进入和退出机制，即全县农村户籍幼儿满 6个月时开始接受家访，满 36 个月时退出项目。目前，华池县"慧育中国"试点拥有一支近 200 人的优秀项目团队，累计受益儿童达1 700 余名。

二、儿童发展研究的成果与进展

随着时代的发展、教育改革的深入，儿童发展研究面临着新形势、新问题、新要求。在研究队伍和机构方面，通过对 2010 年至今文献的梳理，可以发现针对儿童发展这一研究领域，主要研究机构集中于高等院校、科研院所和幼儿师范学校；在项目基金方面，"全国教育科学规划""国家社会科学基金"及"国家自然科学基金"对儿童发展研究的资助力度较大，有力地推动了相关研究的进展；除此之外，这一阶段的儿童发展研究在研究对象、研究主题等方面也发生了一些变化。

（一）研究对象

相较于以往的研究，2010 年后儿童发展的研究对象越来越广泛和全面，涉及 3 岁以下的婴幼儿、二孩、特殊需要儿童及处境不利儿童。

一是在年龄方面，我国的学前教育研究无论是理论研究、管理机制，还是园所实践中的课程设置、师资培养，都主要聚焦于 3～6 岁儿童的发展和教育。随着 20 世纪 90 年代末终身教育理念的提出以及大众对儿童早期发展的日趋重视，0～3 岁婴幼儿发展和早期教养研究开始走进人们的视野。与 3～6 岁的幼儿期相比，0～3 岁的婴儿期是许多心理现象发生和发展的起始阶段。如果说发展是一个在已有基础上不断延续的动力过程，那么将研究的视角投向发展起点的意义无疑是重大的。[1]目前 0～3 岁婴幼儿的研究已经开始关注心理发展的规律及影响因素[2]，关注 0～3 岁婴幼儿发展评估[3]，也有研

---

[1]　华爱华：《"早期关心与发展"的内涵与 0～3 岁婴幼儿教养理念》，载《学前教育研究》，2004(11)。

[2]　樊利春、张静：《0—3 岁儿童语言能发育影响因素分析》，载《海南医学》，2004(10)。

[3]　王兴华、王智莹、朱瑞玲等：《0～3 岁婴幼儿认知发展评估工具的分析与启示》，载《幼儿教育(教育科学)》，2018(1、2)。

究者关注托育服务体系的构建、早期教养从业人员资格的制定及婴幼儿托育政策等。

　　二是随着"单独二孩"与"全面二孩"政策先后出台与落地实施，二孩家庭与二孩群体也引起了研究者的关注。一些研究者关注二孩的到来对其同胞哥哥或姐姐的影响，如邹林的研究发现二孩的出生会对其同胞哥哥或姐姐的社会性发展中自我系统发展、情绪情感发展、社会交往发展等方面产生影响，使其出现一些行为倒退，情绪易怒，交往障碍等行为异常现象。① 张晗认为二孩的到来，可在一定程度上消除家长对独生子女的过度关注和溺爱，使家庭教育更加理性，可以避免家长给予孩子过高期望，有利于孩子的和谐发展。张晗同时指出，父母应该公平民主地对待子女，让爱不失衡。② 很多研究是从人口学的角度来探讨家长的生育意愿及人口发展态势③④，也有研究从学前教育政策与资源配置策略等视角关注二孩群体。⑤⑥

　　三是在群体特征方面，呈现出从关注正常儿童到关注有特殊需要儿童的研究趋势，如对自闭症儿童发展和教育问题的关注。自闭症儿童的早期教育康复在我国开展得相对较晚，其中大部分儿童是在隔离的特殊教育机构中接受学习训练的。随着全纳性教育理念的引入，自闭症儿童开始在全纳教育中享受与普通同龄伙伴一起生活、学习的权利。自闭症相关研究主要集中于干预方法及其效果。目前，

---

①　邹林：《老大怎么了？——家庭中老二出生对老大社会性发展的影响及对策分析》，硕士学位论文，四川师范大学，2015。

②　张晗：《"单独二孩"后家庭教育如何升级》，载《考试》，2015(14)。

③　石智雷、杨云彦：《符合"单独二孩"政策家庭的生育意愿与生育行为》，载《人口研究》，2014(5)。

④　王金营、戈艳霞：《全面二孩政策实施下的中国人口发展态势》，载《人口研究》，2016(6)。

⑤　庞丽娟、王红蕾、吕武：《对"全面二孩"政策下我国学前教育发展战略的建议》，载《北京师范大学学报(社会科学版)》，2016(6)。

⑥　洪秀敏、马群：《"全面二孩"政策与北京市学前教育资源需求》，载《北京师范大学学报(社会科学版)》，2017(1)。

应用行为分析、感觉统合训练、游戏治疗、音乐治疗等干预方法在我国自闭症干预的科学研究和实践中被广泛地应用，如李运佳通过可视音乐治疗法对一例外显冲动型自闭症儿童的不良行为进行干预。[1] 除此之外，很多学者从融合教育视角出发对教育中的环境创设、课程设置、资源整合和人员合作等方面进行关注和研究，致力于提高我国自闭症儿童所接受的融合教育的质量。总体而言，目前我国相关研究较少，多集中于学前融合教育的干预训练，且研究被试量较少，干预效果的可推广程度相异较大，尚无法对我国自闭症儿童融合教育的现状以及提升融合教育质量的可行性策略描绘出相对完整的蓝图。

四是在我国工业化、城镇化和现代化的过程中，流动儿童与留守儿童是两个相对复杂而又不断转换的群体，不论是流动儿童还是留守儿童，都与人口流动相伴而生，都是受人口流动影响的儿童。他们的教育问题长期以来都是热点，同时也是难点。流动留守儿童的发展与教育研究主要是基于全国人口普查数据，对其教育现状与机会、家庭教育、学习态度、亲子关系等内容展开的调查和研究。如刘妍关注农村留守儿童的学前教育存在经费严重匮乏、幼儿园数量严重不足、幼教师资水平低、家庭教育严重缺失、幼小衔接困难等问题，提出农村留守儿童的学前教育需要国家政策支持。[2] 杨菊华等人用定量与定性结合的方法分析了流动儿童学前教育机会的最新状况，表明其教育机会受到了户籍制度和教育制度的双重排斥。[3] 王晓芬针对流动儿童入学准备状态不佳的问题提出进一步提升托幼机构的保教质量，转变养育者的教育观念和行为，并做好相关课程

---

① 李运佳：《可视音乐治疗法干预自闭症儿童不良行为的个案研究》，载《现代特殊教育》，2015(24)。
② 刘妍：《农村留守儿童学前教育的现状与思考》，载《继续教育研究》，2012(10)。
③ 杨菊华、谢永飞：《流动儿童的学前教育机会：三群体比较分析》，载《教育与经济》，2015(3)。

与资源库的建设工作等建议。^① 解决流动儿童与留守儿童教育问题是一个漫长曲折和渐进的过程，同时需要政府、社会团体和实践人员等多方力量的共同努力，保障这些弱势儿童的成长和发展。

（二）研究内容与主题

首先，2009 年后，我国关于儿童发展评价研究的数量逐年上升，儿童发展评价得到研究者的重视。关于我国儿童发展评价的研究的主题主要有：儿童发展评价现状、研究方法、评价机制、评价指标体系、评价内容、评价主体、国外理论等。^② 总体而言，近 10 年来，我国对儿童发展评价的现状研究、国外理论研究以及内容研究相对较多，而对有关儿童发展评价的主体与机制的研究则相对较少。未来我国儿童发展评价研究的发展方向，一是多元化的价值取向，如评价方法多元化、评价主体多元化、评价标准多元化；二是着眼于真实自然的情境，即在各种现实环境或类似现实环境的真实情境中为幼儿呈现真实任务，以此引发幼儿兴趣，考察其真实表现。

其次，儿童研究出现生态化的取向。受美国学者布朗芬布伦纳的生态系统观的影响，我国的儿童研究越来越重视儿童发展过程中环境因素的影响。生态系统观认为，儿童的生存环境是一个庞大的生态体系，包括微观系统、中间系统、外部系统与宏观系统，个体处于整个生态系统的中心，其心理发展受不同环境因素的影响，这些环境因素之间又会相互作用、相互影响。幼儿发展的生态环境以微观系统和中间系统为主，如家庭和幼儿园。家庭环境研究者主要关注家庭结构与类型、父母教养方式与亲子关系等对儿童发展的影响，如独生子女家庭、离异家庭对儿童发展的影响，父母的教养方

① 王晓芬：《流动儿童的入学准备发展与促进》，载《教育评论》，2013(2)。
② 马晶晶：《我国近十年儿童发展评价文献综述》，载《基础教育研究》，2014(12)。

式，家庭环境问题，等等。① 以往有关育儿和儿童早期家庭教育的研究多聚焦于母亲，然而，随着对家庭教育作为教育中重要一环的认识不断深入和家庭的不断多样化，父亲及其他家庭成员对儿童成长及生活的影响也逐渐得到了重视。② 除此之外，现今年轻父母多为双职工，因此隔代养育问题也逐渐引起社会关注，有研究者考察了祖辈和母辈养育目标与策略的代际差异③，也有研究者分析了祖辈和母辈共同养育对幼儿发展的影响。④

　　幼儿园是 3～6 岁儿童接受学校教育的主要组织机构，儿童在园时间占据一天的多半，儿童的语言、认知、社会性等在这一环境中得到迅速发展。目前对幼儿园环境的研究多关注幼儿园的物理环境、师幼互动以及同伴互动等因素对儿童发展的影响。如史瑾等分析了幼儿园环境质量与幼儿入学准备的关系⑤，黄瑾等对幼儿园半日活动情境下的师幼互动做了观察分析⑥。但幼儿园的心理环境与氛围、管理者与教师的关系、教师与家长的关系还未受到足够的重视。另外，有关特定时代儿童成长的社会环境的研究还很有限，对于社会环境中的许多方面研究者刚刚或尚未涉足，如儿童博物馆、绘本馆等资源如何与学前教育课程整合等。

　　最后，值得一提的是，脑与认知神经科学的研究逐渐成为儿童

---

　　① 盖笑松、张婵：《走向生态化的儿童研究：聚焦中国儿童成长环境》，载《东北师大学报》，2005(4)。

　　② 李晓巍、魏晓宇：《父亲参与的现状及其与幼儿社会能力的关系——母亲教养效能的中介作用》，载《北京师范大学学报(社会科学版)》，2017(5)。

　　③ 邢淑芬、孙琳、王媛等：《我国社会变迁背景下儿童养育行为的代际差异》，载《教育研究》，2012(11)。

　　④ 邢淑芬、梁熙、岳建宏等：《祖辈共同养育背景下多重依恋关系及对幼儿社会—情绪性发展的影响》，载《心理学报》，2016(5)。

　　⑤ 史瑾、叶平枝：《幼儿园教育环境质量与幼儿入学准备的关系》，载《学前教育研究》，2016(8)。

　　⑥ 黄瑾、田方：《幼儿园半日活动情境下的师幼互动研究——基于 CLASS 课堂互动评估系统的观察分析》，载《上海教育科研》，2012(10)。

研究的热门领域。利用认知神经科学手段来研究儿童认知发展问题的儿童发展认知神经科学成为新兴学科。儿童发展认知神经科学力图通过神经科学方法与心理行为方法的整合，特别是应用脑成像技术来研究儿童发展的神经机制，探索儿童发展的行为、心理和神经机制的关系。尽管儿童发展认知神经科学仅有不到 10 年的历史，但它几乎影响到儿童发展研究的所有传统领域。我国许多研究机构都添置了诸如脑电、相关电位和核磁共振等研究仪器设备，广泛开展与儿童发展有关的脑机制研究。[①] 有关脑科学的教育应用研究也取得了丰富的研究成果，逐渐形成教育神经科学、教育生物学等新的学科领域。[②]

三、面临的问题与挑战

(一)研究方法和研究视域单一

尽管 40 年来儿童研究的内容与主题不断丰富，但方法学上的进步却相对滞后。研究者们依然普遍使用问卷调查、测量等传统研究方法；面向低龄幼儿的研究缺少方法上的突破；缺少有效利用儿童生理心理发展数据的研究方法，如智能手环、检测睡眠式床垫、眼动追踪技术等。计算机视觉领域的技术，如表情识别、视频标记与提取等在视频资料处理与分析方面的潜力也尚未引起研究者关注。此外，儿童研究的视角还较为局限。受哲学、心理学和社会学等学科的影响，在大教育研究领域新的研究视域如现象学、符号学、解释学、民俗志等的研究层出不穷，但在学前儿童研究领域新的研究视角并不多见。

(二)横向研究明显多于纵向研究

横向研究是通过在同一特定时间内比较不同年龄组的被试者来

---

① 林崇德、陈英和：《中国发展心理学 30 年的进展》，载《北京师范大学学报(社会科学版)》，2009(1)。

② 佘燕云、杜文超：《教育神经科学研究进展》，载《开放教育研究》，2011(4)。

研究发展倾向的一种方法，虽然可以在短期内获得结果，但研究群组间的可比性较差，除了研究者要考察的因素之外，可能还存在其他方面的差异。而纵向研究则是在跨越一定时间的情况下，对同一个样本群体进行至少两次的测查。① 纵向研究可以在较长的时间里追踪研究同一个体或同一群体，探究发展的一般模式、个体差异以及早期经历与以后成长发展的关系，以动态的发展观认识个体已有的发展结果，对研究儿童个体或群体的变化、发展顺序以及相应的社会和环境变化非常有价值，已成为国际范围内研究儿童发展与教育问题的重要研究方法。但目前我国关于儿童的研究大多属于横向研究，少数的纵向研究也存在样本代表性不足、研究内容不够全面系统的问题。②

　　持续的资金支持是进行儿童发展与教育纵向研究的有力保障。而纵观以往的研究，长期项目的时间、人力、物力投入较大，支持长期项目研究的基金较少，而且基金项目与科研机构越来越强调短期内的成果产出与量化评价，导致研究可持续性较差，影响研究的深度。另外由于纵向研究费时费力，研究人员与机构之间的合作是必不可少的，如已有的纵向研究中就有相当一部分是高校与医学研究中心在医院合作完成的，加强跨机构间的合作已成为纵向研究发展的趋势。

四、新的方向与机遇

　　纵观改革开放 40 年来的历程，可以说儿童研究取得了丰硕的成果，包括从传统的思辨研究到基于数据的实证研究，从单一学科的研究到各学科交叉的研究。但一些历史遗留问题与挑战依然存在，新的时代又赋予了儿童研究新的地位与任务。教育研究者与实践者

---

　　①② 贺琳霞、朱文佳、郭力平：《对我国 0～8 岁儿童发展与教育纵向研究的回顾与展望》，载《教育探索》，2011(12)。

需要共同关注儿童研究这个常谈常新的话题，强化儿童研究在教育研究中的地位，从教育的起点出发，做好教育改革与实践。

（一）研究什么

今天的儿童生活在一个复杂的时代。当今世界对丰富的知识、复杂的思维能力与合作能力的要求远远超过了以前的时代要求。21世纪初，欧盟提出了面向核心素养的"教育和培训 2010 计划"与"终身学习计划"，确立了 8 项面向 21 世纪的核心素养：母语、外语、数学与科学技术、信息素养、学会学习、社会与公民素养、创业精神和文化素养。我国学者林崇德等也在分析比较经济合作与发展组织（OECD）、联合国教科文组织、欧盟以及美国、加拿大等国家核心素养框架的基础上，立足于本国文化传统与教育实践，提出了"中国学生发展核心素养的指标体系"，提出了文化基础、自主发展与社会参与 3 个维度下的 6 个指标与 18 个基本要点。[①] 学前教育实践领域同样出现了从关注儿童"学什么"到关注儿童"怎么学"的新取向与新思路。《3～6 岁儿童学习与发展指南》也提出学前教育应"以为幼儿后继学习和终身发展奠定良好素质基础为目标"。在指出"单纯追求知识技能学习的做法是短视而有害的"同时，指出儿童在后续学习和发展过程中离不开优良的学习品质。因此，未来一段时间儿童研究也应该更多关注学前儿童的思维品质、学习品质等核心素养的基础理论研究、发展规律研究及教育实践研究。

作为核心素养的一个基本维度，信息素养也是值得儿童研究者关注的话题。在传统工业社会中，基于纸笔工具的读、写、算能力被公认是工作与生活必需的基本技能。在当今信息时代，社会对公民运用信息工具解决问题的能力要求日益提升。在此背景下，越来越多的国家将信息素养列入基础教育乃至终身教育的基本目标中。

[①]　林崇德：《构建中国化的学生发展核心素养》，载《当代教育家》，2017(2)。

关于学前阶段儿童是否应该使用信息技术，在学术界一直存在着两种不同的声音。一些研究者认为过早接触信息技术会破坏儿童的生长规律，剥夺儿童参与自然、探索世界、与同伴交往的机会。[①] 而另一些研究者则认为如果学前教育拒信息技术于门外，那么就会与时代脱节。只有保持对信息时代的敏感，才能教给儿童那些对他们未来生活真正有价值的内容。[②] 尽管一些研究者对信息技术仍持谨慎甚至怀疑的态度，信息技术已经在幼儿的生活中扮演着越来越重要的角色，教育部颁布的《教育信息化"十三五"规划》也强调要提升学生的信息素养。在当下及未来一段时间里，幼儿园应从硬件技术装备的更新转向关注幼儿信息素养的培养。儿童研究者也应关注信息素养的内涵、如何在幼儿园课程中渗透信息素养的培养等研究课题。如目前一些幼儿园开展的 STEM 课程就是在这个方向上进行的初步尝试。[③]

（二）如何研究

儿童发展方面的研究已有较长的历史，但在相当长的时间里，多是哲学、心理学、生理学、社会学等学科进行孤立的分割研究。作为研究对象的"儿童"的复杂性，决定了任何单一的研究范式和研究方法都难以涵盖和穷尽儿童发展中的问题。近年来，研究者开始采用"儿童科学"（child science）的概念，提出儿童科学"是一门强调各学科融合的新型的人类科学，旨在将医学、儿科学、发展心理学、教育学、法律学、社会学、工学和建筑学等自然科学、社会科学和

---

① Edward Miller, "Fighting technology for toddlers", *Education Digest*, 2005(11), pp. 51—58.

② Howard P. Parette, Amanda Quesenberry, Craig Blum, "Missing the boat with technology usage in early childhood settings: A 21st century view of developmentally appropriate practice", *Early Childhood Education Journal*, 2010(3), pp. 335—343.

③ 陈洁丽：《牵手 STEM 遇见精彩——区域推进幼儿园 STEM 课程实践思考》，载《中国科技教育》，2017(6)。

人文科学结合起来，综合地探究和解决当今儿童所面临的各种问题"①。凡此种种，都要求我们以更加开阔的视野、更加专业的眼光以及不同学科的理论视角来开展跨学科的儿童研究，使儿童研究的实践建立在更加坚实的理论基础上。

另外，多方合作建立儿童研究大数据库应引起重视。研究者对美国《早期儿童研究季刊》(*Early Childhood Research Quartely*)的文献分析发现，使用已有数据库的方法在实证研究中的使用频次位列第二，占实证论文数量的 13.7%。② 这些研究使用的数据库多为具有权威性的大样本数据库，如美国国家教育统计中心的儿童早期纵向研究数据、儿童与家庭管理局下属的"开端计划"家庭与儿童经验调查数据等大数据库。此类数据多由政府相关部门组织，由专业人员定期进行常规调查获得，除了包含调查对象相应的教育发展信息外，通常还带有丰富的人口学变量等背景信息。此类研究的优势在于既节省研究过程的人力财力，保证数据的真实性与代表性，同时也能使研究者综合分析诸如社会文化、经济、家庭、教育等信息，深入探寻理解和解释儿童早期发展的路径。③ 而我国现阶段儿童早期发展与教育的大数据库相对缺乏，在学前教育研究中更是没有相关的数据库。基于此，应尽早建立国家层面的儿童发展数据库，一方面可以优化研究经费的配置，减少重复的、零散的小样本研究；另一方面也可以整合各学科各领域的资源，促进研究者之间的跨机构合作，从不同学科视角使儿童研究更全面、系统、深入。

(三)从儿童研究走向与儿童一起研究

进入 21 世纪，儿童参与权益受到广泛关注，它强调儿童在社会生活中的广泛参与和决策，儿童在研究中的参与是其重要组成部分。

---

① 赵霞：《儿童学：学科体系及其当代建构》，载《中国儿童文化》，2013。

②③ 杜丽姣、边霞：《美国早期儿童与教育研究的方法及选题分析——基于美国〈早期儿童研究季刊〉发表论文的文献研究》，载《教育研究》，2014(11)。

儿童研究不能没有儿童，不能没有完整的儿童。儿童研究理论视角的调整带来了研究对象和主体、研究内涵和内容的拓展，从儿童研究走向与儿童一起研究。①

从研究对象与主体来看，在与儿童一起的研究中儿童与成人都是研究的主体，不分主次；研究的过程是协商、对话、合作的过程，没有权威；研究的结果是分享、共生、共长的过程，儿童是重要的合作者。在传统的儿童研究中，儿童被视为被动的研究对象，其自身的意见与能动性没有获得足够的重视。与儿童一起研究的观点则认为儿童有能力讲述自身体验，并具有自反性，应给予儿童发言权并重视他们所说的话。②

从研究方法来看，与儿童一起研究是在儿童发展的"第一现场"、在问题发生的真正情境中的研究，具有田野研究的性质和特点。相较于传统的"书斋中的儿童研究"与"实验室中的儿童研究"，与儿童一起研究属于叶澜所讲的"生境中的儿童研究"，即进入具体而微的儿童生境中去探究儿童在教育中成长的奥秘。近些年来心理学研究的生态运动也对传统的儿童心理发展研究进行了批判，强调更多考虑采用长期自然观察的方法，走进儿童的生活中，去读懂儿童。③而从具体的技术层面来看，与儿童一起的研究既采用传统的儿童研究方法，又鼓励儿童通过摄影、绘画、日志、录音、角色游戏等方式表达个人的观点与经验。多元研究方法不仅能减少单一研究方法可能导致的偏见，也有助于对研究数据进行交叉论证。

就研究内容而言，与儿童一起的研究仍以研究儿童发展的问题为主体，研究内容也离不开学校、教师、同学，离不开课程、学习、

---

① 席小莉、袁爱玲：《"儿童作为研究者"的兴起与发展》，载《学前教育研究》，2013(4)。

② 许倩倩、高振宇：《与儿童一起研究：核心议题与研究反思》，载《全球教育展望》，2012(6)。

③ 李政涛：《今天，如何做好"儿童研究"》，载《中国教育学刊》，2018(5)。

课外活动，离不开家庭、家长，这是必然的也是必需的。但与儿童一起的研究不局限于这些方面，它的研究内容有极大的开放性，可以与儿童一起关注历史、现在、未来，关注国家、世界、人类，关注科技、经济、军事。

与儿童一起研究是以对传统儿童研究进行批判的姿态出现在人们的视野中的，但现阶段也存在着诸多不容忽视、值得去深入研究的问题。如研究的伦理问题、对儿童的保护问题、如何处理成人研究者与儿童的关系问题等。不论是传统的儿童研究，还是与儿童一起的研究，有一个向度贯穿始终，那就是儿童生活与儿童发展是研究的核心与宗旨。

第四章

幼儿教师专业发展
与教师教育变革

第一节　幼儿园教师的身份地位及角色变迁

一、幼儿园教师身份地位之转变与幼儿园教师专业化进程

联合国教科文组织与国际劳工组织在 1966 年 10 月 5 日共同签署的《关于教师地位的建议书》中指出，教师"地位"一词有两方面的含义：一是赋予教师的地位和尊重，具体表现为对教师职务的重要价值及履行该职务能力水平的肯定；二是教师在享受工作条件、报酬及其他福利待遇方面与其他职业人群相比照的地位。[①] 教师的地位与教师的专业化相辅相成，社会地位和经济地位的提高是教师专业化的必然结果，同时也是实现教师专业化的重要途径和手段。改革开放 40 年来，幼儿园教师的身份、地位、性质及专业化发生了明显的变化，呈现出从"社会地位提升"到"获得法律确认"再到"专业化认定"三个叠加发展阶段，突出表现为教师的地位逐渐提升，角色的专业性逐渐增强，幼儿园教师作为专业从业者的自主性和能动性不

---

① 毕艳锋：《从职业走向专业——改革开放 30 年来教师社会地位变化的回顾与反思》，载《中国教师》，2008(15)。

断增强。

(一)起步阶段(改革开放至 20 世纪 90 年代初)：恢复并巩固幼儿园教师地位

十一届三中全会的胜利召开标志着我国教育事业进入了新的制度建设阶段，教师队伍建设开始进入新局面。"尊重知识，尊重人才"的知识分子政策的落实为稳定教师队伍、促进教育改革奠定了良好的基础。1978 年，邓小平在全国教育工作会议上的讲话中提出："我们要提高人民教师的政治地位和社会地位……对于优秀的教育工作者，应该大张旗鼓地予以表扬和奖励。"1981 年教育部下发《幼儿园教育纲要(试行草案)》，将教养员改成教师，尤其强调了幼儿园教师作为专门化职业的特殊性，幼儿园教师逐渐摆脱单纯的对儿童进行身体养护与照料发展的"养护者"和"保姆"形象，成为促进儿童身体、智力、情感、社会性等多方面和谐发展、"保教并重"的学前教育专业从业者。

1985 年，第六届全国人大常务委员会第九次会议通过了国务院关于建立教师节的议案，将每年 9 月 10 日定为教师节。1986 年，中宣部、国家教委、共青团中央、全国教育工会联合召开大会，公开表彰为教育事业做出贡献的先进个人和集体。这些举措在一定程度上提高了教师的政治地位、社会地位和职业地位，但此时的教师在其享受的工作条件、报酬及其他福利待遇方面与其他职业人群相比却没有显著提升。1978—1992 年全国分行业职工平均工资排行榜中，教师行业工资在 12 个行业中一直处于第 10 位左右。[1] 幼儿园教师工资更是低于教师工资的平均水平。经济地位无法得到有效保障，难以吸引优秀人才从事幼儿教育工作，是当时幼儿园教师队伍整体素质偏低的主要原因。

---

[1] 张俊：《教师地位与教师专业化》，载《大连教育学院学报》，2006(1)。

　　(二)确立阶段(20世纪90年代)：赋予幼儿园教师法律地位和实质保障

　　1993年10月，第八届全国人民代表大会常务委员会第四次会议通过了《中华人民共和国教师法》，首次以法律的形式明确了教师的角色和法律地位："教师是履行教育教学职责的专业人员，承担教书育人，培养社会主义事业建设者和接班人、提高民族素质的使命。"同时规定了幼儿园教师在内的教师拥有的权利和义务、资格和任用、培养和培训、考核、待遇、奖励、法律责任等一系列内容。规定"取得幼儿园教师资格，应当具备幼儿师范学校毕业及其以上学历"，以法律形式明确了幼儿园教师的从业标准，为幼儿园教师的专业化拉开了立法保障的序幕。① 此后的一系列诸如《教师资格条例》《教师资格认定的过渡办法》《幼儿园工作规程》等法律法规的颁布和实施，加强了幼儿园教师队伍建设的法制化，标志着我国幼儿园教师群体的社会地位从社会伦理角度的被认同转向了法律上的被确认。②

　　与此同时，幼儿园教师在工作条件、报酬及其他福利待遇方面的权益也获得了法律形式的确认。《中华人民共和国教师法》中明确规定了"教师的平均工资应当不低于或高于国家公务员的平均工资水平，并逐步提高。建立正常晋级增薪制度"，保障了幼儿园教师在内的教师的合法权益，提高了教师的地位和待遇，使教师工资和福利待遇提升有了法律依据。整个20世纪90年代，各个层次的教师工资持续增加，1999年的教师工资整体接近1990年工资的4倍。③ 教师的经济地位较从前有了较为明显的提升。

---

　　① 魏军：《我国幼儿教师政策变迁的文本分析》，载《学前教育研究》，2009(6)。

　　② 蔡文伯、赵燕：《改革开放以来我国教师专业化发展的回顾与展望》，载《教育探索》，2009(6)。

　　③ 毕艳锋：《从职业走向专业——改革开放30年来教师社会地位变化的回顾与反思》，载《中国教师》，2008(15)。

（三）发展阶段（2000 年至今）：幼儿园教师的标准化和专业化发展

21 世纪以来，伴随着科教兴国、人才强国战略的推进，教师在社会发展中的作用日益凸显，教师素质和教师专业问题开始得到关注。1998 年，在北京师范大学召开的"面向 21 世纪师范教育国际研讨会"上明确指出：师范教育改革的核心是教师的专业化问题，培养具有专业化水准的教师已成为国际教师教育改革的目标。21 世纪的教师必须是接受过专业化训练，有着较高的专业素养的教育工作者。[①] 1999 年我国出版了第一部对职业进行科学分类的《中华人民共和国职业分类大典》，首次将我国职业分为八大类，教师属于"专业技术人员"一类。2000 年 9 月，教育部颁布《〈教师资格条例〉实施办法》，对教师资格认定和管理的组织、指导、监督和实施做出了明确规定，规定了申请认定教师资格者所必须具备的基本素质和能力，为包括幼儿园教师在内的教师提供了明确的标准和参照。教师资格证制度的实施，成为教师专业化的起点，标志着我国教师队伍的专业化建设走向科学化、规范化和法制化的道路。

2001 年，《幼儿园教育指导纲要（试行）》颁布，重新界定了幼儿园教师的角色，规定"教师应成为幼儿学习活动的支持者、合作者、引导者"，要求教师应"以关怀、接纳、尊重的态度与幼儿交往。耐心倾听，努力理解幼儿的想法与感受，支持、鼓励他们大胆探索与表达。善于发现幼儿感兴趣的事物、游戏和偶发事件中所隐含的教育价值，把握时机，积极引导……"这些新的角色要求幼儿园教师不仅掌握学科专业知识，更应具备多元的内在素质和专业水准，将"幼儿教师专业水准"问题提上了幼教发展的日程。2012 年，教育部颁布《幼儿园教师专业标准（试行）》，为幼儿园教师的培养、准入、培训、

---

① 蔡文伯、赵燕：《改革开放以来我国教师专业化发展的回顾与展望》，载《教育探索》，2009(6)。

考核等提供了重要依据。幼儿园教师要能够遵循儿童自然秩序与发展规律，充分践行对儿童的保育教育功能，将知识与经验以适宜于儿童成长状态的方式转换为儿童可感知与体验、可接纳与理解的学习经验，成为学前教育专业从业者①，走向了专业化发展道路。

改革开放 40 年来，幼儿园教师的地位逐渐提升，角色的专业性增强，但仍存在一些突出问题。一是对幼儿园教师职务的重要价值及履行该职务能力水平的肯定不足，全社会对于幼儿园教师的尊重不够，幼儿园教师的社会地位没有得到充分的肯定和实质上的提升，幼儿园教师相比于中小学教师在薪酬待遇、福利保障、进修培训、先进评选、专业技术职务评聘、社会保险等方面的合法权益的保障和实现上还存在差距。二是幼儿园教师的专业性和专业自主权未得到充分肯定和实现，评判幼儿园教师职业的专业性仍旧依靠学科性知识量化的掌握程度，认为越是教育的早期阶段，教师的专业性越弱，可替代性越强；幼儿园教师在重大的教育教学改革中缺少话语权，幼儿园教师的专业地位远远低于其他学段的教师，其自主权和决策参与权无法得到有效保障。三是幼儿园教师的经济地位仍旧较低，幼儿园教师队伍建设的财政投入依旧不足，学前教育财政投入存在失衡现象，未能充分点燃广大幼儿园教师从教的热情，反而出现"劣币驱逐良币"的不利现象。幼儿园教师收入长期严重偏低，精力付出与回报严重不成比例。例如，全国 2016 届学前教育的本科毕业生工作第一年的月收入为 3 504 元，比全国本科毕业生平均水平低 872 元，低了 19.93%；即便是横向与中小学教师比，也存在明显的收入差距。这造成了大量低素质人员进入幼儿园教师队伍，正规的幼儿园教师却大量流失。据统计，1995—2003 年，幼儿园教师减少了 26

---

① 丁海东：《幼儿园教师职业的专业性及其发生根基》，载《学前教育研究》，2015 (11)。

万人，减少了 24%[1]，这加剧了学前教育教师队伍的不稳定性。

为了推进幼儿园教师队伍质量建设，真正建起一支稳定、数量充足、专业化的高素质幼儿园师资队伍，必须将着力点聚焦于幼儿园教师地位提升和专业化推进上。要将解决幼儿园教师工资水平和福利待遇保障问题视为解决幼儿园教师队伍建设问题的第一推动力，着力探索对幼儿园教师的资质、聘用制度、合法权利、工资水平、福利体系等进行进一步明确和保障的思路，调整幼儿园教师招聘体制系统，保证幼儿园教师工资待遇与中小学教师基本持平，设置幼儿园教师工资阶梯性增长制度，制订幼儿园教师收入倍增计划。要尝试创新制度方法，从根本上保障幼儿园教师的合法权益，提升幼儿园教师的社会地位和经济待遇，吸引优秀人才进入学前教育工作岗位，让优秀人才真正"进得来""留得下"。

此外，要探索提升幼儿园教师社会地位的多种途径，在全社会营造"尊师重教"的社会风尚。要提高教师资格证的含金量，通过给予幼儿园教师特权，如持教师资格证可享受城市购房、购车、出行、博物馆、图书馆优惠等，以提升教师职业的吸引力。推动幼儿园教师职业身份认同的确立和幼儿园教师地位的整体提升，使每一名幼儿园教师都能在工作中获得应有的职业尊重和光荣感。

还应当意识到，尊师重道不应止于国家意志、政府行为和社会倡导，真正的尊师重教更应当来自教师自身的内在需求和自觉践行。在外界倡导"尊师重教"的良好氛围下，应强调幼儿园教师作为教师主体的"由外向内"的转向，激发幼儿园教师从教的内源性动力，强化幼儿园教师从教的庄严感、使命感、责任感，提升幼儿园教师的自我认同和专业认可度，使得幼儿园教师真正尊重自己、尊重自身劳动、尊重专业，充分认识、理解和尊重自己所承担的庄严而神圣

---

① 曾晓东：《转型期我国幼儿教育事业发展中的教师问题》，载《幼儿教育》，2005 (9)。

的使命，自觉发扬主人翁精神，从而自觉珍惜教师声誉，自主捍卫师道尊严①，实现幼儿园教师自我地位的提升和教师自主自觉的"专业化"终极目标。

二、幼儿园教师在课程中的角色转变：由课程的使用者走向课程的设计者和开发者

改革开放 40 年来，幼儿教育改革的重要变化之一即幼儿园课程观念的变化："活动"逐渐取代了"上课"，成为幼儿园课程的主要形式。作为一种具有亲历性、行动性、即时性、整体性与探索性的幼儿问题解决式的活动②，新时期的幼儿园课程对幼儿园教师在课程中的地位和作用提出了更高的要求。伴随学前教育课程的数次改革和对教师专业性认识的不断加深，幼儿园教师与课程的关系呈现出不同的发展形态，幼儿园教师逐步从"课程的使用者"走向"课程的开发者"和"课程的设计者"，幼儿园教师在课程中的主体价值逐渐凸显，与幼儿园课程的关系逐渐从分化走向融合。

（一）分化时期（改革开放初期至 20 世纪 80 年代中期）：教师作为课程的使用者

改革开放初期，我国教育和课程改革的立足点是规范教育内容。1981 年，国家颁布中小学课程计划，采取统一学制和教学大纲的方式规范教育，确保教育质量。③ 幼儿园领域也仿照苏联采取分科课程的教学方式，按照语言、常识、计算、体育、音乐、美术六大学科开展活动。作为典型的知识教育观取向的课程，这种教学方式尤其强调系统知识和相关技能的传授，教师的职责是最大限度地向儿

---

① 贺武华：《"尊师重教"：由外向内的主体转向及教师自我认同提升》，载《教育发展研究》，2017(12)。

② 郑三元：《论幼儿园课程的本质》，载《学前教育研究》，2005(3)。

③ 葛榴红、马雪平：《分化到融合——改革开放 30 年教师与课程关系考察》，载《科教文汇（上旬刊）》，2012(1)。

童传授既定知识，教育的过程类似于"灌输"与"被灌输"的过程。[①]教师形象被比喻为"一桶水"：教师要给学生一碗水，自己先要有一桶水。教学能否成功的关键在于教师是否能将自己桶中的水自上而下倒进学生的碗中。[②] 由于此时幼儿园课程的目标、内容、进度、课时、教材等都是提前预设的，教师注重的不是课程的开发而是教学的改进，教师的义务是尽可能有效地将制定好的课程内容，更有效地传递给儿童。此时教师与课程的关系是教师作为"课程忠实的使用者"。

（二）互渗时期（20 世纪 80 年代末至 90 年代末）：课程权力下放，教师作为课程的设计者

20 世纪 80 年代末，幼儿园课程改革进入了新阶段，伴随着改革开放，课程在指导思想上开始兼容并蓄，苏联分科教学在中国的"独一统"结束。皮亚杰的认知发展理论、布鲁姆的教育目标分类学说、班杜拉的社会学习理论等教育理论被引进，我国开始第三次学前课程改革，出现了强调各科教学内容横向联系、将各科内容围绕主题有机融合的"综合课程"，以及以儿童活动或儿童心理顺序来组织课程内容并通过活动区活动、小组活动和集体活动等形式的"活动教育课程"。原本专属于教师的课堂和作为教育唯一手段的集体教学开始被"教学活动"取代，同游戏、生活活动一起构成了幼儿园课程。教师在课程中与儿童的互动开始增强。不同于以往仅关注教师的学科知识和教学技能，教师在课程中的材料准备、环境创设、互动引导、教师的观察能力和支持儿童的能力日益被强调。与此同时，教师在课程发展中的自主权也逐渐扩大，拥有了创造性开展并进行改组、

---

① 孟建伟：《从知识教育到文化教育——论教育观的转变》，载《教育研究》，2007（1）。

② 毕艳锋：《从职业走向专业——改革开放 30 年来教师社会地位变化的回顾与反思》，载《中国教师》，2008(15)。

灵活选择和组织教学形式的权力和机会。90 年代末，以学者斯腾豪斯"教师即研究者"观点的引入为标志，国内对于教师角色的认识有了根本性变革，陆续有学者关注到教师在课程开发中的作用，提出教育活动的组织和实施过程应当是教师创造性开展工作的过程。①②此时教师在课程中的角色由单纯的固定知识和教材的传授者和课程的使用者，逐渐转变为课程建设和设计的主体，课程成为教师基于自身教育价值观，综合社会要求、社会现实、儿童发展需要和各科领域内在逻辑进行的系统创造。

（三）融合时期（2000 年至今）：教师作为研究者和课程的设计者

在强调教师在课程中的主体地位的同时，21 世纪初的另一种课程模式——生成课程的涌入也对教师、课程与幼儿三者之间的关系产生了影响。生成课程强调课程在教师与儿童一起活动时是不断生成变化的，具有动态和不确定性。它以儿童的兴趣、问题、主意和难题为牵引，强调教师与儿童对课程的共同生发③，突出儿童在成长过程中的体验、感受，将儿童的情感、兴趣、态度、个性发展放在知识、动作的掌握之前，突出了课程中人的发展价值取向。

与 20 世纪 90 年代强调幼儿园教师是课程的设计者的观念有所不同，进入 21 世纪后幼儿园课程除了强调教师的课程参与和主体性，更强调教师与儿童共同对课程的开发。有学者提出，生成课程使得人们必须重新思考教师的角色，在生成课程中，教师更关注对教育契机的把握、对师幼关系的思索和其自身在课程中的成长。④教师对于课程的设计并非预先设定的和静态的，而是从与儿童直接参与的活动中汲取营养，由静态、封闭的预设逐渐走向动态、开放

---

① 步社民：《幼儿教师能成为研究者吗》，载《学前教育研究》，2004(10)。
② 周燕：《研究者：对幼儿教师角色新要求》，载《教育导刊》，2002(10)。
③ 屠美如：《美国早期儿童教育中的"生成课程"》，载《幼儿教育》，2001(2)。
④ 姜勇：《"生成课程"模式初探——兼论幼儿教师在"生成课程"中的角色》，载《教育导刊》，2002(Z3)。

的生成，真正的课程是教师与儿童联合创造的教育经验，课程的实施本质上是在具体教育情景中开发新的教育经验的过程，既有的课程计划只是提供这个经验过程选择的工具而已。① 课程中的内容与教育环境、教师的任务、儿童的活动、儿童的发展融合在一起②，教师与幼儿共同生活，共同成长，共同参与，共同建构教育生活，并在课程的生成中不断实现自我教育、自我反思③，课程应当是教师与儿童共同的开发过程。

　　由课程的使用者到课程的设计者再到与幼儿一起构成课程的开发者，幼儿园教师在课程中的角色不断变迁。观念层面上传统的教师观、知识观、学校观被颠覆，幼儿园教师作为"知识的传递者""理性的代言人""机械性重复劳动者"和"低技术工种"，教育过程作为知识复制和一味灌输，教育目标作为培养整齐划一的人的工具的时代走向终结。幼儿园教师在教学领域的课程内容选择、课程材料准备、课程实施方案和计划的全过程中的作用愈加明显，其主体性和专业性得到有力的彰显。

三、幼儿园教师与儿童关系中的角色转变：由教师中心转向师幼对话

　　幼儿园教师与儿童的关系及教师角色的问题一直是学前教育中备受关注的问题。在过去的几十年间，学界一直在以教师为中心还是以儿童为中心的问题上有争论，教师与儿童的关系长期在教师中心与儿童中心的两极之间游移。21 世纪以来，从融合的角度出发，

---

　　① 张更立：《幼儿教师新课程活动角色的适应》，载《重庆电子工程职业学院学报》，2003(3)。

　　② 教育部基础教育司：《〈幼儿园教育指导纲要(试行)〉解读》，64 页，南京，江苏教育出版社，2002。

　　③ 姜勇：《"生成课程"模式初探——兼论幼儿教师在"生成课程"中的角色》，载《教育导刊》，2002(Z3)。

"双主体"和"交互主体"的概念被提出①，师幼互动的主体开始由师幼之间的博弈走向师幼双向主体的"交互""平等""对话"的平衡状态。

（一）教师主导、儿童从属的师幼关系（20世纪50年代至70年代末）

改革开放前，受苏联教学模式的深刻影响，教师主导和教师中心是我国幼儿园教师与儿童关系的主要特征。教学被认为是学生在教师的领导下，在特定环境、条件、组织形式及特选的材料和方法之下，学习和掌握知识、技能，并在此基础上形成世界观、信念和发展智力体力的过程。② 人们认为幼稚的儿童是无法对非常复杂的教学过程做出各种选择和决定的，教师主导原则才是使教学沿着社会主义正确方向高效率地进行并获得好的质量的保证。③ 此后很长一个阶段，教师与儿童的关系都体现出了教师主导、儿童从属的特征，这种特征在20世纪50年代到70年代末最为明显。幼儿园教师和儿童关系体现为一种单方向的"灌输式""驯化式"和教师对儿童"培育式"模式。④

（二）对"教师中心"的批判和反思（改革开放至21世纪初）

20世纪80年代初，伴随着改革开放的推进，一批国际学前教育和教师培养的经验和启示被逐渐引入中国，国内学者对长久以来的"教师中心"开始进行反思，提出多年来对于教师主导作用的理解和贯彻存在的问题，即忽视了学生的主体地位，教师主导作用太过唯一和固定化，忽略了学生的学习动机。⑤ 只重视教、忽视学的"教师

---

① 张博：《教师：儿童"对话"的伙伴——一种"对话教育"的主张（上）》，载《幼儿教育》，2001(1)。

② 郑淳：《论教师在教学中的主导作用》，载《理论与实践》，1959(9)。

③ 王策三：《论教师的主导作用和学生的主体地位》，载《北京师范大学学报》，1983(6)。

④ 张博：《教师：儿童"对话"的伙伴——一种"对话教育"的主张（上）》，载《幼儿教育》，2001(1)。

⑤ 郑淳：《论教师在教学中的主导作用》，载《理论与实践》，1959(9)。

主导"倾向会使教育丧失活力，降低教学的效率，从而抑制儿童的个性和发展。师幼关系中，教师与儿童的关系首先应当是一种"人与人"之间的关系，是一种"人对人的主体间灵肉交流的活动"（雅斯贝尔斯）。教育不是人对机器的操作，也不是人对动物的驯化，更不是人对物品的雕刻。①

意识到这一点后，教师与儿童的关系开始从教师主体向儿童主体偏移，更关注教师与儿童在互动中的交互作用。有学者指出，教师主导作用并不意味着学生处于次要的、被动的地位，要将教师主导和儿童的主体地位相结合，使学生真正成为学习的主人，把教的过程从单纯由教师传授知识，转变到既关注知识传授，又重视能力培养的全面育人的过程。②

（三）教师作为支持者、合作者和引导者：走向平等对话的师幼关系（2000 年至今）

2001 年，《幼儿园教育指导纲要（试行）》颁布，推进了幼儿园教师角色从原本的管理者、指挥者、裁决者向幼儿学习活动的支持者、合作者、引导者转变。教师与儿童的关系在何者为主导的持续不断的争议中走向融合。尤其在近些年，后现代主义、文化哲学、宗教哲学、存在主义、诠释学等思潮丰富了师幼互动的内涵，加深了对教师角色和师幼关系的解读，为教师研究和师幼关系研究提供了新的视角和方法论。

教师与儿童的关系不再处于对立的两端，主体间的争夺、博弈色彩在减弱，人们逐渐认识到教师身上所负载的社会文化不是以从上至下"倾泻"或"灌输"的方式传递给儿童，而是一种哺育、一种滋

---

① 王策三：《论教师的主导作用和学生的主体地位》，载《北京师范大学学报》，1983（6）。

② 郭锡起：《教师主导和学生主体最佳结合初探》，载《现代中小学教育》，1985(3)。

润。[①]"对话""共生""诠释""关注""共同成长"等表述逐渐成为师幼关系研究中的新兴词汇。有学者认为事物的多样性、生成性、开放性仅在对话的情形中才能实现，主张教育活动中教师与儿童不仅是互主体性关系，而且是"对话"的伙伴关系，教师在真诚、敞亮、投入的基础上，形成与儿童之间的平等、理解、沟通、信任、尊重、融洽的关系和互依、互生、互补、互惠、互相激发的教育生态。[②] 对话教学的过程既是激发双方智慧的过程，也是一个不断生成的互动过程，具有建构意义、生成意义的功能，反映了课堂文化中的精神"相遇性"关系。教师应当重塑身份，努力践行文化回应性对话教学，使得师幼走向真正的对话之旅。师幼互动的主体随着时间的推移由师幼之间的博弈走向师幼双向主体的交互、平等、对话的平衡状态。

第二节　幼儿园教师专业发展之探讨：意蕴、转向、动力

一、幼儿园教师专业性意蕴的辨析：教师的知识技能与教师专业发展的文化、伦理、智慧转向

自我国幼儿园教师被确定为一个专门的职业以来，对幼儿园教师培养与成长专业性意蕴的讨论就未曾停止。2015 年，《学前教育研究》曾就"幼儿园教师专业性"这一主题刊载了一系列文章，对幼儿园教师的专业性根基、幼儿园教师专业性的精神意蕴、幼儿园教师培养和培育中的转向进行了深入讨论，确立了幼儿园教师专业性的基本地位，也为幼儿园教师专业发展和成长指明了方向。

在幼儿园教师的专业性内涵上，改革开放 40 年来呈现出两种基本的发展倾向：一种体现的是教师专业发展的"教学技艺观"，关注

---

① 丘洁：《对方案教学中师幼互动行为的思考》，载《学前教育研究》，2002(2)。
② 张博：《走向对话的幼儿教育：后现代幼儿教育观》，载《学前教育研究》，2003 (12)。

的是教师教学知识和能力的获得；另一种体现的是教师专业发展的精神取向观，关注的是教师专业精神、专业伦理和精神内涵的培育。改革开放之前，对幼儿园教师的专业性内涵的解读呈现出浓厚的"技术取向"和"工具取向"，围绕师范生和教师培养的"三学六法"，幼儿园教师的培养更关注教师的技能技巧，更关心师范生唱唱跳跳、弹弹画画等技能。20 世纪 90 年代末，逐渐有学者批判学前教育师范生培养过分注重职业实操技能与方法训练，而抽离了教师的专业精神的问题。在国际教师运动的推进和教师质量观念的转变下，教师专业发展出现了新转向：认为教师专业发展不应只教会教师教什么和怎么教，更应关注教师的专业精神和专业情感；关注教师的文化素养、伦理品性和教育智慧，树立一种精神取向的教师发展观，教师专业成长必须经历文化转向、伦理转向和智慧转向。

（一）教学技艺观：以"三学六法"为代表的传统幼儿园教师培养模式

20 世纪 60 年代起，我国的教师专业发展体现出一种"技艺观"，教育学被理解为"教学实践的艺术"或"教学的一套技艺"。这种教学技艺观要求幼儿园教师具备任教科目的专业知识和教学法知识，课程学习的主要目的是服务实践，帮助教师快速上手，有效完成教育教学实践活动。课程限于教师职业培训，所学的课程与任教科目知识紧密相连。此时幼儿园教师专业发展的核心是技能技巧与学科教学知识的提升。如 1985 年，为与幼儿园课程中的分科教学模式相匹配，教育部颁布《幼儿师范学校教学计划》，以幼儿卫生学、幼儿心理学、幼儿教育学、常识教学法、语言教学法、体育教学法、音乐教学法、绘画手工教学法、计算教学法等为代表的"三学六法"一度成为幼儿园教师培养的重要内容。此后很长一段时间里，幼儿园教师专业发展的关注点多聚焦于教师的专业知识和教育技能上。1999年，江苏省教委出台了《江苏省幼儿教师职业素质基本要求（试行）》，该文件除对幼儿园教师的职业道德、文化素养、专业知识提出要求外，重点对幼儿园教师的专业技能提出了具体要求，提出了"八会"和"五个方面"，"八会"即会说、会写、会画、会唱、会弹、会舞、会做、会用，"五个方面"即观察、记录、分析幼儿活动的能力，制定教育、教学计划的能力，组织教育活动的能力，做好家长工作的能力，进行教育科学研究的能力。[①] 此文件是当时对幼儿园教师专业技能技巧关注的典型表现，体现出了传统技术取向的教师专业发展和教师教育观念。

(二)对技术主义取向教师专业发展的批判

21 世纪以来，对教师知识和技能的过度关注的问题日渐涌现。人们觉察到长久以来受到工具理性主义、功用主义的影响，幼儿园教师发展和学前教育师范生培养常常侧重于教师的专业知识和技能，关注的是教什么和怎么教的问题，但忽略了教师精神层面的专业信念、专业热诚、信念使命和文化内涵。而教师专业发展中，专业知识和专业精神二者缺一不可。伴随着 20 世纪 90 年代末批判教育学的引入和国际教师调查报告的呼吁[②]，教师的心灵成长和专业精神成为世界范围内教师教育研究者关注的话题。

意识到教师的精神成长和文化内涵对教师发展的重要意义，幼儿园教师专业发展在内涵上出现转移，不再仅仅关注教师的"技艺"部分，而开始关注教师的心灵成长和文化陶冶。教师教育信念、教育热诚、心灵成长、文化品性、专业伦理、人文关怀成为幼儿园教师研究的重要关注点，并被置于比教师的知识技能更为重要的位置。

---

① 步社民：《论幼儿园教师的专业技能》，载《学前教育研究》，2005(5)。

② 1986 年，美国霍姆斯协会发表了题为《明天的教师》的调查报告，在公众和学术界引起了强烈反响，被誉为"美国 20 世纪 80 年代关于师范教育改革最有影响力的报告之一"，鲜明地指出了传统技术取向的教师培养和教师发展仅仅关注教师的教学知识与过程，而忽略教师的专业精神，丢失教师成长的"文化"内涵。

有学者提出："教师的信念超越个人功利，与社会进步、群体利益紧密相关，某种意义上，工作态度比知晓知识形态的教育观念更重要，它们使人产生不同于以往的精神面貌，'为人所不能为'，有了职业信念，教师才能有较强的责任感……丧失了精神，仅有知识则无济于事。"①必须在师范生和幼儿园教师中树立一种精神取向的教师发展观，以帮助教师获得其应有的心灵成长和精神力量，真正使幼儿园教师从具有一种"教学技艺"的"工匠"转变为具有"教育情怀和教育理想"的"艺术家"。

(三)教师专业发展和师范生培养的新转向：文化、伦理、智慧

基于精神取向的教师专业发展观，教师专业发展和成长的关注点必须转移，应当着力改变传统师范生培养和教师培训中的"重技能、轻师德"错误倾向，真正贯彻《教师教育课程标准(试行)》中提到的育人为本、实践取向、终身学习的基本理念，实现教师专业发展中文化、伦理、智慧的转向②，具体体现在以下几方面。

1. 新时期幼儿园教师专业发展应当具备一种文化转向

应充分认识到，教师专业性不应仅是知识和技能的灌输和获取，还是教师个人品行、价值观、信仰、思维方式和行为的改变。教师工作的本质不是帮助学生寻求客观知识的理论活动，而是影响、培育、陶冶良好道德品行的成长。在教师教育和教师专业发展中，应关注教师的文化品性、人文底蕴、文化自觉，只有具有人文素养的教师才能塑造儿童健全的人格与灵魂。③

---

① 张燕：《教师的教育意识、职业信念是教改的内驱力》，载《学前教育》，1998 (10)。

② 姜勇、庞丽娟：《论教师教育课程的精神关注：文化·伦理·智慧》，载《教育科学》，2008(3)。

③ 杨宏伟：《论幼儿园教师文化建设》，载《教育导刊·幼儿教育》，2005(1)。

2. 新时期幼儿园教师的专业发展应着重关注伦理的两个方面

一是必须承认教学行为是道德的，它预示着教授有价值的东西；二是必须关注到师幼关系内涵固有的道德性。要意识到在教师教育中，教育一词本身就隐含着重要的伦理问题。詹姆斯·麦克莱伦就曾指出："训练、灌输、条件反射等都不是教学，而是教学的'赝品'，真正的教学是一种具有道德性的教学。"①汉森认为，教学具有道德和伦理的本质，必须从伦理的视角审视教师发展和教学的过程，要意识到道德属性不是置于课堂教学之中，教学本身浸透着道德意义；教师的教学应当同时致力于智力与道德活动；教师在课堂上的任何行为都有道德意义，即使教师本人没有明确意识到；教师决策、教师思维、教师认知方式都应当从伦理道德方面考虑。② 因此，在教师的专业性培育和教师发展中，必须更关注教师实践中的感悟、体验、专业伦理、道德忠诚，关注教师"从外在规约转向内在自觉"的专业伦理获得。③

3. 新时期的幼儿园教师专业发展应具备一种更关注教师实践智慧和教的艺术的智慧转向

教师的实践智慧强调了教师需要掌握的不仅为教的知识，还有教的艺术与智慧，而这种智慧的形成必须经过持续不断的反思和实践。"不同于理论知识或技术知识那样将某些普遍的、固定的原理、原则运用于对象，教师的实践智慧要在具体的实践过程中来完成自己、实现自己。"④重视实践智慧意味着关注教师教育机智的形成，

---

① ［美］詹姆斯·麦克莱伦：《教育哲学》，137 页，北京，生活·读书·新知三联书店，1988。

② Hansen，D.T.，"Teaching as a Moral Activity"，in *Handbook of Research on Teaching*，Washington DC，American Educational Research Association，2001，p.826.

③ 步社民：《专业伦理与幼儿园教师的专业成长》，载《教育发展研究》，2013 (15)。

④ 姜勇、庞丽娟：《论教师教育课程的精神关注：文化·伦理·智慧》，载《教育科学》，2008(3)。

将教师的发展视为在实践中不断形成智慧的过程；意味着赋予教师去迎接生活中的各种直接经历，用有关的思想和恰当的行动去应对每时每刻出现的情况的能力和机会。正如艾森纳所说，教师教育必须有转变，从知识论的培养观转向实践智慧的培养观；除了知识是教师专业影响力的重要内容外，还有一个重要的方面，即实践智慧。①

对幼儿园教师专业性意蕴的辨析和教师发展精神、文化、伦理转向的提出，重申了在师范生培养和教师队伍建设中"育人为本"教育理念的核心地位。应纠正原有重技能技巧、轻师德的错误导向，尤其关注师范生和教师的人文底蕴、美德伦理、至善精神、内在良知、品行端良等的培养，关注幼儿园教师从教责任感和荣誉感培育、教师伦理养成、师德建设、教师伦理准入、教师专业化发展、幼儿园教师社会形象重塑等问题。要牢固树立"立德树人"的教育理念，树立幼儿园教师的社会主义核心价值观、家国情怀启蒙教育的使命感和责任感以及作为教师的自豪感和优越感。以德育德，以德施教，以德立学，真正建立师德高尚、业务精湛、结构合理、充满活力的高素质专业化幼儿园教师队伍。

二、幼儿园教师专业发展的动力转移：从"被造"走向"自造"

教师的专业发展究竟是一种"外铄"和"被造"的过程，还是一种"内生"和"自造"的过程？这一问题体现了两种截然相反的教师专业发展观。我国改革开放 40 年幼儿园教师专业发展历程中，前 20 多年体现出了"被造"的取向，而 21 世纪以来，一种带有"自我更新"取向的新型教师专业成长模式开始出现。

(一)教师专业发展的"外铄型"培训时期(1978 年至 20 世纪 90 年代)

1978 年至 20 世纪 90 年代，国内的教师教育研究多是在以"科

---

① Ellito W. Eisner，"From episteme to phronesis to artistry in the study and improvement of teaching"，*Teaching and Teacher Education*，2000(18)，pp. 375-385.

学"承诺而著称的"过程—结果"研究范式下开展的。在对专家和优秀教师特质的分析中，教师培训者和教师教育者试图通过探求普通教师与优秀教师间的差异，找到一条塑造优秀教师的一般路径；认为在教师的专业发展中，教师是被帮助和被塑造的对象，教师研究是为了帮助教师尽快成长，教师专业发展的过程就是将专家教师或优秀教师的"特质"传递给师范生和一般教师①，因此幼儿园教师的成长在早期被视为通过培训和学习使得教师向专家教师靠近的过程。通过培训提升幼儿园教师的专业知识、专业技能，为师范生和教师提供从事教育工作所必备的能力，培训是教师专业发展的主要形式，教师专业素质的提升全部依赖于园长、政府管理者、师范学校的努力。

（二）对教师成长中教师主体性丧失的反思与批判（20 世纪 90 年代至 21 世纪初）

20 世纪七八十年代，以杰克逊为代表的欧美学者意识到教师被动专业化的弊端，认为这是一种教师发展的"缺陷观"。在"外烁型"教师培训中，教师常常习惯消极地"等""看""拖""靠"，教师专业发展成了一种任务型要求，"专家"霸权剥夺了教师的成功体验。受困于专家、教材、课程大纲，教师在主人话语体系中常常是缺乏主动性、主体地位、成就感的。杰克逊预言，教师被动的专业化必将被尊重教师个人成长规律性、强调教师自身积极作用的主动专业化代替，并将教师的主动发展定义为一种教师发展的"成长观"。②

尽管国际教师教育研究者在 20 世纪七八十年代就关注到了教师的自主发展，并将其列为师范教育的"备选范式"。但直至 21 世纪

---

① 叶澜、白益民、王枬等：《教师角色与教师发展新探》，199～200 页，北京，教育科学出版社，2001。

② Jackson, P. M, "Old dogs and tricks: observation on the continuing education of teachers", in *Improving in-service education: proposals and procedures for change*, Boston, Massachusetts, Allyn & Bacon, 1971, pp. 19-36.

初，中国学者才逐渐关注到自主发展对于教师可持续发展的重要意义。有学者认为，在传统教师教育观下，幼儿园教师发展靠外部力量的推动，教师在师范学校等培训机构的培养下不断成长，更多关注与重视外部因素在教师发展中的作用，但相对忽视了教师在专业成长中的主体意识与主观能动性。传统的教师被动的专业化发展模式遭到批判，尊重教师个人成长的规律性、强调教师自身积极作用的教师主动专业化和成长观被逐渐建立起来。[1][2]

（三）"被造"转为"自造"：一种"自我更新取向"的新型教师成长观的提出（21 世纪初至今）

进入 21 世纪以来，幼儿园教师主体性在其发展中的重要地位逐渐凸显。人们逐渐意识到，教师的发展不是被动、被迫、被卷入的，而是自觉主动地改造、建构自我内部精神世界的过程。[3] 教师专业成长的核心是教师作为主体自主地提升自身的实践智慧，教师成长的关键是使自己成长为研究型教师，成为自身实践的研究者。

叶澜等人提出了"自我更新"取向的教师发展观，认为"自我更新取向"的教师专业发展中，教师具有较强的自我专业发展的意识和动力，自觉承担专业发展的主要责任，激励自我更新，通过自我反思、自我专业结构剖析、自我专业发展设计与计划、自我专业发展计划的实施以及自我专业发展方向的调控等实现自我专业发展和专业更新。[4] 在这种人本主义的视阈中，教师是自身发展和成长的主人，自主发展成为幼儿教师专业发展的主要方式，体现了教师专业成长

① 岳亚平：《走向自我更新：幼儿园教师专业发展的未来选择》，载《幼儿教育（教育科学版）》，2006(9)。

② 任少平：《论当前"幼儿园教师专业发展"道路上的教师主体性发挥》，载《教育理论与实践》，2007(S2)。

③ 姜勇、朱素静：《新时期幼儿教师教育"转型"研究——"虚拟现场"模式的理论与实践》，载《学前教育研究》，2005(1)。

④ 叶澜、白益民、王枬等：《教师角色与教师发展新探》，267 页，北京，教育科学出版社，2001。

的需求。朱家雄和张婕提出，为了适应课程改革的需要，教师专业发展范式必须有新的转向，教师必须改变以往被动的专业发展角色，作为积极的行动研究者来获得自身的专业成长，在实践中开展研究，提升自身的专业自主性。① 幼儿园教师的专业发展逐渐从"被造"转变为幼儿园教师的"自造"，呈现出一种全新的"自我更新取向"的教师专业成长范式。

第三节　幼儿园教师培养与培训的思路与实践探索

一、幼儿园教师培养与培训的三种关注：从"知识关注""实践关注"走向"精神关注"

幼儿园教师专业发展和师范生培养改革历经三种范式的变迁，即从"知识关注"到"实践关注"再到"精神关注"。"知识关注"的教师专业发展关注教师应具备的核心素养，包括必要的知识、关键能力和必备品格。"实践关注"的教师专业发展关注教师在日常的教育生活中所具备的与情感和激情紧密相连的鲜活、动态、丰富、智慧的教学实践。"精神关注"的教师专业发展则更关心教师内在精神的成长和解放。

（一）"经验—分析性"立场中的幼儿园教师的"知识关注"

改革开放初期至 20 世纪 90 年代末，幼儿园教师发展研究处于起步阶段，学者们大多站在实证主义的"经验—分析性"立场，将教师专业发展视为教师各种知识技能的综合。幼儿园教师被要求具备教育学科知识、学科专业知识和教学策略，同时具备儿童成长的社会、生理、情感和认知的知识。受舒尔曼、科克伦、德鲁特等国外

---

① 朱家雄、张婕：《走向基于行动的园本教研——论教师专业发展范式的转向》，载《幼儿教育》，2005(17)。

教育研究学者的影响，领域教学知识(PCK)被引入国内，认为教师必须拥有领域内容知识、一般教学法知识、课程知识、教学知识、关于学生及其特征的知识、教育情境知识、教育的目的与价值以及它们的哲学与历史基础的知识等。教师专业知识不再单纯为"学科知识技能"，而拓展为"教师如何将所掌握的知识转化为学生能够理解或接受的表征形式"的复合知识。

(二)"历史—诠释性"立场中幼儿园教师的"实践关注"

尽管舒尔曼等人对于领域教学知识的讨论使得国内教师知识的研究从单纯的学科知识转变为一种复合型知识，但整体上这种对幼儿园教师知识构成的解读仍体现的是一种传统的知识观，即认为知识是冷冰冰的客观存在，与学习者的认知方式和经验无关。类似于波兰尼认为的公共性知识，这种知识具有的是"非人格性和公共可传达性"，是独立于学习者之外的。在这种知识观下，对于幼儿园教师来说，其主要任务就是认识、接受和掌握这些固定的、普适的知识。有学者指出："长期以来科学主义的教师专业发展路线都是诉诸宏大的'先进理论'的，教师被认定为宏大教育理论的消极实施者和执行者，其任务在记忆、理解、运用和掌握这些理论，体现出了明显的科学主义的技术理性特征。但这种科学主义的教师发展路线追求的普遍化、去情景化的理论而忽略背景的重要影响，不可避免地会导致与现实、与教师实践相脱节的缺陷。"[1]教师被动输入和简单输出这些僵化、固定的知识，缺乏自主的选择与反思。要真正成为一名合格进而优秀的教师，不能仅仅依赖事先规划好的固定的学科专业知识。伴随着教育现象学、存在论教育哲学、哲学解释学的兴起，教师发展逐渐进入了基于"历史—诠释性"立场的"实践关注"。

---

[1]　张婕：《从诉诸宏大理论到扎根具体背景——对幼儿园教师专业发展的思考》，载《学前教育研究》，2008(7)。

"实践关注"的教师发展注重教师在日常教育生活中带有的具有个人丰富情感与激情的真实实践体验。区别于以往的固化知识观念，"实践关注"下教师所具有的专业知识是一个不断发展的过程，这个过程可以说是一个"公共知识个体化"和"理论知识实践化"的过程。教师所学习的公共知识只有运用于实践，通过与教育实践行为之间的不断互动并被实践证实后，才能变成个人所拥有的、真正信奉的并能在实践中应用的知识。这种知识观强调具体的教学情境，为教师专业的个性发展留下了空间，使得教师有充分的机会积累教学智慧和实践经验，从而使得教师专业知识体现出了鲜明的个体性、境遇性、实践性、整体性及对话性。"实践关注"的课程不反对知识，但反对脱离实践现场的固定而僵化的知识，主张教师的成长是不能脱离其工作场景中丰富、鲜活、创生的教育情境的。

从教师发展的情境性、实践性和个人化性质的理解出发，教师发展和教师教育应当充分关注教师的个性特征和实践特征，教师的个体判断力、理智的激情、信念、情感、审美以及经验等都会影响教师的教育教学实践活动。教师的能力提升体现在教师在鲜活的教育场景中，通过不断发现和解决问题提升自己的实践能力，在教育现场把握教育现象的复杂性，通过理解、对话、倾听、体悟教育现场的各种"杂多"(chaos)，并由此选择相对适宜的教育方法与应对方案。这些行动的背后彰显了幼儿园教师的"个人知识"抑或是"个人理论"。"实践关注"的教师发展强调了"践行"的重要价值，突出了正是在互为主体、对话倾听、真诚分享与交流的教育生活的过程中，每一名教师成为真正属于自我、明晰自我、体认自我、超越自我，从而溢出真我的教育践行者，即"成为我自己"。关注教育实践的丰富性，关注幼儿与教师鲜活的教育生活体验，在行动中体验，在实践中反思，促使教师成长为具有反思精神与行为能力的实践者。这些成为幼儿园教师知识研究中的重点。"实践智慧""实践反思""反思性实践者""教师的个人知识""缄默知识"等关键词频繁出现于幼儿园教师研究中。教师知识构成也逐渐由关注教师的"公众知识"逐渐转变为关注教师的"个体知识""实践知识"。

（三）"价值—批判性"立场中幼儿园教师的"精神关注"

不同于"实践关注"的教师专业发展追求教师的教学机智、教学实践智慧和教育"择宜"的艺术，基于"价值—批判性"的幼儿园教师发展更关注幼儿园教师内在的"精神成长"和"心灵解放"。研究者在反思当前的教师教育现实时提出，精神成长和教师专业精神的缺失已经使得教师变为"知识的传递者""理性的代言人""机械性重复劳动者"和"低技术工种"，将知识复制和一味灌输作为课堂的全部活动，教育丧失了其原本应该具备的自由性、创造性、生动性和丰富性，尤其忽略了对教师和儿童作为"主体人"的关注。忽略教师专业精神、专业使命和文化内涵，仅仅依靠职业技能、学科知识的培养培训是无法培养出有思想、有文化、有修养、有意识的教育者的。新时期的教师研究，必须迈向博雅精神的时代①，迈向推进教师精神成长②、实现教师文化陶冶和生命发展价值③的时代。

批判教育学者曾提出，教师的"意识觉醒"是教师建立主体性、发展自主性、解放教育理想的关键。④ 教师只有摆脱个体被束缚的状态，从通常的、客观的、公式化的总体中挣脱出来，从日常的"惯习"的设定中跳脱出来，充分唤醒自身自主发展的需求和意识，时刻保持清醒的头脑，保持对教育的敏感性和积极性，关注自身作为具

---

① 姜勇、庞丽娟：《教师教育的新展望：迈向博雅精神的新时代》，载《教师教育研究》，2013(1)。

② 姜勇：《论教师的精神成长——批判教育学视野中的教师专业发展》，载《中国教育学刊》，2011(2)。

③ 刘德华：《论教师文化的时代转向》，载《教师教育研究》，2008(2)。

④ Paulo Freive, *Education for critical consciousness*, Lodon, Bloomsbury Academic, 2013.

有鲜明个性特色的"个体"的存在，自主、自由地投入到教育活动中去，教师的真正解放才能有实现的可能。[①] "精神关注"的教师发展格外关注教师的专业热诚、专业承诺、专业使命，并认为其是教师成长的核心品质和教师专业发展的内在动因；教师培养必须着力激发教师的使命感和职业认同感，激发教师的主观能动性，积极践行自身的教育理念，传递教育情怀。在教师专业发展中，教师也应当时刻保持清醒，具备批判和反思精神，要能够突破传统观念固有的狭隘和束缚，批判性地看待问题，有意识地判断和选择更适切的课程内容和教学实践活动，从而赋予了课程鲜明的个体特色和个人经验，成为拥有自由思想、独立灵魂的人。

幼儿园教师专业发展，最初关注知识技能获得的"经验—分析性"立场中的"知识取向"；之后逐渐发现纯粹的知识技能与教育实践脱节，在理论与实践的矛盾中转向关注教育生活的"历史—诠释性"立场中的"实践取向"，开始注重每一名教育实践者在日常真实的教育情境中所经历的带有丰富个人感情与教育激情的鲜活而丰富的实践生活；此后又过渡到关注内在心灵成长与解放的基于"价值—批判性"立场的"精神取向"，将关注的重心回归至幼儿园教师的内在，关注其真实内在的信念、理想、价值诉求等。从关注教师的知识、技能、行为和能力，到关注幼儿园教师的教育实践生活，再到关注其内在核心品质的唤醒与培育，这正是对幼儿园教师专业发展关注的变迁趋势。

二、幼儿园教师师资培养与教师培训改革

学前教育师资培养是幼儿园教师队伍建设的基础。改革开放 40 年来，我国学前教育师资培养在培养的思路、体系、结构、模式上经历了重大的调整和转型，具体体现在：为了扩大师资规模，师范

---

① 姜勇：《幼儿教师专业发展》，163~164 页，北京，高等教育出版社，2015。

教育从封闭型走向开放型，建立了开放融合的师范教育体系；为了全面提升幼儿园教师的学历水平和整体质量，学前教育师资培养从"三级"师范向"二级"师范转型，开始由高师承担培养幼儿园一线教师的任务。

（一）师范教育从封闭型走向开放型

1. 萌芽期：改革开放初期至 20 世纪 80 年代末

改革开放初期，学前教育的师资培养依赖封闭型的师范院校培养。当时基础教育师资缺乏是制约教育事业发展的主要瓶颈①，为了满足基础教育事业对充足师资的迫切需求，1986 年，国家教委印发《关于基础教育师资和师范教育规划的意见》，提出综合性大学和有条件的其他高等院校应把为中等教育培养师资作为一项重要任务；同年下发了《关于加强和发展师范教育的意见》，明确了各级各类师范学校的培养任务，规定各级师范学校主要是培养中小学和幼儿师资，也要承担一部分在职教师的培训。中等师范学校（含幼师）培养小学和幼儿师资；同时规定要认真办好幼儿师范，布点太少的地区应适当发展，职业中学办幼儿师资班的做法要进一步总结、完善和推广，还可组织社会力量办各种类型的培训班，以适应学前教育发展的需要。该文件首次提出了可以"组织社会力量"培养幼儿园教师队伍，这是我国建立开放型教师教育体系政策的萌芽。②③

2. 逐渐开放期：20 世纪 90 年代初至 90 年代末

1993 年，中共中央、国务院印发《中国教育改革和发展纲要》，指出"进一步加强师资培养培训工作……大力办好师范教育，鼓励优

---

① 杜伟、任立刚：《改革开放 30 年来我国高师院校人才培养模式的改革》，载《四川师范大学学报（社会科学版）》，2008(5)。

② 徐维忠：《改革开放 30 年来教师教育政策法规浅析》，载《现代教育科学》，2010(3)。

③ 《国家教委要求大力发展和加强师范教育》，载《人民教育》，1986(6)。

秀中学毕业生报考师范学校",并规定"进一步扩大师范院校定向招生的比例",同时要求其他高等院校也应积极培养师资。1998 年,《面向 21 世纪教育行动振兴计划》指出,要"加强和改革师范教育,提高新师资的培养质量。实力较强的高等学校要在新师资培养以及教师培训中做贡献","依托普通高校和高等职业技术学院,重点建设 50 个职业教育专业教师和实习指导教师培养培训基地"。1999 年《中共中央国务院关于深化教育改革,全面推进素质教育的决定》指出:"鼓励综合性高等学校和非师范类高等学校参与培养、培训中小学教师的工作,探索在有条件的综合性高等学校中试办师范学院。"这些政策文件标志着我国师范教育逐步走向开放。

3. 开放综合时期:2000 年至今

2001 年《国务院关于基础教育改革与发展的决定》中提出:"完善以现有师范院校为主体、其他高等学校共同参与、培养培训相衔接的开放的教师教育体系。"开放的师范教育体系开始在全国范围内逐渐建立,包括普通师范院校增设非师范专业、综合性院校举办师范学院或教育学院、高等师范专科学校逐步发展为综合性院校等。①这标志着我国的师资培养体系正式从相对独立封闭走向灵活开放综合的新时期,师范教育与非师范教育在学校内部走向了协调融合和共同发展的道路,开放的教师教育体系正式建立。

(二)"三级"师范向"二级"师范的转型:师范教育中的师范性与学术性之争

20 世纪 60 年代至 90 年代,在开放型师范教育体系逐渐建立的基础上,幼儿园教师教育逐渐走向规范化。到 20 世纪 90 年代末,我国已经初步形成了结合不同层次和类型高等师范院校的实际,多

---

① 姚云:《改革开放以来中国师范教育的发展及未来挑战》,载《大学(研究与评价)》,2008(6)。

　　种人才培养模式和谐共存、互为补充、竞相发展的局面。幼儿园教师有了稳定的队伍来源。幼儿园教师队伍建设开始从关注"量"的增长转向对"质"的提升，提升幼儿园教师学历层次、提升幼儿园教师队伍整体专业素质成为 90 年代后期教师队伍建设的主要关注点。

　　1999 年，《中共中央国务院关于深化教育改革，全面推进素质教育的决定》中提出，"调整师范学校的层次和布局"，"建设全面推进素质教育的高质量的教师队伍"。2002 年《教育部关于"十五"期间教师教育改革发展的意见》提出要积极稳妥、因地制宜地推进各级各类师范院校的布局、层次和类型等方面的结构调整，我国的教师教育机构办学层次开始由原先的"中师、师专、高师"的"三级"向"师专、高师"的"二级"过渡。伴随着我国师范教育体系从"三级"向"二级"的过渡，中师逐渐退出师资培养体系，这意味着原先由中师承担的培养一线幼儿园教师的任务开始由高师承担，高师学前教育专业的课程目标、体系、框架和内容因此面临挑战。

　　在教师教育机构由"三级"向"二级"过渡之时，关于高师学前教育师范生培养的师范性与学术性之争日趋激烈。在学前师资培养中出现了两种激烈的对立声音，一种是基于师范性的，强调师资培养应当充分面向实践，掌握以人为对象进行教育活动的专业知识和技能[1]，关注"如何教"的问题；认为师范大学追求专业的综合性和学术性，在某种程度上削弱了师范专业的师范性，导致了师范院校发展定位的偏差，背离了高师教育为基础教育服务的宗旨，使得人才培养目标模糊，对师范类人才的培养和学科教育研究产生了消极影响[2]，师范大学应当重申其应有的师范性。另一种观点则与此相对，认为我国的教师教育之所以发展缓慢，缺乏长足的突破，其根本原

　　[1]　李学农：《试论师范性与教育专业学术的统一》，载《教师教育研究》，1998(6)。
　　[2]　张斌贤、李子江：《改革开放 30 年来我国教师教育体制改革的进展》，载《教师教育研究》，2008(6)。

因在于长期受封闭式的师范性的束缚，忽视了教师教育中的学术性，使得教师教育缺乏发展的动力和基础。学前教育师范生培养应该更关注"教什么"的问题，强调给予学前教育师范生更多的学科学术课程（包括通识教育课程和学科专业课程等）。[①]

　　为了解决师范生培养中师范性和学术性的矛盾，在改革开放的40年里，我国探索了师范生培养的多种模式，如"4＋X"模式、"3＋X"模式、"2＋2"模式等。一种是阶段性的教师专业化模式，强调学术性与师范性的分阶段培养，学生在第一阶段着重提升学科教育水准，在第二阶段则着力增强教师专业发展和教育实践能力；另一种则是模块式教师专业化模式，旨在通过调整课程结构，适当压缩学科内容和教学时数，相应增加教育科学的内容和教学时数，同时关注教育实践能力的培养，实现教师学科专业化和教育专业化。[②] 但这些教学模式依旧存在一些问题，具体表现在对教师教育实践教学的认识不足，教学实践时间短且缺乏持续性，教师的教学实践能力差，无法迅速进入和适应教师角色，这都阻碍了教师的自我成长。[③]

　　整体来看，改革开放40年间，我国学前教育师资培养在思路、体系、结构、模式上经历了重大的调整和转型。在一系列政策的推进下，我国幼儿园教师队伍建设取得了突破性进展，取得了令人瞩目的成就：1978年，我国幼儿园专任教师约为27.7万人，到2016年，幼儿园教师队伍规模已经超过了223万人，40年间增加了近200万人，增幅达到705%。幼儿园教师学历层次也不断提升，数据显示，1981年，我国幼儿园教师中，中师、高中肄业及初中毕业者最多，占41.4%，有64%的教师需补学高中文化；到2016年，高

---

① 肖川：《论高师教育的师范性与学术性》，载《教师教育研究》，1990(6)。
② 徐维忠：《改革开放30年来教师教育政策法规浅析》，载《现代教育科学》，2010(3)。
③ 于桂霞：《论教师教育全程实践教学体系的构建》，载《中国成人教育》，2013(7)。

中以下学历的幼儿园教师仅占总数的 1.98％，拥有专科、本科以及研究生学历的幼儿园教师占比达到了 76.6％。

但我们应当看到，我国的幼儿园教师队伍建设仍存在一些突出的问题，主要体现在：教师数量缺口依然存在，依照教育部师生比 1∶15 的基本要求，目前国内幼儿园教师仍有 71 万人的缺口，而伴随着"全面二孩"政策的实施，据卫生委预计，到 2020 年有 431 万名幼儿达到入园年龄，届时幼儿园教师将会存在 100 万的缺口。幼儿园教师质量难以得到有效保障，合格师资无法跟上学前教育的发展速度，幼儿园教师队伍建设仍旧面临着严峻的"质量危机"。

为了解决这些问题，一方面，需要继续加快培养，努力拓宽师资来源。加强师范院校学前教育专业的建设力度，通过支持地方师范学校的改革，鼓励高师、幼师和师专扩大学前教育专业的招生规模；采用多种培养模式，提供专业的学前教育人才；加快补充，采取多种措施吸引优秀人才进入学前教育领域当老师，鼓励中小学富余教师、师范毕业生经过专业培训后进入幼儿园工作，扩充学前师资来源；加强幼师职后培训，确保学前教育所有的保教老师都接受培训；鼓励支教，鼓励有学前教育特长、有专业知识的人从事学前教育志愿服务，组织他们到农村幼儿园巡回支教。

另一方面，更重要的是，在追求幼儿园教师队伍建设和数量快速增长的同时，必须抓住一根紧绷不放、最为重要的弦——"质量就是生命"。我们应当更关注幼儿园教师的整体质量，将幼儿园教师队伍整体素质和师资标准等教师质量问题上升成为国家层面的重要议题。要探索如何加强幼儿园教职员工的专业准入、心理准入、伦理准入，建立起严格、切实的制度保障，确保在短期内补充大量合格的、令广大家长满意和放心的幼儿园教师。通过对师范生和教师培训中"育人为本，实践取向，终身学习"的基本理念的深入贯彻，着力培育幼儿园教师的仁爱之心和警觉之心，真正将立德树人作为师范生课程建设和培养的指引方向，努力培育一支有理想信念、有道德情操、有扎实知识、有仁爱之心的优秀幼儿园教师队伍。

第四节　幼儿园教师的生存与解放

一、从作为"社会人"和"知识人"的教师走向作为具有生命情感的"主体人"的教师

对幼儿园教师的关注整体上呈现出两种基本的立场。一种是将教师作为需要培训和发展的客体对象去研究，探求教师的知识构成、专业发展阶段和成长轨迹，将教师视为社会、教育的附属品，教师队伍建设的根本目的在于提升教师的专业能力并以此推进教育质量的提升。在这种立场下，教师是作为"物"被研究的，幼儿园教师研究追寻的是一种"工具性"的价值取向，其基础话语是社会的发展需要教师做什么。另一种则关注教师整体的生命质量，将教师的成长与儿童的成长、教育的发展和社会的进步密切联系起来，将教师视为主体性的存在，视为有需求、有情感、有发展的生动个体，体现出的是一种教师"生命性"的价值取向，其基础话语体系是教师的发展需要全社会为其做什么。改革开放40年来，对于幼儿园教师的角色经历了从"社会人"和"知识人"到"主体人"的变迁历程，幼儿园教师的权利得到彰显，其精神生活、心灵生活日益得到关注。

（一）幼儿园教师作为"社会人"和"知识人"的形象（改革开放初期至20世纪90年代）

改革开放初期至20世纪90年代，对幼儿园教师的关注重点围绕幼儿园、幼儿教育、幼儿发展、幼儿学习、幼教师资、师幼互动等问题展开，幼儿园教师研究聚焦于幼儿园教育教学和儿童发展，教师作为学前教育发展的角色之一与众多主体共同存在于研究中，幼儿园教师被要求发挥他们教书育人的社会功能，为社会做出应有

的贡献，"春蚕""甘为人梯""人类灵魂的工程师"等都是对幼儿园教师形象生动的描绘，体现出了幼儿园教师作为"社会人"的角色特征。

20 世纪 80 年代后，随着教师专业化运动的开展，教师角色更多强调"知识人"的特征，教师的专业知识、专业能力、专业素养和专业发展被关注，教师作为"专业从业者"的专业性和"知识人"的角色被强调。但在作为知识传递者的同时，教师的个人生活、个人价值、创造性和丰富性仍未被关注。无论是"社会人"还是"知识人"，强调的都是教师的工具性价值，此时幼儿园教师仍被视为冰冷的客体，被置于种种标准和要求之中。

(二)幼儿园教师作为生命性的"主体人"的形象(2000 年至今)

20 世纪 90 年代末，女性主义教育学为教师研究提供了新的立场，诺丁斯的关怀伦理学、吉利根的诠释道德学、霍克斯的关系教育学的传入使得教师研究的立场发生了改变，个人生活史成为教师专业发展的新视角，一批学者开始关注幼儿园教师在幼儿园教育实践真实场景中的生活体验。[①] 区别于以往忽视"人"的幼儿园教师研究，女性主义者关注的是教师的个人经验、情绪、价值、实践智慧、个体发展，关注的是教师作为主体"人"在专业发展中精神的提升、关怀情意的发生。教师开始被视为有需求、有情感、有发展的生动个体，体现出的是一种浓厚的"生命性"和"人性"的价值取向。

受此思潮的启发，对幼儿园教师的人文关怀以及情境性、实践性倾向开始逐渐表露。人们逐渐意识到，教师标准的设定、教师质量的评价、教师资格的审查以及幼儿园师资的培养和培训等一系列行动不过是从外部保障幼儿园教师的数量、质量和稳定性，但教育质量的好坏最终取决于微观教室内幼儿园教师与儿童互动质量的好

---

① 李香玲：《基于生活史的幼儿园教师专业发展个案研究》，载《早期教育(教科研版)》，2016(5)。

坏。教师的身份、地位、福利待遇、编制、职业吸引力、职业幸福感、工作满意度、专业认同感、成就感、自由、闲暇和幸福时光，才是影响学前教育质量的关键因素。只有真正关注幼儿园教师的生存状况和其作为"主体人"的存在，学前教育质量才能从根本上获得保障。正如牛津大学教授所提出的那样，我们现在很多国家都做各种系统课程、各种理念下的各种体系，但是需要注意，教育者本身才更值得关注，他的生命状态、情绪水平、综合能力、职业幸福感等，都直接影响课程的有效性，如果我们不关注这些，质量以及儿童发展则无从谈起。

二、幼儿园教师的权利回归和解放

（一）幼儿园教师的权利回归：由教师的"义务关注"走向"权利关注"

1. 幼儿园教师的"义务关注"：改革开放初期至20世纪90年代

改革开放后很长一段时间内，在幼儿园教师队伍建设中关注的一直是教师的义务和职责，在追求质量的教师发展取向下，大量关于幼儿园教师的政策文本和法律法规，如《幼儿园管理条例》《幼儿园工作规程（试行）》等都明确规定了幼儿园教师应达到的要求和应履行的义务，如《幼儿园工作规程（试行）》对幼儿园教师的主要职责做出了详尽要求，明确提出"幼儿园教师对本班工作全面负责"。此外，对教师频繁的督导评估、检查和考核，也都体现了对幼儿园教师义务和责任的要求。

这种义务导向的教师发展观将幼儿园教师视为满足社会需求的个体和标准引领下的被动执行者。对幼儿园教师权利保障缺乏明确具体的规定，使得教育管理者和社会容易忽视幼儿园教师合理的职业权利，片面强调幼儿园教师应履行的义务和责任。标准和督导评估的发展模式虽然在一定程度上保证了幼儿园教师队伍的质量，但也增加了教师的职业压力，降低了幼儿园教师职业的吸引力，打击了幼儿园教师从事教育工作的积极性，同时也束缚了幼儿园教师的教学实践自主性，幼儿园教师在教育活动中无法放开手脚，影响了教育的效果和学前教育质量的提升。

2. 幼儿园教师的"权利关注"：2000 年至今

21 世纪以来，伴随着教师专业发展研究重心从"外"向"内"的转移①，保障教师权利逐渐成为幼儿园教师队伍建设中的重要议题。人们发现如果想要教育改革真正有效，那么教师就必须真正成为决策制定的参与者，因为教师才是学校变革的主导力量。为了实现幼儿园教师的发展和学前教育质量的提升，幼儿园教师队伍建设必须从对幼儿园教师的义务关注走向权利关注。

一方面，要关注幼儿园教师应享有的评选先进、专业技术职务评聘、工资、社会保险、参与学校民主管理、进修培训等合法权益；另一方面，必须关注幼儿园教师在其专业领域的专业自主权，这意味着幼儿园教师可以为自己谋生的工作场所、进行行动的集体环境、赖以滋养的精神家园——幼儿园——的持久活力和魅力全情付出，贡献自己的智慧和精力，成为幼儿园大家庭中的一员，而非被置于幼儿园和课程的边缘，充当一个旁观者和局外人。作为专业的幼儿园教育工作者，幼儿园教师应当享有免除干涉和监督、独立自主、不受行政人员和非专业人员的干预、能全权处理、无外人控制和干扰、自由执行、不受外界非专业干预的自主、充分自由的权利。②

教师的专业自主权展示了教师的自主意识、自由精神，应当成为教师权利的重要诉求和教师应具备的基础涵养。对幼儿园教师权利的关注和追寻，为幼儿园教师在教育教学实践中充分发挥教育智慧，将教育过程变成富有创造性的艺术，尊重幼儿园教师的个人世

① 汪明帅：《我国教师权利研究百年回顾》，载《全球教育展望》，2014(10)。
② 林成堂、江玲：《论教师专业自主权的实践尺度》，载《华东师范大学学报(教育科学版)》，2011(3)。

界，保护教师的心灵感知方式和个人风格，关注教师内在心灵成长和思维方式的成熟，帮助教师变为具有智慧、批判精神和反思能力的人创造了条件，而这也正是幼儿园教师应当给予儿童的最宝贵的财富。

为了实现对幼儿园教师权利的保障，要给予幼儿园教师充分的自主权和自由，畅通信息渠道，建立起教师与外部环境和资源间的有效沟通模式；教育行政部门应逐步转变观念，从对幼儿园教师进行单纯的监督管理转向服务支持；给予幼儿园教师参与教育改革的机会和途径，尤其要赋予幼儿园教师参与决定与其密切相关事务（如课程设置、一日生活流程安排、与儿童互动的方式等）的权力；同时采用多种形式提升教师的专业素养和专业化水平，为教师提供更新专业知识的途径和机会，使其获得专业所必备的知识和技能，具备扎实的教育教学知识和持续学习的能力。

（二）幼儿园教师的解放：幼儿园教师的自由、闲暇、文化与审美生活

幼儿园教师队伍建设和教师专业化在 40 年间经历了跨越式发展，取得了突出成就，但人们发现相较于 20 世纪七八十年代，幼儿园教师对于儿童的关注却越来越少。这并不是因为幼儿园教师不爱孩子，而是由于有大量的督导、评估、检查，幼儿园教师的时间被大量消耗在文本资料的整理、案头工作、环境创设、玩教具制作中，真正和儿童在一起的时间却越来越少。面对幼儿园教师自由和闲暇时间的缺失，有学者呼吁：好的幼儿园不仅需要关注儿童，也需要关注教师，研究如何让教师幸福快乐且自由地成长。幼儿园教师不是"装修工"，他们急需被"解放"。

关注幼儿园教师队伍建设，不仅需要关注幼儿园教师外在的现实状况，更需要关注幼儿园教师的精神世界和心灵生活状况。只有具备自由、闲暇的教师，才是创造的、活泼的、生动的、丰富的，

在灵魂上追寻解放，在思想上常怀有批判，是不依附、不谄媚、持之以恒追寻终极价值的独立主体。只有拥有丰富文化生活和审美生活的幼儿园教师，才能专注于教育本身，抛开现实的重负、理性的压制和柏格森所言的"生命的机械化"，在教育场景中释放其作为人的感知的敏感、激情、温柔又充满力量的一面，进入一种人性的自由和完整的解放，实现杜威眼中"教育无目的，只是生长、只是生活"的无功利状态。正如第斯多惠曾说：教学的艺术不在于传授的本领，而在于激励、唤醒、鼓舞。唯有当幼儿园教师拥有丰富的精神生活、具备高度的教育激情时，才能去激励、唤醒、鼓舞幼儿。①而幼儿园教师精神生活世界的丰富又是基于其拥有充足的闲暇时间与自由的闲暇心态的。对于幼儿园教师来说，首先应当使其具备充分的闲暇和自由，应该通过改善幼儿园管理给予幼儿园教师充足的闲暇时间，让他们能够在自由自主的闲暇生活中放松心灵，享受生活的幸福，思索教育的终极意义，获得生命意义的提升，最终实现其闲暇生活与职业生活的互相滋养、互相温暖、互相扶持。随着幼儿园教师精神生活的不断丰富、心灵世界的不断充盈，他们必将能够把这份丰富与充盈回馈给幼儿教育。②

在幼儿园教师队伍建设的过程中，要将幼儿园教师的生存状况和个体成长放置在教师发展和教育质量提升的关键位置。在推进幼儿园教师专业素养提升的过程中，重点关注幼儿园教师的精神成长和文化生活，要通过提供充足的资源和广阔的平台，保障幼儿园教师的自由、闲暇和充盈的精神生活与文化生活；应着力营造良好的园所氛围和社会氛围，让教师感受到来自管理层的充分信任，来自同事的支持与帮助，以及来自家长和全社会的理解、宽慰和支持，

① ［德］第斯多惠：《德国教师培养指南》，177 页，北京，人民教育出版社，2001。
② 姜勇、何敏、张云亮：《国家级贫困县农村幼儿园教师精神状况考察——物质的匮乏与心灵的充盈》，载《学前教育研究》，2016(7)。

让教师感受到从事学前教育是幸福、快乐的。教育行政主管部门应重新界定其职责范围，除了对重大教育目标和教育政策的控制外，应对基于行政权威而给幼儿园和幼儿园教师加上的种种限制进行解除；同时努力修正限制教师专业自主权的法令或条例，减少僵化的教育行政管理模式对幼儿园和教师工作的干扰，使得幼儿园教师真正能够专注于课程与教学，在教育教学实践中获得充分的自主权。要让教师充分感受到教育不是牺牲而是享受，不是重复而是创造，不是谋生的手段而是幸福本身。要将幼儿园教师从繁重的撰写文案资料、填写管理档案、机械制作环境材料和应对督导评估中解放出来，缩短幼儿园教师隐性的、无意义的材料填写和制作时间，彻底"解放"教师，给教师"松绑"，让幼儿园教师真正回到班级，真正在与儿童的相处中获得个体的成就感、满足感，收获作为幼儿园教师的快乐，成为充满幸福和骄傲的幼儿园教师。

第五章

幼儿园课程改革
与发展

第一节　幼儿园课程初步改革

1978 年以来，在我国进入改革开放的社会主义建设新时期的时代背景中，学前教育得到前所未有的发展，学前教育课程呈现出新的局面。

一、基于特殊历史时期现实的课程政策

20 世纪 70 年代末至 80 年代初，我国教育尚处于全面恢复、走向正常化的特殊历史时期，制定幼儿园教育的任务和目标，设置幼儿园课程，是学前教育领域当时的重中之重。

1979 年，教育部召开了部分省市幼教干部和幼儿园园长会议，制定了《城市幼儿园工作条例（试行草案）》。该文件规定幼儿园设置语言、常识（日常生活中幼儿可理解的、初浅的自然科学常识）、计算、音乐、美术、体育等科，强调幼儿园必须贯彻保教结合原则，将课程分为卫生保健和体育锻炼、游戏和作业、思想品德教育等几大部分。

1980 年教育部召开 20 多个省（直辖市、自治区）有关人员和专家

的专门会议，讨论制定幼儿园教育的纲要。在《幼儿园暂行教学纲要（草案）》的基础上，认真吸取新中国成立以来幼儿教育改革的经验和教训。1981 年教育部正式颁发《幼儿园教育纲要（试行草案）》，将《幼儿园暂行教学纲要（草案）》中的"幼儿园教学"改为"幼儿园教育"，对幼儿园教育的性质、教育对象的特点、方针和任务、内容和要求、手段和方法等都做了简明扼要的规定，并在教育内容、要求、手段和方法上，提倡幼教工作者从实际出发，灵活地、创造性地加以运用，既保证教育方针在幼儿教育阶段的贯彻，又促进开创幼儿教育生动活泼的新局面。

考虑到当时受过专业训练的教师占比很小，大多数教师对幼儿身心发展和幼儿园教育手段的基本特点不熟悉，1981 年《幼儿园教育纲要（试行草案）》在总结广大教师长期实践经验的基础上，参阅国外有关资料，从生活卫生习惯、体育活动、思想品德、语言、常识、计算、音乐、美术 8 个方面制定了幼儿园教育任务，并按不同班级提出不同要求，"其目的是为了帮助教师掌握这一年龄阶段幼儿的大致发展水平，以免脱离幼儿实际"[1]。

另外，1981 年的文件还专门增加两个组成部分，分别为阐述幼儿生理和心理发展的年龄特点的第一部分以及列举幼儿园的教育手段及注意事项的第三部分，以帮助教师更好地理解教育内容，选择适合幼儿年龄的活动方式，完成文件的要求，使幼儿园小学化、成人化的倾向逐渐得到克服。

为了推动《幼儿园教育纲要（试行草案）》的贯彻落实，针对各地师资水平差异较大的现实困境，教育部委托上海市教育局和专业工作者，根据《幼儿园教育纲要（试行草案）》，在广泛参考国内优秀幼儿读物、研究和总结全国 20 多个省（直辖市、自治区）自编的幼儿园

---

[1]　魏振高：《幼儿园教育工作的指南》，载《课程·教材·教法》，1984(3)。

教材的基础上，经反复精选、改编和创作，编写了体育、语言、常识、计算、音乐(小、中、大班各一册)、美术和游戏7种幼儿园教材(含教师用书)。初稿完成后，教育部召开审稿会进行反复修改，最后由教育部初等教育司修改审定，1982—1983年由人民教育出版社出版，上海教育出版社出版了配套挂图。为了防止幼儿园仅仅注重上课，忽视通过游戏、观察、劳动、娱乐和日常生活等重要活动对幼儿进行教育，作为新中国第一套全面统编的幼儿园教材，该套教材特别注意了包括游戏、体育活动、观察、劳动、娱乐、日常生活以及上课等各种活动的需要。①

然而，"文化大革命"期间幼儿教师培训制度遭到严重破坏，优秀教师严重缺乏，造成《幼儿园教育纲要(试行草案)》在实施过程中呈现出明显的个体差异。一方面，不少优秀教师擅长某一学科的教学，并运用这方面的优势将其他方面的教育工作全面带动起来；另一方面，有的教师在教学中任意拔高某一学科的要求，却忽视其他方面的教学要求。②

为了推广《幼儿园教育纲要(试行草案)》贯彻落实的先进经验，1983年12月教育部在北京召开25个省(自治区、直辖市)贯彻《幼儿园教育纲要(试行草案)》经验交流会，提出在幼儿园为了使教师钻研某几方面的教育内容，同一班的教师可以统一负责全面教育的同时而有所侧重，要防止分科教育、互不通气，并由此导致拔高大纲要求，这都是不符合幼儿园的教育宗旨的。③大会从各地所提交的经验文章中挑选出29篇，汇集成册，1984年由人民教育出版社出版。

二、综合主题课程改革的提出与初步实践

20世纪70年代末，为了使幼儿教育从"文化大革命"的严重破坏

---

① 李淑玲：《幼儿园教师的良师益友——新编幼儿园教材(教师用书)简介》，载《课程·教材·教法》，1984(3)。

②③ 魏振高：《幼儿园教育工作的指南》，载《课程·教材·教法》，1984(3)。

中恢复建设，南京师范大学赵寄石教授等人分科目、分专题研究了教材内容和教学方法，并取得了一定成果，对当时许多幼儿园恢复正常秩序起到促进作用。但从 20 世纪 80 年代开始，他们发现幼儿园分科教学和研究存在着问题。

他们注意到，一方面，多年来的分科教学和研究使各科教学有了系统性，但是缺乏对各科之间的关系和联系的研究，缺乏对幼儿园教育内容和过程的整体性思考。另一方面，由于分科目教学和研究的重点在教材教法上，而教学又一贯被理解为上课，因而上课被当作幼儿园的主要活动，而其他活动的教育作用很少得到研究和发挥；由于各科教学对"怎样教"考虑得多，对幼儿"怎样学""效果怎样"考虑得少，幼儿的积极性未得到充分发挥；重上课，强调集体的统一要求，忽略个别教育，幼儿发展不平衡的现象未受到重视。①

在意识到教师之所以缺乏驾驭幼儿园教育整体的观念和能力，是因为缺乏对幼儿园教育结构的相应研究，对幼儿园教育的任务、内容、手段等各种因素之间的相互关系不明确之后，1983 年，南京师范大学和南京实验幼儿园尝试借鉴系统论、建构论和社会生态学观点，开展了"幼儿园综合教育结构的探讨"教育实验。所谓"综合"，是指顺应各教育因素之间相互联系、交互作用的客观规律，把它们组成一个有机整体，使各因素在交互作用中积极发挥各自的功能。他们强调教育结构的综合性，以"尊重幼儿发展规律与发挥教师主导作用"为总的指导思想，不仅体现在教育内容、教育手段和教育过程三方面的综合，也表现为主题活动、一日活动和个别活动三层次的综合。

1984 年，中央教育科学研究所开展了将幼儿教育作为一个整体的"幼儿园综合教育"实验，针对的是北京市各类型幼儿园普遍存在

---

① 赵寄石：《幼儿园综合教育结构的探讨》，载《幼儿园教育》，1986(12)。

的重知识轻能力、重智育轻德育、重上课轻游戏，或多或少把上课当成幼儿园教育的唯一形式，忽视幼儿阶段活动特点，师资水平不一，不同程度的教育教学内容重叠、割裂，采用"你教我听"的注入式、填鸭式教学方法。实验小组在学习和借鉴巴班斯基教学过程最优化思想、皮亚杰认识结构论和陈鹤琴先生单元教学主张并总结 4 年来幼儿园自然教学科研成果和体会的基础上，按照系统论中整体大于部分总和的定律，提出了幼儿园综合教育的设想。

幼儿综合教育的"综合"是针对"割裂"而言的，既要保持各科的系统性，又要加强各科之间的横向联系，把幼儿的认知、情感、个性发展结合起来研究，把单科任务的教育改变为互相渗透、全面发展任务的综合贯彻。其具体的做法是：在保证达到各科教育纲要要求的前提下，以认识环境（包括自然和社会）为渠道，使各科教学与日常生活、游戏、观察、娱乐、劳动等活动配合起来，加强横向联系，形成合理的认识结构网络。他们强调，教材内容要帮助幼儿建立良好的认知结构。[1] 教学方法上，变注入式为启发式，变呆板的"我教你听"为灵活的"我引你学"，让孩子在教师引导下进行观察、游戏、实验、动手、探索、讨论等，引导孩子发现、提问、思考。[2]

1985 年，上海长宁区主题教育实验小组也意识到，20 世纪 50 年代从苏联学来并沿用几十年之久的分科教学形式与启蒙的性质和培养目的的矛盾。针对当时幼儿园分科教学中的课程割裂、课内课外割裂和教师间相互割裂的现象，1979—1982 年实验小组突破单一课堂教学的形式，试图运用多种教学手段实现语言教学目的，在学习陈鹤琴先生思想的基础上，开始了综合主题教育实验。"就综合而言，它是多侧面和多种手段并用的，是立体的和时空交错的；就主题而言，它是突出而鲜明的。综合是横向的，就像一张网；主题是

---

[1] 郑慧英等：《幼儿园综合教育初探》，载《学前教育》，1985(1)。

[2] 王月媛等：《幼儿园综合教育初探（下）》，载《学前教育》，1985(4)。

纵向的，就像一根网竿。"①

三、课程改革之初的理念转变与实践成效

1981 年《幼儿园教育纲要（试行草案）》颁布与实施后，以理论与实践相结合的方式在不同地域陆续展开的课程改革实验和探索，其实有着共同的思想来源和共通的课程理念。

改革开放以来，国际学术交流日益增多，不仅以皮亚杰儿童认知发展理论、布朗芬布伦纳人类发展生态学理论为代表的国外儿童心理学、教育学思想引起强烈反响，国内陈鹤琴、陶行知等人的课程思想重新得到研究和重视，苏联教育家的教育遗产，尤其是乌索娃等人的学前教学论再次被借鉴。在此基础上，人们逐步形成了幼儿教育的整体教育观、发展观和效益观。

赵寄石提出："综合教育的结构，作为一种假设，用以回答'怎样'更加合理地组织幼儿园的教育，以取得较好的效益。"②郑慧英等认为幼儿园综合教育中的"综合"，不是"捏合"，也不是"拼凑"，更不是形式上的多样化，而是研究幼儿教育如何取得最优化效果的一种设想。③ 倪冰如则提出综合教育是"围绕一个（社会的或自然的）主题，为了一个（共同的教育）目的（并力求照顾到全体幼儿的个性和爱好），采取一个学科（或一项游戏活动）为主，其他学科或游戏活动密切配合，课内和课外密切配合的方法，在灵活性（充分运用多种教育手段）和科学性（充分注意各学科自身的规律及其相互关系）相结合的原则下，让幼儿通过充分观察、思索和动手操作，力求取得良好的教育效果"。④

在此时期以"综合"或"主题"名义展开的课程研究和实践，其核心并不在于表面上的分科或综合。幼儿园综合教育结构的探讨强调

---

①④　倪冰如：《综合性主题教育的实验与思考》，载《幼儿教育》，1987(2)。
②　赵寄石：《幼儿园综合教育结构的探讨》，载《幼儿园教育》，1986(12)。
③　郑慧英等：《幼儿园综合教育初探》，载《学前教育》，1985(1)。

幼儿是主体而教师是引导者，教师的主动权体现在恰当处理尊重幼儿发展规律与发挥教师主导作用的关系上；[1] 主题活动实现教育观的转变，从偏重考虑"教师怎样教"转到首先考虑"幼儿怎样学"；[2] 幼儿园综合教育主张教学方法从呆板的注入式"我教你听"，转变为灵活的启发式"我引你学"，让孩子在教师引导下进行观察、游戏、实验、动手、探索、讨论等，引导孩子发现、提问、思考；[3] 综合性主题教育提倡"幼儿园的课程设置和教学方法，要研究如何才能符合幼儿的年龄特点和发展水平"[4]，"要从幼儿的实际出发，要把幼儿放在主体的位置来考虑问题"[5]。正如赵寄石先生时隔多年谈及这段历史时所言："从分科到综合，不只是一个形式的问题，而是一个师生关系的问题。"[6]这一时期刚刚起步的课程改革，无一例外地重新审视了教师与幼儿之间的关系，尤其关注儿童是学习的主体，在幼儿园课程观转变方面迈出了重要一步。

　　然而，20 世纪 80 年代初到 90 年代中期盛行一时的综合主题课程，实际上还只是一种以主题为中心的"大拼盘"。这种形式上的综合并非内容之间的联系和整合，与《幼儿园工作规程(试行)》中体智德美诸方面教育应互相渗透、有机结合的精神，以及《幼儿园教育纲要(试行草案)》中要帮助教师更好地理解教育内容、选择适合幼儿年龄的活动方式的初衷相去甚远。尽管如此，这一时期围绕国家课程政策陆续展开的一系列课程研究与探索，依旧为国家决策部门改革教育和充实《幼儿园教育纲要(试行草案)》提供了扎实的科学依据。

　　1985 年全国幼教研究会第二届理事会适时成立了"幼儿园课程结

---

① 赵寄石：《幼儿园综合教育结构的探讨》，载《幼儿教育》，1986(12)。

② 赵寄石：《幼儿园综合教育结构的探讨(续)》，载《幼儿教育》，1987(1)。

③④ 王月媛等：《幼儿园综合教育初探(下)》，载《学前教育》，1985(4)。

⑤ 倪冰如：《综合性主题教育的实验与思考》，载《幼儿教育》，1987(2)。

⑥ 杜继纲：《综合·建构课程·师生互动——赵寄石教授谈面向 21 世纪的幼教改革》，载《学前教育》，1999(1)。

构改革"课题组，进一步加速了我国幼儿园课程改革的历史进程。

第二节　幼儿园课程整体改革

一、巩固幼儿园课程改革成果

20 世纪 80 年代中后期，由全国幼教研究会第二届理事会主持的"幼儿园课程结构改革"课题研究在全国广泛地开展起来，众多高校学者和幼教实践者就幼儿园课程的含义、幼儿园课程的结构、幼儿园课程的设计框架以及幼儿园课程的模式等诸多理论问题展开了深入的研讨。一时间，在新幼儿教育理念的指导下，各种本土化的课程实验研究在许多地方开展起来，综合教育课程、活动教育课程、发展能力课程、整体教育课程、游戏课程、农村学前一年课程等多种幼儿园课程模式兴起。作为"幼儿园课程结构改革"课题组的牵头人，南京师范大学唐淑教授进行课题概述时写道："近几年来，正在进行的各种课程的实验研究，均以'发展观'指导改革，即视幼儿为发展中的个体，教育促进其向高一层次的发展；幼儿处主体地位，教师起主导作用；通过活动，让幼儿在与环境、材料、人物的交互作用中发展。改变重知识轻能力、重教师轻幼儿、重群体轻个体、重教轻学等传统观念和做法……课程模式虽然各异，但都在整体观的指导下进行，即把幼儿本身当作身心统一的整体，幼儿班级是一个整体，幼儿与教师也是一个整体，教育的内容、方法、手段是一个整体，幼儿在园的一日活动更是一个整体。注意充分发挥教育过程的整体功能，使幼儿在同一过程中得到多方面的发展。"[1]经过几年的尝试和探索，我国幼儿园课程改革初具规模并取得了一定的成果。研究从更新教材教法、分科目研究课程，转变为研究幼儿园整

---

① 唐淑：《我国幼儿园课程结构改革概述》，载《早期教育》，1990(11)。

体课程；从忽视幼儿的主动性，过多地灌输知识、训练技能、培养幼儿能力、发展幼儿智力，转变为研究幼儿各方面的协调发展；从着重考虑教师怎样教，转变为在研究幼儿怎样发展的基础上考虑教师怎样发挥教育作用。1990 年，全国幼教研究会第三届理事会将课题改名为"幼儿园教育整体改革"，继续推进幼儿园课程改革实践。我国幼儿园课程改革再掀热潮，并由此进入一个新的阶段。

1989 年国家教育委员会出台《幼儿园工作规程（试行）》，这一版规程是在 20 世纪 80 年代幼教工作者开展的课程改革实验经验的基础上制定的。该文件吸取了广大幼教工作者改革幼儿教育的实践经验及理论研究成果，提出了幼儿教育内容要在体、智、德、美诸方面互相渗透、有机结合，遵循幼儿身心发展的规律，符合幼儿的年龄特点，注意个体差异，因人施教；坚持积极鼓励、启发诱导的正面教育，合理地组织各方面的教育内容，并将其渗透于幼儿一日生活的各项活动中，创设与教育相适应的良好环境，为幼儿提供活动和表现能力的机会与条件。这些原则性规定是基于我国 20 世纪 80 年代后期幼儿园改革和发展的现实提出的。[①] 这一文件将诸多新颖的幼儿教育理念和课程理念带入人们的视野，引起了整个幼教行业巨大的震动。"改变观念"在 20 世纪 80 年代末至 90 年代初的文件报告、学术文章中频繁出现。[②]

1996 年《幼儿园工作规程》正式施行，该文件在幼儿园教育教学方面明确指出："幼儿园的教育活动应是有目的、有计划引导幼儿生动、活泼、主动活动的，多种形式的教育过程。""教育活动"这一概念的提出，更加准确地概括和反映了幼儿教育的基本特征，引导幼儿园在实践中逐渐改变过去"小学化"的课程模式。该文件还提出，

[①] 熊焰：《新中国幼儿园课程改革述评》，载《课程·教材·教法》，1995(8)。
[②] 朱永新、冯晓霞：《中国教育改革大系·学前教育卷》，200 页，武汉，湖北教育出版社，2016。

幼儿园保育和教育的主要目标是："促进幼儿身体正常发育和机能的协调发展，增强体质。培养良好的生活习惯、卫生习惯和参加体育活动的兴趣。发展幼儿智力，培养正确运用感官和运用语言交往的基本能力，增进对环境的认识，培养有益的兴趣和求知欲望，培养初步的动手能力。萌发幼儿爱家乡、爱祖国、爱集体、爱劳动、爱科学的情感，培养诚实、自信、好问、友爱、勇敢、爱护公物、克服困难、讲礼貌、守纪律等良好的品德行为和习惯，以及活泼开朗的性格。培养幼儿初步的感受美和表现美的情趣和能力。"这鲜明地反映出新的儿童发展观和幼儿教育观正在融入幼儿园课程和教学领域，是新时期素质教育思想的具体体现。

二、深化幼儿园课程理论研究

随着《幼儿园工作规程（试行）》和《幼儿园工作规程》先后颁布与实施，广大幼教工作者参加课程研究、改革和实践的热情不断高涨，改革参与者的范围扩大，改革内容向多个教学领域拓展，改革过程向幼儿教育的多重环节延伸，幼儿园课程改革真正具有了广泛性、全面性和整体性。20世纪90年代中后期，我国幼儿园教育和课程改革向全面和纵深两个维度继续推进和发展。

为了真正探求幼儿教育的实质和幼儿园教育的客观规律，幼教界的专家学者们继续围绕幼儿教育的目标、幼儿园课程本质和理论基础、幼儿园课程的特点、教育内容的选择、教育活动的组织与设计等一些幼儿园课程教学中最基本的理论问题展开了深入的研究和讨论。[1] 其中，围绕"幼儿园究竟应该教些什么"和"应该怎样教"，王明辉、皮军功、顾荣芳等人陆续对幼儿园语言教育、科学教育、美术教育、道德教育和健康教育多个教学领域的目标、内容和手段

---

① 石筠弢：《90年代我国幼儿园课程改革和发展的特点》，载《幼儿教育》，1998（10）。

等问题展开了一系列热烈的讨论。通过这些研究和探讨，学界基本达成共识：在课程目标和内容方面，幼儿教育不仅要关注幼儿系统知识和技能的发展，更要关注幼儿情感、态度和各种意识与能力的培养；幼儿园课程不仅包括"课程表"上计划好的教育内容，幼儿园环境的规划、教育环境的创设等一些计划之外的"隐性课程"对幼儿发展同样具有重要作用；幼儿教育要把培养幼儿的基本素质作为中心任务，为幼儿的可持续发展奠定良好的基础；在课程组织和实施方面，要符合年龄特点，遵循幼儿发展的规律，以活动作为幼儿园课程的基本组织形式，并把游戏确定为实施幼儿教育的基本活动，改变以往按照教材坐在教室"上课"的课程模式，强调幼儿教育和课程活动的主动性、愉悦性。[①]

三、幼儿园课改理论研究与实践探索相结合

我国幼儿园课程改革坚持理论研究和实践探索并进，即以课程理念指导课程实践，实践探索检验和提升课程理论。

为了使 20 世纪 80 年代以来课程改革取得的理论成果"落地"，在 20 世纪 90 年代初期，国家开展了一系列宣传讲座，以使理论工作者提倡的新思想、新理念进入广大幼儿教育实践群体中。1990 年5 月 19 日至 30 日国家教委基础教育司在中国教育电视台举办了"幼儿园教育"系列电视讲座，以配合法规的贯彻实施。电视讲座请到了北京师范大学、南京师范大学、华东师范大学以及上海市教育局的部分教师和行政干部，围绕教育目标、保教结合、活动与幼儿发展、教育活动、教师作用等专题发言，还播放了上海市幼儿园教育片段录像。[②] 这些宣传实践活动对当时推动幼儿园课程改革理论指导幼

---

① 石筠弢：《90 年代我国幼儿园课程改革和发展的特点》，载《幼儿教育》，1998(10)。

② 朱永新、冯晓霞：《中国教育改革大系·学前教育卷》，200 页，武汉，湖北教育出版社，2016。

儿园一线教育实践起到了一定的积极作用。

　　为了反映新时期幼儿教育的变化，准确传递《幼儿园工作规程》精神，总结推广课程改革经验，人民教育出版社组织全国几十位专家，经过3年努力，按领域来划分、组织幼儿园课程，编辑出版了一套名为《幼儿园教育活动》的幼儿园教师指导用书。北京师范大学出版社、南京师范大学出版社以"教育活动"作为课程的基本组织形式，分别出版了《幼儿园目标与活动课程》《幼儿园课程实施指导丛书》；其中，南京师大版丛书也采用了领域课程的划分方式。

　　在幼儿园课程实践探索方面，20世纪90年代广大幼儿园教师积极参与课程研究的各个领域，与教育理论工作者共同研究幼儿园课程的改革和实践。全国许多地方的高校科研机构联合当地幼儿园，合作开展了多种形式的幼儿园课程改革实验研究。主要研究有：南京师大和南京市鼓楼幼儿园的"活动教育课程中的小组活动教育"，上海市静安区的"幼儿园游戏课程研究"，上海市宝山区的"幼儿园情感课程研究报告"，无锡市实验幼儿园的"幼儿园'生活、学习、做人'课程的研究"，长沙师范的"农村一年制学前班课程实验报告"。①

　　这些在当时以彻底破除分科教学模式为目的的众多幼儿园课改实验和课程模式，同样引起过学界激烈的争论和深刻的反思。人们逐渐意识到，全盘废弃过去的教学模式而嫁接有某种"理论依据"的课程模式也是不合适的改革举措。1994年底，北京师范大学学前教育专业和北京市教科所受中国学前教育研究会委托，召开了现代学前教育基本理论研讨会，研讨幼教改革中大家关心的一些问题，特别是学前教育的基本理论问题。这次研讨会的重点指向当时风靡业

---

① 唐淑：《幼儿园课程基本理论和整体改革》，375页，南京，南京师范大学出版社，1998。

界的各种课程模式。[①] 北师大祝土媛在会上报告中指出，当前课程改革中，很多幼儿园往往不考虑实际情况照搬课程模式，只注重形式的变革而不注重教育观念和行为的变革，建议对国外的理论和做法要有选择地吸收，加强对各种课程模式的理论分析和应用研究。[②]

四、面向 21 世纪和现代化的幼儿园课程改革

20 世纪 90 年代是我国教育要面向现代化、面向世界、面向未来的奠基期和过渡期。《中国教育改革和发展纲要》指出："形成具有中国特色的、面向 21 世纪的社会主义教育体系的基本框架。再经过几十年的努力，建立起比较成熟和完善的社会主义教育体系，实现教育的现代化。"为了彰显时代和社会文化的特殊性，更好地迎接和顺应 21 世纪的到来，我国学前教育界在 20 世纪 90 年代后期提出了中国化、科学化和现代化的课程改革思路，进一步提升和完善我国幼儿园课程理论研究，推动我国幼儿园课程改革迈上新的历史台阶。中国化、科学化、现代化的幼儿园课程发展思想是由南京师范大学虞永平教授在 1996 年发表的文章中提出并做出相关阐释的。中国化指我国幼儿园课程应当由生搬硬套他国课程理论和课程模式转变为考虑我国社会文化背景和幼儿园发展实际，进行批判性吸收和本土化实践的自主式发展，使其真正适宜我国社会文化和幼儿教育的发展。科学化指幼儿园课程改革的发展离不开相关学科理论的支持和指导，幼儿园课程理论革新需要加强与相关学科理论之间的联系，应当积极关注和借鉴相关学科的发展成果，自觉地从相关学科中吸取有益的东西以牢固理论根基，进而加深和拓展自身理论研究的深度和广度，增强学科发展的科学性。现代化指幼儿园课程应当顺应

---

① 朱永新、冯晓霞：《中国教育改革大系·学前教育卷》，202 页，武汉，湖北教育出版社，2016。

② 皮军功：《"现代学前教育基本理论研讨会暨〈学前教育研究〉组稿会"纪要》，载《学前教育研究》，1995(1)。

未来教育改革和发展的潮流，把握社会和时代的发展方向，在幼儿园课程理论、思想、目标、内容及手段等方面关注 21 世纪和现代化的要求，以研究和探索出服务于现代化幼儿教育发展的幼儿园课程体系。[①] 关于幼儿园课程的现代化，华南师范大学袁爱玲教授于1999 年发表文章指出，在社会现代化和教育现代化的新要求下，幼儿园课程应从课程目标、课程内容、课程编制、课程评价多个方面进行调整和改革。幼儿园课程现代化的具体要求有：第一，课程目标要将实现人的最大发展与促进社会经济文化的健康进步纳入考虑范围，坚持将多种课程理论流派和价值取向整合起来；第二，课程内容的选择和组织要处理好系统知识和直接经验的关系、掌握知识和发展智能的关系、课程的统一性和多样性的关系、显性课程和隐性课程的关系，把握好课程内容各方面的平衡，尤其在课程内容的编排和组织上，要处理好纵向组织与横向组织、学科的逻辑顺序和儿童的心理顺序、直线式和螺旋式三对关系；第三，在 21 世纪的幼儿园课程改革中应加强对课程评价这一薄弱环节的研究，形成完整的幼儿园课程评价体系。[②] 总的来说，20 世纪 90 年代幼儿园课程改革在理论研究上更加深入和系统，取得了丰硕的理论成果，进一步促进了我国幼儿园课程与教学的学科发展。到 20 世纪 90 年代末至21 世纪初，我国幼儿园课程改革呈现出多元化、现代化的发展态势，多种形式的幼儿园课程格局逐步形成，国家课程、地方课程、园本课程三级幼儿园课程并存，开创了我国幼儿园课程改革的新局面。

第三节　幼儿园课程全面发展

2001 年教育部颁发《幼儿园教育指导纲要（试行）》，标志着我国

---

① 虞永平：《学前教育课程研究漫议》，载《学前教育研究》，1996(3)。
② 袁爱玲：《幼儿教育课程现代化是跨世纪的任务》，载《学前教育研究》，1999(3)。

学前教育事业进入了崭新的发展阶段。该文件遵循 20 世纪 90 年代《幼儿园工作规程》精神，反映了新时期的教育观念、教育原则与教育内容，指导着今后学前教育的发展方向。全国各地在落实细则的过程中采取了多种方式，课程改革广泛开展并积累了工作经验，为推进幼儿园课程与教学的研究与实践打下了坚实的基础。

一、《幼儿园教育指导纲要（试行）》的指向与留白

改革开放以来，我国基础教育取得了显著成就，素质教育全面推进，但仍存在总体水平不高，地方发展不平衡等问题。1999 年年初国务院批转了教育部制定的《面向 21 世纪教育振兴行动计划》。该计划是在教育战线落实"科教兴国"伟大战略的具体措施，提出实施"跨世纪素质教育工程"，从幼儿阶段抓起，以科学的方法开发幼儿智力，培养幼儿健康的体质、良好的生活习惯、活泼开朗的性格与求知的欲望。2001 年《国务院关于基础教育改革与发展的决定》及《基础教育课程改革纲要（试行）》印发，两个文件都要求大力推进符合素质教育要求的基础教育课程体系的构建。同年，为推进幼儿园实施素质教育，全面提高幼儿园教育质量，教育部根据党的教育方针及《幼儿园工作规程》，吸取各省市学前教育纲要的制定经验，发布了《幼儿园教育指导纲要（试行）》，要求各地教育行政部门充分重视《幼儿园教育指导纲要（试行）》的实施工作，组织幼儿教育者学习和理解该文件的指导思想和基本要求，并依据本地具体情况制定实施方案。

《幼儿园工作规程》涉及的幼儿园工作面较广，《幼儿园教育指导纲要（试行）》将其中的第四章"幼儿园的教育"展开并具体化，可以将其看作《幼儿园工作规程》的下位文件，是连接《幼儿园工作规程》与教育实践的桥梁。[①]《幼儿园教育指导纲要（试行）》共包含总则、教

---

① 李季湄：《〈幼儿园教育指导纲要（试行）〉简析》，见《〈幼儿园教育指导纲要（试行）〉解读》，9 页，南京，江苏教育出版社，2002。

育内容与要求、组织与实施以及教育评价四部分。总则突出了幼儿园教育为终身教育打基础的观点，体现了时代精神。1996年联合国教科文组织的《教育——财富蕴藏其中》正式提出"终身教育"的概念，将其称为"进入21世纪的一把钥匙"。这一观点影响了全世界的教育价值取向，也深化了对幼儿园教育的认识。虽然终身教育的理念得到广泛认同，但是如何将对幼儿园的认识从小学预备阶段转变为人生学习初始阶段，如何让幼儿园教育为幼儿一生的可持续发展打下基础①，还需要在实践中进行摸索与改革。《幼儿园教育指导纲要（试行）》中各领域的目标、内容、实施等都体现了培养幼儿终身学习能力的要求，例如，该文件明确了选择教育活动内容时要遵照"既符合幼儿的现实需要，又有利于其长远发展"的原则，在各领域目标的表述上也较多使用"体验""感受""喜欢""乐意"等词汇。《幼儿园教育指导纲要（试行）》的"教育内容与要求"部分按教师所熟悉的健康、语言、社会、科学和艺术五大领域进行划分。相比于1981年《幼儿园教育纲要（试行草案）》关注各年龄段幼儿需要掌握的各学科的具体知识与技能，《幼儿园教育指导纲要（试行）》指出各领域"追求什么、做什么、怎样做"②，为课程提取了存在于各领域的结构框架，即关于世界的浅显而基本的知识经验，关于基本活动方式的行动经验（"做"的经验），关于发展智力、提高基本能力的经验，以及关于对待世界和活动的态度（情意方面的经验）。③《幼儿园教育指导纲要（试行）》突出了教育培养幼儿情感、态度、能力的取向，但也没有走向在幼儿园教育改革中一味批判"重知识、轻能力"的极端，注重必要知识技能的学习，从关注幼儿"该学什么"转变为将教育内容、教育环境、

①② 李季湄：《对〈幼儿园教育指导纲要〉中几个基本观点的理解》，载《学前教育研究》，2001(6)。

③ 冯晓霞：《新〈纲要〉的知识观与幼儿园课程内容》，见《〈幼儿园教育指导纲要（试行）〉解读》，70页，南京，江苏教育出版社，2002。

教师任务、儿童活动与儿童发展融为一体[1]，体现了新知识观和培养幼儿终身发展所需的基本素质的教育要求。此外，《幼儿园教育指导纲要（试行）》围绕"教育评价"进行要点说明，要求对幼儿发展状况的评估应避免重知识技能、忽略情感能力的倾向，采用多样化的发展性评价了解幼儿，使评价服务于教学指导与课程改进。这既呼应了《幼儿园教育指导纲要（试行）》中的教育原则、教育内容，也将评价纳为学前课程建设的重要环节。

《幼儿园教育指导纲要（试行）》为广大幼教工作者提供了将《幼儿园工作规程》的教育思想和观念转化为教育行为的方向。作为国家管理幼儿园教育的宏观文件，《幼儿园教育指导纲要（试行）》虽无法为幼儿园教师提供直接的操作指导及规定，却能为幼儿园根据自身实际情况制定教育工作细则、发展课程提供空间。

二、课程改革问题的讨论与实践

（一）预设课程与生成课程的讨论

在《幼儿园教育指导纲要（试行）》的改革导向和国外教育理念的影响下，幼儿园加大了课程改革的力度，力图在课程中进一步改变教师中心的现象，更多关注幼儿的兴趣和需要，关注幼儿的个别差异和不同的发展要求。与此同时，新理念也带来了新挑战，预设课程与生成课程成为讨论的热点话题。

预设课程的基础是泰勒原理，是目标模式的课程范式，围绕课程目标的确定、实现与评价进行教育方案的制定，以有效控制教育过程的每个步骤。这种课程编制模式反映了 20 世纪初期现代工业和科学技术发展下崇尚科学的时代精神，推崇知识的客观性和教育的科学化。目标导向下的课程与教学以教师、教案为中心，忽视学生

---

[1] 冯晓霞：《新〈纲要〉的知识观与幼儿园课程内容》，见《〈幼儿园教育指导纲要（试行）〉解读》，66 页，南京，江苏教育出版社，2002。

的主体性、兴趣与需要。在后现代主义教育思潮下，学者对预设课程进行反思，认为课程是师生共同学习、共同建构的一种过程模式，是"生成"的，要求教师淡化课程目标的预设，判断幼儿的兴趣与需要及其价值，不断调整活动以促进更加有效的学习。与对预设课程和生成课程的讨论类似，课程实施方面也存在关于"忠实取向、相互适应取向、课程创生取向"三个取向的讨论。20 世纪 80 年代以前，忠实性的价值取向占主导地位，但研究课程变革的实施可以发现，与其说课程是对预定模式直接的实现过程，不如说是一种"讨价还价"的过程，存在着对既定方案进行改变的情况。这种课程变革计划与具体实践情景之间的交互被称为相互适应取向。但学界认为这在本质上只是对课程计划稍事修改，起不了很大的作用，进而呼吁课程创生取向，主张真正的课程需要师生联合创造教育经验，在具体教育情景中创生新的教育经验，既有的课程计划没有被完全抛弃，而作为创生过程中选择经验的工具。①

　　目标模式在我国学前课程编制中长期处于主导地位，反映新理念的过程模式促进了关于课程预成性和生成性的探讨。预设课程受到教育片面化、工业化的批判，生成课程同样有其弊端，即难以系统概括、把握，以及广泛传播经验。对此，有学者指出，幼儿园课程形式更为灵活，实施生成课程相对容易。在世界范围内，意大利的瑞吉欧课程、美国的"自然发生"课程、英国的开放课程等都是幼儿园生成课程成功实施的典型。但考虑到我国幼儿园教师分科教学的培养背景，将生成课程由强调其必然性、合理性转为在现实中落实，还面临许多困难。事实上，预设模式与生成模式虽然在理论上存在对立观点，但在实践问题中二者的对立就不那么突出，二者可

---

　　① 郭芸芸、杨晓萍：《课程创生取向对我国幼儿园课程改革的启示》，载《天津市教科院学报》，2003(5)。

以各施其长，并存并用。① 《生成课程》一书的前言里也提到，自发性和计划性是生成课程的两个侧面，"生成"强调课程生长于幼儿兴趣，需提供幼儿游戏和学习的空间，自发性永远有一席之地；而"课程"表明环境中总需要教师的计划。② 我国学者认为，生成课程并不否认课程的目的性，但不同于预设课程中的目标先于活动，它要求教师在活动中形成目标。李季湄指出，在幼教实践中把握不清目标"在前"向目标"在后"的转变，源于对目标概念的混淆。"必须在前"的目标是教育目标；"在过程中生成"的目标是课程目标，是教育目标在课程领域下的具体化。③

这一时期我国不同幼儿园探索课程编制过程模式的立足点有细微的差别。上海市第二期幼儿园课程改革在编制《上海市学前教育课程指南》的过程中，以处理好儿童生成与教师预设的关系为关键点，最终采用共同性与选择性结合的课程构成方式。共同性课程面向各类幼儿园、全体幼儿，以达成基础发展目标为任务；选择性课程可以因园而异、因人而异，以拓展提高的方向性目标为趋向。目标导向的共同性课程占课程的主要地位。④ 武汉市教育科学研究院编著出版《新世纪幼儿园主题探究课程》作为该市地方课程及教材，为教师建立了相对完整的课程体系，又为教师选择具体教育内容留有余地。在处理课程预设性与生成性的问题时，武汉市幼儿园普遍重视课程计划，但实施课程计划时注重"再设计"，根据幼儿的兴趣与需要及时调整，以此体现课程的弹性空间。青岛市实验幼儿园自 1993年建园起开展了开放教育课程研究，在实践过程中，幼儿园开始思考学习效率以及教师的角色，逐步实现教师"心中有目标"、统筹考

①③ 李季湄：《关于幼儿园课程的几个问题——幼儿园教育目标、课程目标及其课程模式》，载《学前教育研究》，2001(1)。

② [美]伊丽莎白·琼斯、约翰·尼莫：《生成课程》，1 页，上海，华东师范大学出版社，2004。

④ 何幼华：《推进学前课程改革促进学前儿童发展》，载《学前教育研究》，2002(1)。

虑学期目标和周目标来确定发展任务的共识，是独特的由生成性思考预设性的过程。1999年该园编制《开放教育目标方案》后的一段时间里，"有章可循"的弊端逐渐显现。教师过分依赖文本，忠实执行教案，忽略幼儿兴趣和需要，开放教育的初心反而被遗忘。幼儿园意识到应当将解决问题的关键放在培养教师的研究意识上。教育能否真实地促进每个幼儿的发展，不在于使用何种课程模式，而是在于教师是否具有正确的教育观、儿童观，"与其简单地评价优劣，不如更多地思考什么样的儿童适合什么样的课程，我国现实的条件下，综合利用多种课程模式，注意扬长避短，也许是比较合理可行的"[①]。课程目标不可缺少，过程模式下满足幼儿的兴趣和需要也不是幼儿园教育的终极目标，而是实现教育目标的要求。

（二）地方教材及实施细则的探索

在我国，不同地域及城乡之间的教育情况差异较大，因此国家并没有采取行政手段统一课程。不同地区自行编写幼儿园教材，架设使《幼儿园教育指导纲要（试行）》的理念通向实践的桥梁。多年来，地方统一的幼儿园教材忽略幼儿园的不同层次和教师的不同水平，设定同一目标和学习任务。这种高度结构化的教材教育内容陈述详尽，活动材料交代具体，在学前教育课程改革初期有助于广大幼儿教师学习、操作。但随着课程改革理念和教师队伍的发展，统一教材在指导课程实施时难以帮助教师改变自己的教育行为，难以发挥教师的能动性和创造性，也难以适应新时期生成课程对教育满足不同幼儿需要的要求。对此，朱家雄指出两种解决方式：一是摈弃统一教材，由教师自主设计课程，最大程度地适合其教育对象；二是

---

① 李季湄：《关于幼儿园课程的几个问题——幼儿园教育目标、课程目标及其课程模式》，载《学前教育研究》，2001(1)。

将"为教师提供教材"转变为"给教师提供操作平台"。① 前者对教师水平要求较高，且需要付出较多精力；后者的"操作平台"相比教材，淡化了教育目标，增强了教育内容的可变性，降低了课程结构化程度，为教师留有选择和生成活动的空间，让生成性课程的落实更具可行性。上海市《幼儿园教师用书》、福建省《幼儿园教师用书》以及四川省《幼儿园教师参考用书》都采用结构化程度较低的编写方式，以"内容与要求"的形式陈述活动目标且较为宽泛，以"活动建议"的形式表述活动内容并具有弹性。福建和四川都将教师用书划分为结构化高的"领域活动"和结构化低的"主题活动"两部分，供教师根据教育资源和对象等因素进行选择。这类材料允许教师在"操作平台"上进行创造性工作，改变幼儿园课程和教育活动的结构化程度，以适合不同地区、不同水平的幼儿园和幼儿，帮助跨越阻拦幼儿园课程改革进程的鸿沟，实现幼儿园课程改革的目标。② 除了编写教材，各地还将《幼儿园教育指导纲要（试行）》的目标细化到年龄段目标，来落实《幼儿园教育指导纲要（试行）》实施细则。2005 年联合国儿童基金会启动"遍及全球"项目，帮助发展中国家制定儿童早期学习与发展标准，形成按年龄特点和规律进行教学的观念。中国政府也加入了该项目，将各省市落实《幼儿园教育指导纲要（试行）》的工作成果推向更高层次，直接推动了《3～6 岁儿童学习与发展指南》的编制。

（三）幼儿园课程模式的探索

《幼儿园教育指导纲要（试行）》中"一纲多本"的思想让幼教界有了更加开放的心态。在地方课程下，幼儿园有很大的课程自主权，纷纷参与课程研究，吸收新信息以使课程符合本园儿童发展的需要。20 世纪末中外交流增多，皮亚杰、维果斯基等学者的理论和瑞吉欧

①② 朱家雄：《从三套新编教师用书看我国幼儿园课程改革与发展》，载《幼儿教育》，2004(3)。

课程、高瞻课程等课程模式不断被引进，陶行知、陈鹤琴、张雪门等教育家的理念也被再次赋予活力，多元的理论与实践对这一时期幼儿园课程研究产生了持续影响。这一时期幼儿园的课程意识不断增强，与地方高校、科研机构深入合作，逐渐形成了许多富有个性的课程模式。以多元智能理论和非普遍性发展理论为基础的光谱方案指导了我国幼儿园和谐发展课程方案的研究。瑞吉欧课程模式、高瞻课程模式、蒙台梭利课程模式的本土化研究也在多所幼儿园开展。田野课程的探究源于陶行知的"生活教育"理论、"教学做合一"思想和西方方案教学的课程经验，设计利用本园资源、符合本园实情的课程。陈鹤琴的五指活动方案与《幼儿园教育指导纲要（试行）》的五大领域相通，也在实践中进行了深入探索。渗透式领域课程和主题活动课程在原有领域课程的基础上加强领域间的渗透，促进儿童的全面发展。生态式融合课程则以审美教育为突破口，其教育内容以人类认识世界的三大领域（社会、科学、艺术）为主。此外，反映本地文化特色的园本课程也被广泛探索。但这一时期课程模式实践繁荣的背后，是过于强调"模式"与"先进理论"及追求"模型"的大规模推广。20世纪80年代以来西方儿童发展理论，如维果斯基的最近发展区理论、加德纳的多元智能理论以及建构主义理论等，对我国幼儿园课程改革起着重要的价值导向作用。人们开始习惯于认同某种"正确的教育理念"或儿童发展理论，并将其运用于课程模式的建设中。对此，朱家雄认为，并不存在被所有人认同的"正确教育理念"，不同国家、文化、地域和时代背景下的教育价值取向是不尽相同的，幼儿园课程不应完全建立在某种发展理论的基础之上，还应充分尊重社会文化的影响与作用。[1] 因为教育实践是发生在情境中、关系中的活动，被到处推广的"模式"一旦脱离了背景，就容易失去

---

[1]　张爱华、晓黛：《幼儿园课程改革的文化诉求——华东师范大学朱家雄教授访谈录》，载《教育导刊（幼儿教育）》，2007(2)。

生命力。另外，构建园本课程成了园长、教师自己写作和出版课程
教材的渠道，幼儿教育一线工作者在热衷于推出特有课程模式时忽
视了自己原本应当做的工作，造成出版的教材除了自己使用，对别
人根本无用的尴尬情况。① 李季湄在 2005 年全国实施《幼儿园教育指
导纲要（试行）》经验交流会上也指出，幼儿园不应动不动就要成套
地、系统地推出"课程体系"，热衷于搞大课题，而不重视解决实际
问题，应克制构建庞大体系的欲望，不搞效率崇拜、形式崇拜，重
视过程和细节。② 各地也在长期课程改革中总结了经验，发现实施
幼儿园课程的关键不在于课程本身，而在于教师的专业水平，因为
每个教师的教学行为决定了教室里可以发生哪些变化。③ 渐渐地，
大刀阔斧开发课程的热度稍减，幼儿园更多地研究教师的专业培养
和教室里发生的活动。

三、课程改革的工作经验

（一）"贯彻《幼儿园教育指导纲要（试行）》行动计划"项目

尽管各省市采取多种方式落实《幼儿园教育指导纲要（试行）》实
施细则，但幼儿园情况各异，仍有许多幼儿园缺乏针对性的指导，
面临改革困惑。为使《幼儿园教育指导纲要（试行）》精神在实践层面
落实，教育部基础教育司提出行政与科研联手，成立"十五"重点课
题"贯彻《幼儿园教育指导纲要（试行）》行动计划"项目组，构建了一
支由高校教师、教研人员、一线教师共同组成的项目研究队伍，系
统思考和研究我国幼儿教育事业。该项目与通常的科研项目有所不
同，不以达成专家组设定的项目目标为终结，而要求专家组与实验

---

① 周兢：《幼儿园课程发展多元化和本土化共生的走向（上）》，载《幼儿教育》，2003
（3）。

② 李季湄：《关于〈纲要〉实施中值得注意的几个问题——在全国实施〈幼儿园教育指
导纲要（试行）〉经验交流会上的报告》，载《幼儿教育》，2005（10）。

③ 王雁、朱家雄：《课程——教师——课程——对上海市幼儿园课程改革的反思》，
载《幼儿教育》，2007（5）。

区的行政、教研以及试点园相互配合，帮助幼儿园解决实际问题，提升行动能力。① 来自全国 15 个省（自治区、直辖市）的幼教工作者参与了研究活动，将幼儿园和幼儿教师作为改革的主角，用科研项目的形式指导各试点园（区）发展，以外部专业力量推动幼儿园自主创造。试点园也具有分享信息、辐射示范、以点带面的作用，为更多的幼儿园提供贯彻《幼儿园教育指导纲要（试行）》精神的经验示范。同时，该项目明确要求在教育现场研究自身的教育行为，因此在学习《幼儿园教育指导纲要（试行）》、寻找问题、制定方案、实施方案的整个过程中，教师的专业水平也在不断提高②，许多优秀园长和教师在此期间成长起来。

（二）"以园为本教研制度建设"项目

随着新时期幼儿园课程改革工作的全面推进，教师对改革成效的重要影响被广泛关注。幼儿园课程改革追求的目标最终要通过教师教育行为的转变来实现，因此幼儿园教师专业水平的提高是我国幼儿园课程改革的关键。③ 2002 年启动改革培训会提出此次改革要建立以园为本、自下而上的教研工作模式，借助教科研推动教育改革，帮助教师发展，提升教育质量。④ 2006 年，作为"贯彻《幼儿园教育指导纲要（试行）》行动计划"项目的延续，教育部基础教育司委托教育部基础教育课程教材发展中心启动"以园为本教研制度建设"项目，以促进幼儿发展和教师的专业发展为宗旨，以《幼儿园教育指导纲要（试行）》实施过程中教师所面对的各种具体问题为研究对象，

---

① 李季湄：《"〈幼儿园教育指导纲要（试行）〉行动计划"解说》，载《学前教育》，2004（1）。

② 华爱华：《"〈纲要〉行动计划"实施过程中的幼儿园教研》，载《学前教育》，2004（11）。

③ 朱家雄：《我国幼儿园课程改革的应然发展趋向》，载《幼儿教育》，2008（1）。

④ 朱慕菊：《齐心协力做好新时期幼儿教育改革工作——在全国〈幼儿园教育指导纲要（试行）〉培训班上的讲话》，载《幼儿教育》，2002（4）。

以教师为研究主体，通过研究解决教学实际问题，提高幼儿园教育质量，努力把幼儿园建设成为促进教师专业发展的学习型组织。幼儿园成立教研小组，畅通层层研讨的路径，共同梳理一线教师在实践中难以解决的核心问题，在改革过程中同步推进教师的专业发展。以园为本的教研制度为幼儿园教研带来了新的挑战，教研的理念应转向以教师专业素质发展为本，教研的内容也不再局限于讨论教材如何教、"作业课"如何等问题上，而需着眼于幼儿一日生活的任何一个重要环节①，要由展示型、教学型教研逐渐转变为学习型、研究型教研。

第四节　幼儿园课程新近进展

随着社会经济的进步，教育理论和实践得到了长足发展，教育质量稳步提升。《国家中长期教育改革和发展规划纲要（2010—2020年）》明确提出要积极发展学前教育，促进学前教育事业科学发展。2017 年 10 月党的十九大报告中将"幼有所育"纳入新时代中国特色社会主义思想。在党和政府高度重视学前教育事业发展的情况下，我国幼儿园课程在 2010 年后教育改革新时期中快速发展。

一、课程思想的新近变革

（一）幼儿园课程改革的新契机

为了贯彻落实《国家中长期教育改革和发展规划纲要（2010—2020 年）》的精神，2010 年颁布的《国务院关于当前发展学前教育的若干意见》指出，学前教育要"遵循幼儿身心发展规律，面向全体幼儿，关注个体差异，坚持以游戏为基本活动，保教结合，寓教于乐，

---

① 李季湄：《对新时期幼教教研有关问题的思考——在全国"以园为本教研制度建设"项目教研员研修会上的报告》，载《幼儿教育》，2007(9)。

促进幼儿健康成长"。为进一步帮助广大幼儿园教师和家长了解 3～6 岁幼儿学习与发展的基本规律和特点，全面提高科学保教水平，教育部于 2012 年颁布了《3～6 岁儿童学习与发展指南》。一方面，该文件贯彻了"终身教育"和"儿童是自主建构者"的思想，引导关心幼儿发展的各方面，强调儿童的主观能动性，通过讨论这些目标的内涵及其对幼儿当下生活和未来生活的意义，反思当前的教育价值观。另一方面，该文件为儿童发展提出了细致的教育建议，在理论和实践之间搭建了桥梁，对幼儿园课程标准的制定有着重要的指引作用。但这些具体化的目标并不是对幼儿园课程的强制规定，而是一种期望与指导。

为了总结和推广幼儿园课程改革的经验，2016 年教育部颁布了新的《幼儿园工作规程》，标志有计划、有组织的全国性幼儿园课程改革开始，也是对当下我国课程改革经验的总结。新的《幼儿园工作规程》明确规定幼儿园教育的原则和要求，强调幼儿园教育在"德、智、体、美等方面的教育应当互相渗透，有机结合"。在教育目标方面应该"遵循幼儿身心发展规律，符合幼儿年龄特点，注重个体差异，因人施教，引导幼儿个性健康发展"。在教育过程中强调："面向全体幼儿，热爱幼儿，坚持积极鼓励、启发引导的正面教育。综合组织健康、语言、社会、科学、艺术各领域的教育内容，渗透于幼儿一日生活的各项活动中，充分发挥各种教育手段的交互作用。以游戏为基本活动，寓教育于各项活动之中。创设与教育相适应的良好环境，为幼儿提供活动和表现能力的机会与条件。"总体而言，新的《幼儿园工作规程》虽然没有专门提及"课程"，但根据文件的精神，幼儿园一日生活的各项活动都是课程，幼儿园的环境也是课程。新的《幼儿园工作规程》坚持了"大课程"的观点，坚持"教育活动"的提法，让课程具有除"上课"以外更多的内涵。

《教育部等四部门关于实施第三期学前教育行动计划的意见》提

出，为了提升幼儿园的保育教育质量，应该做到："深化幼儿园教育改革，坚持正确的办园方向，尊重幼儿身心发展规律和学习特点，坚持以游戏为基本活动，保教并重，养成良好的品德与行为习惯，锻炼幼儿健康的体魄，激发幼儿探究兴趣，培养积极的交往与合作能力，促进幼儿身心全面和谐发展。建立健全幼儿园保教质量评估体系，推进幼儿园质量评估工作。加强学前教育教研力量，健全教研指导网络。整体提升农村幼儿园教育质量。"这表明当下我国学前教育的核心问题是如何全面提升学前教育，更好地促进儿童全面和谐发展。这也是未来我国学前教育发展的重点研究对象和重点工作。

推进学前教育改革，更好地解决当前面临的问题，全面提升学前教育质量，促进儿童全面和谐发展，是国家发展学前教育的基本要求，也是未来一个阶段需要重点研究和推进的工作。为此，全国各地都在积极推动幼儿园课程改革，多个省（直辖市、自治区）出台了关于幼儿园课程改革和发展的相关政策。

例如，江苏省进行了有关幼儿园课程游戏化的探索。2014 年，江苏省教育厅联合财政厅下发《关于开展幼儿园课程游戏化建设的通知》，要求整体推进课程游戏化建设。2016 年，江苏省发布了《关于公布 2016 年幼儿园课程游戏化建设项目的通知》，要求大力推进区域内幼儿园硬件建设到位、师资配备到位、财政经费拨付到位、规范管理到位（含公办幼儿园独立法人管理）；市、县两级教科研部门要充分利用项目建设、研究和推进，带动区域内各级各类幼儿园的课程游戏化建设，通过项目实施建设高素质的教育科研队伍、骨干教师队伍和教育管理队伍。2017 年，《浙江省教育厅关于全面推进幼儿园课程改革的指导意见》发布，强化"一日生活皆课程"理念，坚持以游戏为基本活动；编制园本化课程方案，完善课程结构；加强课程建设，丰富课程资源；改进课程实施，提高活动实效；深化课程评价改革，提高教育整体质量，促进师幼共同发展。

(二)课程与游戏关系的探讨

2010 年后,《国务院关于当前发展学前教育的若干意见》、《教育部关于规范幼儿园保育教育工作防止和纠正"小学化"现象的通知》、新《幼儿园工作规程》、《教育部等四部门关于实施第三期学前教育行动计划的意见》等文件都强调幼儿园要坚持以游戏为基本活动。但在实践中,如何处理游戏与教学的关系是许多幼儿园工作者苦恼的问题。关于游戏与教学,幼儿园实践主要存在以下三方面问题:其一,未能很好地处理游戏与教学的关系,"羞谈"或"忌谈"教学,以为提教学就是在走小学化的路;其二,游戏组织方式不恰当,存在高度控制和自由放任两个极端倾向;其三,游戏化课程构建缺乏方向和目的,无法真正理解课程游戏化的内涵和覆盖的范围。针对这些问题,有学者提出课程游戏化不是用游戏去替代其他课程活动,其根本目的是要把游戏的理念、游戏的精神渗透到各类课程活动中,促进幼儿健康快乐成长,同时提升教师课程建设水平和课程实践水平。也有学者认为,为了更好地处理游戏与课程的关系,首先要加强教师培训,解决课程游戏化的认识及施教技能问题;其次要加强课程体系建设,明确课程游戏化的方向及内容;最后需要改革教学管理和评价机制,优化幼儿园游戏活动评价。①

浙江省安吉县安吉幼儿园对幼儿园课程与游戏的关系进行了一系列实验。安吉幼儿园的发展经历了三个阶段:第一阶段是没有游戏的阶段,幼儿园教的是小学的知识,幼儿园教师的专业性没有得到体现,社会地位低;第二阶段是假游戏阶段,《幼儿园教育指导纲要(试行)》明确提出"去小学化"后,幼儿园开始坚持以游戏为基本活动,但教师偏向于设计游戏、要求儿童游戏;第三阶段是真游戏阶段,幼教工作者开始反思"吃力不讨好"的原因,思考快乐的游戏到

---

① 丁月玲:《幼儿园课程游戏化的推进策略》,载《学前教育研究》,2015(12)。

底是什么。在真游戏阶段，安吉幼儿园的教师们发现，想要支持儿童自主复杂的真游戏，就必须要让游戏材料满足儿童的需要，满足低结构或无结构、简单、贴近生活、贴近自然等要求。

二、新近课程改革的实施与遇到的问题

（一）幼儿园课程共同体的建立

幼儿园课程改革的关键在于幼儿园教师。幼儿园的一日生活都是课程，教师对课程质量起着关键的作用。然而在农村地区，由于条件艰苦，农村幼儿园难以吸引优秀的师资。最有效的教师培训不是平均用力、齐步推进式的培训，不是"逐个单练""一对一"式的培训，而是从关键点切入，开展以点带面式的培训。这种以点带面式培训能够带动国家基础教育改革效能的持续提升。

2011 年 9 月 5 日，《教育部财政部关于改革实施中小学幼儿教师国家级培训计划的通知》下发，将中西部地区农村公办幼儿园和民办幼儿园园长、骨干教师、转岗教师作为重点培训对象，由中央财政安排专项资金予以支持。农村幼儿园教师整体素质的高低，关系到基础教育质量的好坏。幼儿教师国家级培训计划是一项事关民族未来与国计民生的重大工程，充分显示了国家对农村幼儿园教师专业发展的重视，其实施质量在一定程度上决定着国家学前教育政策意图的顺利实现，是关注教育薄弱环节，促进幼儿园教育均衡发展，缩小城乡幼儿园教师教学差距，实现教育公平，发挥优质幼儿园"示范引领、雪中送炭、促进改革"作用的重要举措。[①] 幼儿教师国家级培训计划要求实践性课程不少于 50%，强化基于教学现场、走进真实课堂的培训环节，也引导地方科学制定幼儿教师培训规划，创新培训模式，完善培训体系，帮助地方全面提高幼儿教师队伍整体素

---

① 张琴秀：《论农村幼师国培计划的意图、理念与模式》，载《教师教育研究》，2013 (4)。

质和专业化水平。但对于幼儿教师国家级培训计划的成果转化，马玲和佟元之认为还存在一些问题，可以从激发受训教师的培训迁移动机、构建良好的幼儿园培训迁移气氛、优化培训前期设计三个维度，采取以下相应解决策略：建立健全考核奖励机制，营造良好转化氛围，创新培训模式，建立幼儿教师专业发展支持服务体系，持续提升幼儿教师能力素质。[①]

《教育部国家发展改革委财政部关于实施第二期学前教育三年行动计划的意见》提出："完善区域教研和园本教研制度，充分发挥城市优质幼儿园和农村乡镇中心幼儿园的辐射带动作用，及时解决教师在教育实践中的困惑和问题。"《教育部等四部门关于实施第三期学前教育行动计划的意见》提出："加强学前教育教研力量，健全教研指导网络。整体提升农村幼儿园教育质量。"这些文件都强调同一区域的幼儿园之间应该形成教研指导网络，发挥示范园、优质园和中心园的辐射带头作用，对片区内其他幼儿园的保教质量产生积极影响。学者们提出在实施过程中应着重关注以下几个问题。

第一，示范园如何带动其他幼儿园的课程建设问题。首先，示范园应在本区域内传播先进的课程理念，诠释其课程观念理念，通过解读其教育经验来阐释教育观；其次，示范园应该依托教研活动，注重教研的多样性和实效性，打造区域性教学研究共同体；最后，示范园应建立支援扶助网络，对课程力量薄弱的幼儿园开展帮扶活动，提供支持性服务。[②]

第二，示范性幼儿园的课程示范作用是否被落实问题。李晓敏、张建忠在对河南省491所幼儿园的调查中发现，示范作用不明显的

---

①　马玲、佟元之：《幼儿教师"国培计划"培训成果转化存在的问题与对策研究——以徐州幼儿师范高等专科学校"国培"项目为例》，载《中国电化教育》，2015(12)。

②　刘厚琴：《浅谈示范性幼儿园如何发挥示范作用》，载《当代教育论坛(宏观教育研究)》，2008(4)。

根源主要是示范活动的督导和激励机制不健全、促进示范活动开展的支持系统不完善、对示范园和示范活动的定位不准确。为促进示范园示范作用的有效发挥，政府首先应健全示范园评估与激励机制，完善开展示范活动的支持系统，激发示范园开展示范活动的积极性和主动性；其次应纠正有关示范园与示范活动的错误观念，正确认识其作用，权衡示范活动的数量与质量，兼顾示范园在传播专业知识与促进教师专业能力发展中的作用。[①]

(二)课程衔接的困惑：幼小衔接与"小学化"

如何让幼儿园更好地与小学进行衔接，且不进入"小学化"的歧途，是幼小衔接中必须处理好的一个问题。

当前幼小衔接中最主要的问题是许多幼儿园以幼儿园教育"小学化"作为幼小衔接的主要方式。[②] 政府的有关文件反复强调幼儿园教育要防止和纠正"小学化"的倾向。2011 年《教育部关于规范幼儿园保育教育工作防止和纠正"小学化"现象的通知》强调，为了遵循幼儿身心发展规律，创设适宜幼儿发展的良好条件，要纠正"小学化"教育内容和方式，整治"小学化"教育环境，严格执行义务教育招生政策，严禁一切形式的小学入学考试，加强业务指导和动态监管，建立长效机制。有学者认为学前教育"小学化"在 20 世纪二三十年代就已经存在。幼小衔接的存在、家长的需要、小学入学年龄的国别差异、儿童的兴趣、现行的考试文化等因素为幼儿教育"小学化"提供了生存空间。缺少幼儿教育"小学化"标准、当代幼儿园师资水平低、缺乏合理政策等因素增加了幼儿教育"小学化"问题解决的难度。目前的专业和法律实践都存在一定的不足，可以尝试在学前教育制度上进行探索。

---

① 李晓敏、张建忠：《示范性幼儿园示范作用发挥现状与存在问题探析及其完善建议》，载《学前教育研究》，2016(5)。

② 杨文：《当前幼小衔接存在的问题及其解决对策》，载《学前教育研究》，2013(8)。

除"小学化"外，近年来一些研究者也从不同角度关注了幼小衔接问题。李召存认为幼小衔接研究的话语体系主要是由成人研究者建构起来的，体现出了较为明显的实证主义研究范式倾向，而他的幼小衔接研究是基于儿童视角的，尝试在诠释现象学的研究范式下，通过描述作为当事人的儿童在幼小衔接过程中的生活体验和意义感受，对幼小衔接的本质内涵进行再概念化，重新建构对幼小衔接过程中儿童生活经验的理解。① 李德明、谢利民针对幼小衔接数学教学进行了研究，发现当前很多幼儿园或小学的衔接式教学过于单一，没有达到社会及家长的要求，产生了学前教学目标"小学化"、课程教学内容成人化、教学过程功利化、儿童升学评价单一化等诸多问题。② 金晓芳针对幼小衔接的语文游戏教学进行研究，认为游戏教学是一种适合低龄儿童的有效教学方式。教师在教学中可以通过课中操创设涨落有序的学习空间，通过设趣、激趣和逗趣开发形式多样的游戏资源，通过创设情境唤醒孩子的"情节记忆"，通过游戏、情绪、秩序、习惯以及儿歌等措施实现游戏和学习的和谐交融，以有效提高幼小衔接期语文教学的成效。③

(三)园本课程建设中的问题

幼儿园是幼儿园课程研究和实践的主体，因此园本课程的构建成为当前幼儿园园所建设和教育教学改革中越来越重要的内容。得益于国家扶持学前教育的政策，幼儿园教师获得越来越多的机会到各地参观和学习，同时各种外来幼儿园课程理论不断冲击着国内各地的办园理念，各种园本课程参差百态，不断涌现。目前国内幼儿园园本课程建设中存在盲目架构课程、随意拼凑课程、简单贴牌课

---

① 李召存：《论基于儿童视角的幼小衔接研究》，载《全球教育展望》，2012(11)。

② 李德明、谢利民：《幼小衔接数学教学的"问题化"分析》，载《教育学术月刊》，2012(5)。

③ 金晓芳：《幼小衔接语文游戏教学策略探讨》，载《课程·教材·教法》，2010(5)。

程等问题。樊人利认为幼儿园必须批判并抵制这些功利化做法，回到园本课程建设的初衷，坚持园本课程建设必须根植于园本文化的土壤，必须服务于儿童的生命成长，必须以游戏精神为引领，尊重儿童的学习方式。[1] 陈白鹭提出充分挖掘和利用本土文化资源是建设园本课程的基本策略。幼儿园应在广泛收集本土文化资源的基础上，根据儿童的兴趣，形成富有地方文化特色的系列主题活动，同时努力营造园内本土文化氛围，充分利用家长与社区资源，给予幼儿积极的影响与持续有效的支持。在具体实施过程中，幼儿园教师应尽力提供真实的学习环境，注重培养幼儿合作探索与创造的能力，最终实现传统文化与现代教育观的完美融合。[2]

---

[1]　樊人利：《当前园本课程建设存在的问题及其解决策略》，载《学前教育研究》，2015(11)。
[2]　陈白鹭：《利用本土文化资源建设园本课程的基本原则与要求》，载《学前教育研究》，2010(12)。

第六章

0～3 岁早期教育服务的政策与实践

脑科学和心理科学研究表明，婴儿期是儿童发育最快、各种潜能开发最为关键的时期。比如，婴儿在 3 个月的时候就可以进行多种学习活动，1 岁的婴儿即可辨别物体的数量、大小、形状、方位，并开始进入正式的语言学习阶段，在短短两三年里便可以初步掌握本族的基本语言，婴幼儿还具有很强的模仿力、想象力、创造力。若在这个时期给予婴幼儿科学、高质量的早期教育，可大大激发幼儿的学习潜能，提高幼儿的学习能力，为幼儿的终身发展创造一个良好的开端。意大利著名教育家蒙台梭利在其著作中指出，儿童 3 岁之前的生长发育会影响其一生的发展变化：孩子成年后的性格基本上在 3 岁之前就已经定型；脑细胞组织的发育在 3 岁之前就已完成 60%；3 岁之前也是儿童感知觉、记忆、思维发展的敏感时期。[①] 美国学者布鲁姆进行了 20 年的追踪研究，发现儿童智力开发得越早，其潜能开发得越彻底，1～3 岁是人智力发展最迅速的时期。2016 年发布的《柳叶刀》系列《促进儿童早期发展：从科学理论到推广普及》提供了有力的证据，证明 0～3 岁这一发展时期十分重要，在

---

① ［意］蒙台梭利：《3 岁决定孩子一生 1：蒙台梭利早期研究法》，北京，朝华出版社，2008。

这一阶段为儿童提供关爱与照料，能够提高儿童的生存率，使他们更加健康地成长，并在认知、语言、情感和社会能力等方面获得更好的发展；同时指出，因错过 0～3 岁这一关键时期而受到发育迟缓影响的儿童，成年后的年收入可能比平均年收入少 26%。

科学的早期教育同样对社会的发展进步具有推动作用。早期教育被认为是一种最省钱且回报率最高的公共投资，诺贝尔经济学奖获得者詹姆斯·赫克曼教授在促进人力资本的政策中证实了早期教育投资的高回报率，他通过研究得出结论：其他条件相同的情况下，在幼儿期对一个人投资 1 美元，要比在幼儿期之后对一个人投资 1 美元的收益更大。新西兰学者发现，早期教育可以紧密亲子关系，减轻母亲的工作和生活压力，提高父母的受教育程度或培训水平，改善就业情况。[1]

0～3 岁的婴幼儿虽然发展变化迅速，且自身有巨大的学习潜能，但这种发展特点只能说明婴幼儿有很大的发展可能性，要想将婴幼儿这种发展的可能性变为现实，需要成年人为其提供适应发展的良好环境以及高质量的早期教育。研究表明，早期教育对幼儿的发展具有重要影响，早期教育状况在很大程度上可以预测儿童将来的认知、语言和智力发展水平。[2] 单调、贫乏的环境刺激和适宜学前教育的缺乏会造成儿童认知方面的落后。一项关于孤儿院儿童与正常家庭儿童的比较研究发现，如果在婴幼儿时期缺少恰当的抚育与学习机会，将会使儿童的智力发展受到压抑、迟滞。当前，随着社会和科学不断向前发展，早期教育的重要意义及作用逐渐为人们所重视，家长对于早期教育服务的需求已不再停留在浅层面地解决儿童

---

[1] Gordon Cleveland and Michael Krashinsky，"Financing ECEC Services in OECD Countries"，http：//www. oecd. org/education/innovation-education/28123665. pdf，2018-06-30.

[2] 庞丽娟、胡娟、洪秀敏：《论学前教育的价值》，载《学前教育研究》，2003(1)。

照看问题，而是直指高质量的早期教育服务，不让孩子输在起跑线上。

0～3岁婴幼儿入托问题涉及千家万户，已成为重要民生问题，更是国家乃至国际社会可持续发展的问题。改革开放以来，我国0～3岁早期教育事业经历了国家重视、恢复振兴，社会化、市场化，公共与私人市场并举、重回公益性三个重要阶段。近几年0～3岁早期教育问题逐渐成为社会热点，国家重视，相关政策不断出台，但由于我国0～3岁早期教育公共服务发展总体基础薄弱，目前仍存在数量短缺、结构失衡、质量良莠不齐等问题。如何加快构建0～3岁早期教育服务体系，满足人们日益增长的多元化早期教育服务需求，是新时代学前教育改革面临的现实命题。如何解决现阶段问题以更好地实现"幼有所育"？我们可以从早期教育事业发展轨迹中寻找线索。

第一节 0～3岁早期教育政策与实践发展脉络

一、1979年至20世纪80年代中期：国家重视，早期教育事业恢复且快速发展

这一时期是0～3岁早期教育事业发展的回升期，"文化大革命"结束，国家提出要重视发展托儿所，"优生优育"观念兴起，早期教育事业重新得到发展。这一阶段我国的早期教育服务仍为集体福利的形式，以工作组织和生产组织为提供主体，以政府提供作为补充。

受到"文化大革命"的严重影响，20世纪70年代我国早期教育机构数量大幅减少，房屋被挤占，设备遭破坏，保教人员因被批斗而大量流失，0～3岁早期教育事业的发展出现停滞甚至是倒退。"文化大革命"结束，人民群众对0～3岁早期教育的需求日益增长，党中

央和政府提出要重视发展托幼园所。1979 年 6 月，第五届全国人民代表大会第二次会议上在《政府工作报告》中指出要十分重视发展托儿所、幼儿园，加强幼儿教育。之后教育部、卫生部、国家劳动总局、全国妇联等 13 个单位联合召开全国托幼工作会议，会议建议由国务院设立托幼工作领导小组，以加强对托幼工作的领导。同年 10 月，中共中央、国务院转发了《全国托幼工作会议纪要》，并指出："加强对婴幼儿的保健和教育工作，培养体魄健壮、品德良好和智力发达的后一代，是关系到国家和民族前途的根本大计，各级党委和各级政府应关怀和重视托幼事业，积极抓好这项工作。"全国托幼工作明确了"坚持'两条腿走路'的方针，恢复、发展、整顿、提高各类托幼组织"。会议强调托幼事业是社会性的事业，需要全党全社会的重视和关心。

国务院托幼工作领导小组成立，国务院副总理任组长，办公室设在全国妇联。从 1979 年 7 月全国托幼工作会议召开至 1980 年年底，全国 29 个省（直辖市、自治区）建立了托幼工作领导机构和办事机构。① 与此同时，仅 1 年时间，全国入托儿童由 1979 年的 302.7 万人增加到 1980 年的 334.8 万人②，我国 0～3 岁早期教育事业有了较大发展。

1981 年 6 月，卫生部颁布了《三岁前小儿教养大纲（草案）》，具体提出了托儿所教养工作的教养目标、原则、内容和要求。1987 年国务院办公厅转发国家教委、国家计委、卫生部等部门《关于明确幼儿教育事业领导管理职责分工的请示》，提出幼儿工作对提高我国人口素质有重要意义，对此也要予以重视和加强。

1979 年至 20 世纪 80 年代中期，国家积极介入婴幼儿照护的安

---

① 《吴全衡同志在全国托幼办公室主任会议上的总结发言》，载《妇女工作》，1981(1)。

② 《陈慕华在全国托幼办公室主任会议上的讲话》，载《妇女工作》，1981(1)。

排工作。从党和国家领导人到妇女运动领导者都对幼儿照顾问题给予了高度关注，全国人大会议、妇女工作会议均对托幼工作议题进行了多次讨论，党和国家领导人在不同场合强调了国家干预托幼服务的重要性，逐步形成共识，即托幼工作是"国事"，是社会性事业。在这一阶段，国家承担了托幼服务的绝大部分成本费用，政府不仅利用财政支出直接举办少量公有托幼机构，而且为企事业单位举办的托幼机构进行多种间接投入[①]，这一时期家庭承担的费用所占比例非常低。

二、20 世纪 80 年代末至 2010 年：0～3 岁早期教育服务社会化、市场化倾向突出，托儿所逐渐萎缩，儿童照顾责任回归家庭

这一时期 0～3 岁早期教育服务发展走向社会化、市场化，福利性降低，受经济体制改革的社会转型大背景的影响，企业或机关办的托儿所萎缩甚至消失，0～3 岁早期教育服务不再是单位提供的福利，变为需要家长付费购买的服务。在国家政策话语中，儿童照顾责任回归家庭，家庭的早期教育指导逐渐受到关注。

20 世纪 80 年代末，中国进入了以社会主义市场经济为主要特征的改革时期，0～3 岁早期教育服务事业也深受影响。在计划经济年代，单位不仅是进行经济活动的经济组织和国家对社会进行管理的政治组织，它还是代表国家为职工及其家庭提供多功能社会生活服务的社会组织，从生老病死到婚丧嫁娶无所不管[②]。根据《人民日报》报道，当时全国 22 个省（直辖市、自治区）共有各类托儿所、幼儿园 98.8 万个，入托儿童 3 400 多万人，入托率为 28.2%。这一时期，托儿所种类复杂，分属不同部门管理。厂矿托儿所由厂矿行政、工会组织、妇女组织共同指导；农村托儿所归地方领导；街道托儿

---

① 张亮：《中国儿童照顾政策研究》，博士学位论文，复旦大学，2014。
② 金一虹：《"铁姑娘"再思考——中国"文化大革命"期间的社会性别与劳动》，载《社会学研究》，2006(1)。

所属于街道办事处；市、区立托儿所由卫生部门领导管理；机关、学校托儿所归属于各自的单位。[①]

　　而受社会转型影响，20 世纪 80 年代末，单位职能开始发生转变，福利保障功能弱化。1984 年，党的十二届三中全会通过的《中共中央关于经济体制改革的决定》中提出"增进企业活力"是经济体制改革的中心环节，由单位提供的各种福利项目逐渐转为由其他社会组织承担，0～3 岁早期教育服务便是其中之一，大量的企业办的托儿所幼儿园倒闭或收归市场。1988 年，国家教委等八部门联合制定的《关于加强幼儿教育工作的意见》明确指出："养育子女是儿童家长依照法律规定应尽的社会义务，幼儿教育不属于义务教育，家长送子女入园理应负担一定的保育、教育费用。"至此，0～3 岁早期教育服务由原先的职工福利转变为家长付费购买的服务，照顾儿童的责任回归家庭。教育部教育统计报告显示，2005 年相较于 2000 年，短短5 年间集体性托幼机构减少 56 668 所，锐减 70％，其中托儿所的减少率远大于幼儿园。以上海为例，0～3 岁 4 个年龄组的 80 万左右的婴幼儿中，能上托儿所的只占 0.65％。2010 年第三期中国妇女地位调查设计了一个"孩子 3 岁以前白天主要由谁照顾"的题项，数据显示：城镇 20 世纪 90 年代上半期 90％以上的儿童在 3 岁以前是由家庭成员照顾的，90 年代下半期这一比例更是增到 95％以上；在农村，家庭几乎为 3 岁以下儿童提供了全部的照顾，其他类型(包括托儿所)提供的照顾不足 0.2％。托儿所逐渐萎缩，家庭成了为儿童提供照顾的主体。

　　在这一时期，社会力量办园方针逐步确立，1992 年国务院颁布《九十年代中国儿童发展规划纲要》，重点提出社会力量办园方向。2001 年国务院发布《关于基础教育改革与发展的决定》，强调"大力发

---

　　① 雷册渊：《当年那些托儿所是怎么"消失"的》，http：//news.ifeng.com/a/20171120/53406361_0.shtml，2018-06-30。

展以社区为依托，公办与民办相结合的多种形式的学前教育和儿童早期教育服务"。2003年通过的《关于幼儿教育改革与发展的指导意见》再次明确"以公办幼儿园为骨干和示范，以社会力量兴办幼儿园为主体，公办与民办、正规与非正规教育相结合的发展格局"。我国0～3岁早期教育服务社会化、市场化倾向突出，入园难、入园贵的问题随之显现。数据显示，1992年全国有幼儿园17.25万所，到2002年只剩下11.18万所，锐减了35.19％。至2003年，我国非公办园已占全国幼儿园总数的70％以上，且它们基本上得不到国家和地方的财政支持[①]，民办园快速发展，但管理体制滞后，得不到国家有效的监管、扶持，其营利性质直接导致了高收费现象。加上20世纪90年代以来，根据《幼儿园管理条例》，各省市教育部门会同物价部门制定了"分类评估，按质论价"的收费办法，公办园开始收费，打破政府包揽局面，许多城市幼儿园出现互相攀比、收费越来越高的倾向。一些在大城市、办园条件好的幼儿园，每生每月的收费已经上涨至1 000～2 000元。[②] 入园难、入园贵问题已逐渐成为民生热议话题。

　　政府职责不断收缩还体现在0～3岁早期教育事业的财政经费严重不足上。据《教育部、国家统计局、财政部关于2000年全国教育经费执行情况统计公告》，国家财政经费仅占幼儿园教育经费总数的1.3％左右，早期教育费用主要由家长承担，家庭育儿责任很大。在这一时期对家庭早期教育的指导逐渐成了政策话语中的重点，1999年《中共中央国务院关于深化教育改革，全面推进素质教育的决定》提出"要重视婴幼儿的身体发育和智力开发，普及婴幼儿早期教育的

---

① 闾宏、孔璞：《幼儿园成权力部门福利 政策倾斜令公益性渐失》，载《新京报》，2010-07-26。

② 和建花：《托幼公共服务与妇女发展研究》，93页，北京，中国妇女出版社，2016。

科学知识和方法"。2007 年中共中央、国务院发布的《关于全面加强人口和计划生育工作统筹解决人口问题的决定》中，再次强调了"普及科学知识……开展婴幼儿早期教育"。

三、2010 年至今：0～3 岁早期教育服务社会的公益属性逐步明确，国家积极探索构建婴幼儿早期教育服务体系

2010 年是我国 0～3 岁早期教育政策与事业发展的重要转折点。入园难、入园贵现象引起党和国家的重视，2010 年，胡锦涛指示学前教育是重要的民生工程，要在落实教育规划纲要时，把发展学前教育作为突破口，首先解决入园难问题。温家宝要求，制定切实可行的规划和措施，将大力发展学前教育作为贯彻落实教育规划纲要的一项紧迫任务。随着国家和政府对学前教育事业加大关注，学前教育的公益性和普惠性受到了改革开放以来从未有过的重视，0～3 岁早期教育事业也因此获得前所未有的发展。以《国务院关于当前发展学前教育的若干意见》为起点，0～3 岁早期教育服务再次向公共服务转变。不同于第一阶段国家给予企业单位间接投入或人民公社、生产队的集体投入，国家以直接举办或资助私人的市场形式推动 0～3 岁早期教育事业发展，并对 0～3 岁早期教育服务体系的构建开始进行初步设想。

2010 年以来，0～3 岁早期教育服务社会公益属性逐步明确，"儿童早期教育属公共责任"这一观点出现。2010 年 7 月，中共中央、国务院印发《国家中长期教育改革和发展规划纲要（2010—2020 年）》，将学前教育单列为一章，提出"要重视 0 至 3 岁婴幼儿教育"。同年 11 月，《国务院关于当前发展学前教育的若干意见》再次强调："必须坚持政府主导，社会参与，公办民办并举，落实各级政府责任，充分调动各方面积极性……提供'广覆盖、保基本'的学前教育公共服务。"2011 年发布的《中国儿童发展纲要（2011—2020 年）》在儿童与教育的目标中指出"促进 0—3 岁儿童早期综合发展"，在策略措施中提

出："积极开展 0—3 岁儿童科学育儿指导。积极发展公益性普惠性
的儿童综合发展指导机构，以幼儿园和社区为依托，为 0—3 岁儿童
及其家庭提供早期保育和教育指导。加快培养 0—3 岁儿童早期教育
专业化人才。"再次强调了学前教育的公益性和普惠性，同时明确了
政府在学前教育上的责任。

政府及相关部门积极探索构建 0～3 岁早期教育发展服务体系。
2012 年教育部发布《国家教育事业发展第十二个五年规划》，提出：
"加强对学前教育机构、早期教育指导机构的监管和教育教学的指导
……加强学前教育科学研究，推动学前教育和家庭教育相结合，依
托幼儿园，利用多种渠道，积极开展公益性的 0—3 岁婴幼儿早期教
育指导服务。"2013 年，教育部专门下发了《关于开展 0～3 岁婴幼儿
早期教育试点的通知》，决定在北京市海淀区等 14 个地区开展 0～3
岁婴幼儿早期教育试点。试点工作坚持公益普惠的基本方向，充分
整合公共教育、卫生和社区资源，努力构建以幼儿园和妇幼保健机
构为依托的、面向社区的、指导家长的婴幼儿早期教育服务体系。

近几年，民众对早期教育服务的强烈需求得到了国家高层领导
的关注。2016 年 3 月，在就实施全面两孩政策相关问题答中外记者
提问时，时任国家卫生计生委主任表示，各地要推进 3 岁以下婴幼
儿托育机构的建设，鼓励以社区为依托兴办托儿所，也鼓励女职工
集中的单位恢复托儿所，包括现在的幼儿园向下延伸，通过幼儿园
来直办托儿所，支持女职工再就业。2016 年 4 月，李克强总理在国
务院常务会议上提出支持普惠性托儿所和幼儿园尤其是民办托幼机
构发展；2017 年 6 月，时任国务院副总理刘延东强调要着眼全面两
孩政策实施后的新需求，扎实推进托育服务和普惠性学前教育发展，
扩大托儿所、幼儿园等公共资源供给，提高群众满意度和获得感。
2017 年 10 月，党的十九大报告提出必须取得"新进展"的 7 项民生要
求，"幼有所育"排在首位。2017 年 12 月，中央经济工作会议上强调

针对人民群众关心的问题精准施策，解决好婴幼儿照护和儿童早期教育服务问题。2018 年 3 月，李克强总理在十三届全国人大一次会议开幕会的政府工作报告中再次指出："要多渠道增加学前教育资源供给，运用互联网等信息化手段，加强对儿童托育全过程监管，一定要让家长放心安心。"2018 年 5 月，李克强总理在国务院常务会议上又一次强调要引导社会力量按照规范要求举办普惠性幼儿园和托幼机构，除发展幼儿园外，也要因地制宜创办形式多样的托儿所，满足群众的多样化需求；并且就"运用互联网等信息化手段对儿童托育中育儿过程加强监管"进行说明，明确针对儿童托育中育儿过程，用好录像监控等手段，这既是对孩子的保护，也是对老师的保护。国家理念的转变以及一系列配套政策的实施，为新时期 0～3 岁早期教育事业发展奠定了基础，我国 0～3 岁早期教育事业迎来了发展的新机遇。

第二节　0～3 岁早期教育服务的发展现状与存在的主要问题

从政策的发展脉络来看，我国 0～3 岁婴幼儿教育逐步开拓着自己的发展道路。尽管取得了一些进展，如"优生优育"理念使得托幼服务的教育功能引起人们重视，但在波澜曲折的发展道路上也出现过重市场轻公益、重社会轻政府倾向。进入 21 世纪，我国早期教育事业出现重要转折点，国家越来越重视 0～3 岁早期教育，政策及配套措施不断出台。但是，目前我国 0～3 岁早期教育的政策法规以及服务构建仍不健全，0～3 岁早期教育公共服务发展基础薄弱，推进 3～6 岁儿童学前教育普及、提高 3～6 岁儿童入园率仍是各级政府的主要任务。种种因素导致我国 0～3 岁早期教育服务发展仍面临总量不足、结构失衡、质量无保障、缺乏合格师资等诸多问题。随着社会和科学不断向前发展，早期教育的意义及作用逐渐为人们所重视，家长的早期教育需求日益多元化，年轻父母对于0~3岁早期教育机构的需求已经大不相同，包括质量、地点、时间、配置、性价比等，目前我国0~3岁早期教育服务发展现状与家长的实际需求间存在巨大差距。

一、0~3岁早期教育服务供给严重缺位

从20世纪80年代中期开始，0~3岁早期教育服务支持母亲就业的功能被逐渐忽视，导致3岁以下与3岁以上儿童入园机会差异明显。儿童入园年龄由原来的56天（即母亲产假结束后）提高到18个月（部分地区是2岁）。也就是说，自20世纪80年代中期以来，年龄在1岁半以下的婴幼儿不再能进入早期教育机构，加上托儿所严重萎缩，1岁半至3岁儿童的入园机会也大为减少。数据显示，2004年3岁以下在园儿童数为119.5万，2010年这一数字仅升至206.5万。[①] 根据国家统计局公布的第六次人口普查数据，我国0~3岁人口已达6 000余万，相较于发达国家如法国98%的孩子在3岁前入托，我国婴幼儿入托率极低，目前仅为4.1%，大部分婴幼儿仍是由祖辈进行日间看护。0~3岁早期教育机构稀缺，但家庭的需求巨大，各地群众入托期望与儿童实际入托率差距明显。例如2007年专项调查显示，北京市55.3%的人认为未满3岁的儿童已适宜入托，九成家长认为托儿所有必要发展；上海市的这一比例更是高达95.3%。[②] 2015年"全面二孩"政策在我国正式实施，0~3岁早期教育服务供需矛盾问题将更加凸显。

2016年国家卫计委委托中国人口与发展研究中心在北京、上海、南京、郑州等10个大型城市就3岁以下早期教育服务情况开展专题

---

① 张亮：《中国儿童照顾政策研究——基于性别、家庭和国家的视角》，博士学位论文，复旦大学，2014。

② 王晖：《3岁以下婴幼儿托育需求亟需重视》，载《人口与计划生育》，2016(11)。

调研，该调研显示便利性和安全性是目前家长对早期教育机构的重要考量：近 80% 的受访者希望孩子在社区周边入托；超过七成的受访者希望孩子进入师资和安全性较好的公立园。而实际情况是近 80% 的婴幼儿主要由祖辈进行日间看护。婴幼儿父母希望把孩子送到早期教育机构的原因，一方面是为了解决单纯的"有所托"问题，如与祖辈育儿观念冲突，祖辈身体不好，祖辈在外地无法帮带孩子，自己工作忙没有时间带孩子，等等；另一方面则是解决"有质量的托"的问题。家长希望孩子接受更为专业的早期教育，促进幼儿能力的提升。然而，目前我国 0～3 岁早期教育服务供给严重不足，无法满足家长的实际需求。

二、部门职责不清，缺乏监督管理机制

1982 年，随着国家机构改革，全国托幼工作领导小组及其办事机构被陆续撤销，但一直未指明这个机构的任务由哪个部门继续承担，我国托幼领导机制的健全由此受到严重影响。教育部门仍按原来的分工，只负责幼儿园的管理和规范化建设，而 0～3 岁早期教育机构制度建设却长时间停滞，主管部门归属问题至今仍不明确。2002 年，时任副总理李岚清在"幼儿教育和青少年营养问题"座谈会上做出将 0～3 岁早期教育划归教育部门管理的指示，但到目前，中央政府仍未明文规定 0～3 岁早期教育的主管部门。教育主管归属问题不明确，直接影响了早期教育服务的健康有序发展，更导致了目前相关各部门职责不清、缺乏监督管理的局面。各部门谁都可以管、谁都可以不管，也就为责任的互相推诿提供了空间，政府各部门之间的统筹协调工作难以开展。

三、0～3 岁早期教育服务质量参差不齐

在国家 0～3 岁早期教育服务整体目标不明、部门职责不清的情况下，我国 0～3 岁早期教育服务质量也参差不齐。一些历史悠久的公立儿童保育院、婴儿园和幼儿园托班无论是在理念、保教模式、

环境设施还是课程设置上，均处于较高的水平。然而，在一些社会办早期教育机构，市场化运营模式下缺乏有效的监督与管理，建立和服务标准双双缺失。没有专门的准入标准，只需具有法人身份，有场地、启动资金和相关设施，即可在工商部门以咨询或培训公司等名义注册。机构准入门槛低，服务质量自然没有保障，在服务标准、课程质量、卫生安全、园所环境方面亟待规范。目前，市场化的早教机构在整个服务体系中占最大份额，其营利性质造成市面上大多数提供3岁以下婴幼儿教育的机构不仅保教结构完全失衡，只教不保，无法满足家庭的需求，增加家庭的经济负担和时间成本[①]，并且所教授的内容没有统一的课程标准与实施方案，多以早期智力开发为噱头，课程设置随意性较大，课程的质量和科学性均没有保障。教育目标和教育理念更多是迎合市场的需求，单纯追求经济效益，缺乏对家长的科学引导。

四、师资缺乏准入机制及标准

0～3岁早期教育机构的师资水平是影响其教育质量的关键。目前，0～3岁早期教育缺乏行政监管，早教教师也没有全国统一、硬性的入职标准。当师范院校培养的早教人才无法满足市场需求时，早期教育机构只能从其他渠道聘用人员。而目前政府部门颁布的法规中没有对0～3岁早期教育师资在学历上、专业上的入职规定与要求，教师资格认定方面的证书也只是以幼儿园教师资格证和育婴师资格证这两种作为替代。但0～3岁婴幼儿与3～6儿童发展特点存在很大差异，仅靠这两种证书无法完全证明早教教师的专业能力。缺少专门的早教教师资格证制度也就代表着没有具体、科学、完善的准入标准，使得大量本不具有从业资格的人员在没有经过专业培

---

① 刘默、杨菊华、童小军等：《透视虐童事件：中国学前教育亟须供给侧改革》，载《中国经济报告》，2018(2)。

训、学习的情况下就进入了早教教师队伍，为 0～3 岁早期教育服务
事业带来严重隐患。

第三节 0～3 岁早期教育服务的地方探索与经验

改革开放以来，中国学前教育政策和管理体制经历了从以企业
福利服务为主到以社会化服务为主的体系改变。[①] 这种转变是导致
学前教育服务不足的根源，同时也致使我国 0～3 岁早期教育服务发
展出现了很多问题，如上文所述早期教育服务严重供需矛盾、缺乏
监督管理机制、服务质量令人担忧、缺乏合格师资等。21 世纪以来，
尤其是 2010 年之后，国家对 0～3 岁早期教育服务的关注程度加强，
虽然目前我国还未立法对 0～3 岁早期教育的管理体制、行业标准以
及成本分担等进行具体规定，但各省市、各地区积极探索、寻求并
采取有力措施以解决 0～3 岁早期教育服务现存问题。

2001 年，《北京市学前教育条例》颁布，该条例将 0～3 岁婴幼儿
教养纳入法规，成为全国第一个规定接受学前教育的年龄从 3～6 岁
向下延伸到 0 岁的学前教育地方法规。2004 年，上海市也颁布了《关
于推进 0—3 岁散居儿童早期教养工作的意见》，提出"普遍得到科学
育儿指导"的具体指标，使 95％以上的 0～3 岁的婴幼儿家长和看护
人员每年接受 4 次以上有质量的科学育儿指导，社区早期教育指导
机构要有接受指导记录，另外对科学指导的内容、指导工作的管理
以及运作机制做出了明文规定。2006 年，上海市又颁布了《上海市民
办早期教育服务机构管理规定》，以提高民办早期教养服务的质量为
目的，对民办早期教养服务机构的举办者、设施配备、服务人员标
准、申办程序、收费、机构管理均进行了详细规定。2003 年，随着

---

① 屈智勇、何欢、张秀兰等：《从企业/社区服务到国家公共服务体系：学前教育的
政府责任》，载《北京师范大学学报（社会科学版）》，2011(6)。

教育部等颁发《关于幼儿教育改革与发展的指导意见》，很多省政府办公厅也下发了关于本省学前教育改革与发展的指导意见，将0～3岁早期教育服务列入学前教育总目标。① 一些市级教育部门也在省级教育政策的指导下制定了婴幼儿发展教育政策，如山东省淄博市、潍坊市等。

21世纪以来，学前教育开始引入市场机制，鼓励社会力量兴办教育，这样就不可避免地出现办园条件良莠不齐、民办托幼机构质量无保障等问题。针对这些问题，部分地区制定了相关政策，如《江苏省学前教育机构登记注册办法》《山东省学前教育机构登记注册管理办法》《青岛市公民个人举办托幼机构管理办法》，这些政策的出台对民间力量办学起到了规范作用。特别是2006年广东省中山市出台的《中山市托儿所管理暂行规定》，针对托儿所开办条件进行了详细规定，托儿所开办的审批分为筹办和正式设置两个阶段。筹办期一般不超过6个月，筹办期内机构不得开业，且到期达不到开办条件的将被取消筹办资格。2009年，辽宁省大连市颁布《大连市0～3岁婴幼儿教养工作实施意见（试行）》，规定该市托幼工作人员依据《教师资格条例》要求，施行园长、教师准入制度，从业人员必须达到《幼儿园工作规程》中的人员岗位资格，并认真履行岗位职责。

与此同时，很多城市开始探索0～3岁婴幼儿教养工作的规律，以实现0～3岁和3～6岁两个学前年龄段保育教育的有效衔接，提高3岁前婴幼儿教养工作水平以及家庭教育指导和服务水平。例如2008年江苏省制定了《江苏省0～3岁婴幼儿教养方案（试行）》作为该市3岁前教养工作的活动指南。同年福建省制定出台了《福建省0～3岁儿童早期教育指南（试行）》，针对0～3岁这一阶段婴幼儿不同的年龄特征，对其生长与发育、动作、语言、认知、情感与社会性5

---

① 何媛、郝利鹏：《我国当代0～3岁婴幼儿教育政策分析》，载《广西师范大学学报（哲学社会科学版）》，2009(3)。

个领域提出了不同的发展水平及内容要求，并且对 0～3 岁婴幼儿教育的组织与实施、教育评价的内容及方法做出了指导说明。

在国家层面，2013 年《教育部关于开展 0～3 岁婴幼儿早期教育试点的通知》下发，在上海、北京、青岛、大连、太原、宜宾、福州等 14 个地区启动了 0～3 岁婴幼儿早教试点工作，试点内容包括明确管理体制、合理配置资源、培养培训师资、加强规范管理、合理分担成本、促进内涵发展。以下将从管理体制、服务模式、监督管理措施、投入扶持举措四方面对各地 0～3 岁早期教育探索进行梳理。

一、管理体制方面

学前教育管理体制指学前教育行政管理体制，同样，0～3 岁早期教育服务管理体制指 0～3 岁早期教育行政管理体制，包括管理系统的职责权限、隶属关系、机构设置、组织制度等多方面综合的结构体系。上海市、北京市、青岛市、太原市等地区均坚持实行地方负责、分级管理和各有关部门分工负责的管理体制，也就是在政府的领导下，各级教育行政部门会同其他政府职能部门共同管理。

（一）成立领导小组，明确政府主管部门

上海市率先明确了由教育部门牵头管理该市 0～3 岁早期教育服务工作，牵头研制托幼机构设置标准和管理办法等，制订 0～3 岁早期教育服务发展规划和工作实施计划；同时，成立 0～3 岁早期教育领导小组，由教育部牵头，会同各相关职能部门，对 0～3 岁早期教育机构进行监督管理和业务指导，制定相关决策，解决工作中存在的问题。市、区托幼工作联席会议下设办公室，设在市教委、区教育局。

（二）各职能部门分级管理、分工负责

天津市、上海市、宜宾市的政策文件中都明确指出各职能部门协调配合，共同促进早期教育事业发展；大连市、太原市同时对各部门的具体职责进行了明确说明，规定了教育部门、卫生部门、计生部门、市妇联、市物价局、民政部门等部门的具体职责，这些部门各司其职，共同促进早期教育事业的发展。青岛市根据婴幼儿生长发育特点和有关部门职能分工情况，将0～3岁早期教育管理服务工作划分为两个年龄段进行。0～1岁早期教育工作由卫生部门牵头实施，重点负责0～1岁儿童卫生保健、生长发育等方面的家长指导，监督社区医院定期对社区婴幼儿开展体检、疾病预防工作。1～3岁早期教育工作则由教育部门牵头实施，重点关注1～3岁婴幼儿入托工作，负责早期教育机构的审批注册以及业务指导，建立早期教育师资培训、考核和资格审查制度。

二、服务模式方面

各地区因地制宜，积极探索灵活多样、多元化的0～3岁婴幼儿早期教育服务模式，依托幼儿园的专业资源优势，为社区提供多种形式的早教服务，如在公办园中附设托班、在社区内提供早教指导、组织亲子活动等。北京市、天津市、长春市、宜宾市均设立了早教指导中心，为家长提供免费的育儿指导及宣传。天津市、苏州市、福州市、成都市等地部分条件好的幼儿园在招生工作计划中已将2～3岁或2.5～3岁的婴幼儿纳入了幼儿园招生范围，幼儿园中附设托班。上海市、福州市积极探索建立社区幼儿托管点，以解决婴幼儿因家长去工作而无人看管的问题。

（一）公办幼儿园托班

"托幼一体化"概念始于1997年，《上海托幼三年(95—97年)工作的回顾与总结》指出："托幼机构逐步呈现一体化的倾向，把0～6岁学前教育视为一个系统的整体将成为现实。"托幼一体化逐步成为幼教改革的热点问题。[1] 从1997年开始，部分条件好的幼儿园便开

---

[1]　丁昀：《教育一体化是托幼一体化的根本和关键》，载《学前教育研究》，2000(2)。

始设立托班。上海市的市级课题"幼儿园实施 2～6 岁婴幼儿教育的理论和实践研究"是较早开始的直指幼儿园托班的研究，此后关于幼儿园托班教育的研究越来越多。在一些城市，条件好的幼儿园中托班已成为一种新型班级结构。天津、上海、南京、苏州、成都等地在幼儿园招生计划中明确将 2～3 岁或 2.5～3 岁的婴幼儿纳入幼儿园的招生范围。

(二)民办普惠性 0～3 岁早期教育机构

在国家鼓励社会力量按照规范要求举办普惠性 0～3 岁早期教育机构的精神下，各地区积极开发普惠性学前教育资源。以北京市为例，海淀区教育部门明确支持机关企事业单位和驻区单位通过自办或委托管理的形式办普惠园。长春市政府表示，在民办资源开发上，鼓励社会力量办的幼儿园举办早教班，对面向大众、收费较低的普惠性民办早教机构进行重点扶持。

(三)早教指导中心

北京市依托幼儿园建立早教基地，为未入园的在京适龄儿童及家庭提供多种形式的学前教育指导活动，家长每年可就近到幼儿园参加 4 次免费亲子活动。天津市教育部门与卫生部门密切合作，依托社区建设早期教育活动中心 10 个，幼儿教师和妇幼保健人员定期深入社区为家长提供多种形式的育儿宣传和指导。上海市每个区都建立了早教指导服务中心，承担区域范围内早教工作管理、研究、培训和指导服务四项职能，形成了依托幼儿园、面向社区、服务家庭的早教服务网络。长春市探索依托优质公办园建成高质量的集管理、培训、研究、指导于一体的多功能早教服务指导中心，辐射辖区内所有早教机构及各类幼儿园早教班。宜宾市将 0～3 岁家庭早期教养指导作为早教工作的核心，通过发展 1.5～3 岁婴幼儿集中养教模式、公办园亲子中心模式、公民办早教机构合作模式，大面积培训家长，提高家长的科学育儿水平。

（四）社区托管服务

通过政府购买专业服务，开办社区0~3岁早期教育机构。采用公建民营模式，即政府提供场地，支持硬件建设，按照一定的规范要求进行设施配备与改进，并通过购买服务模式引入专业社会力量承接项目的运营管理。例如，针对入园高峰背景下托班数量减少的情况，上海市尝试在中心城区有条件、有经验的区域，如白领聚集区、商务楼附近，开设社区儿童活动中心，在上班期间向白领提供0~3岁婴幼儿的托管服务。从开展小规模、社区化、"喘息式"的0~3岁早期教育服务点起步，率先探索建立2~3岁幼儿公共托管点，为家庭提供就近、小规模（1~2个班）、"喘息式"（包括日托和临时托管）婴幼儿照看服务。上海市教育部门表示，未来托管点将覆盖全市，接收2~3岁上海户籍幼儿，中心城区每区建有两个及以上的社区幼儿托管点，郊区每区建有一个社区托管点。

三、监督管理措施方面

坚持0~3岁早期教育服务的公益性和普惠性，各地提出监督管理措施，为儿童家庭提供平价、优质的早期教育服务。针对社会力量办学的质量无保障的问题，北京、上海、福州、大连、青岛对0~3岁婴幼儿早期教育机构的管理做出了相关规定，在人员设备方面明确了工作人员应具有的资格或学历，组织制度上建立了机构审批、年检审查、督导评估、考核奖惩等制度。

（一）人员资质管理

师资是0~3岁早期教育机构质量的重要保障。上海、青岛、宜宾等市均开始实施从业人员准入制度，明确了0~3岁早期教育机构专业负责人、早教教师、育婴员、保健员的从业资格标准。上海市明文规定0~3岁早期教育机构的专职负责人员应具有大专及以上学历，同时具有教师资格证和育婴员四级及以上国家职业资格证书，有从事学前教育管理工作 6 年及以上的经历，能胜任机构管理工作。育婴员应具有大专及以上学历，并取得育婴员四级及以上国家职业资格证书。保健员应具有中等卫生学校、幼师或高中以上文化程度，经过该市妇幼保健机构组织的卫生保健专业知识培训并考核合格，取得保育员四级及以上国家职业资格证书。青岛市提出力抓该市师资队伍持证(教师、医师或护士资格证书，育婴师、早期教育指导师或"三优"指导师等资格证书)上岗率。

（二）建立机构审批与管理制度

1. 各地陆续制定早期教育机构审批制度

北京、上海、青海、福州、大连等地目前已对早期教育机构管理做出明确规定并颁布成文。青岛市教育局印发的《青岛市非全日制早期教养指导与服务机构管理办法》和《青岛市托幼管理条例》对非全日制早期教养指导与服务机构的审批注册条件进行了规定。上海市颁布了《上海市民办早期教育服务机构管理规定》，对早教机构的设置条件、机构人员、内部管理、申办程序等进行了规定。各地方政府制定了相关的机构审批、准入制度，进一步规范早教机构的各个方面，有助于规范早教机构市场。

2. 各地年检审查、督导评估、考核奖惩制度逐步完善

多地政策强调监督机制和考核制度的建立，以保证工作的有效进行。如上海市《关于推进上海市 0～6 岁学前教育管理体制改革的若干意见》明确了建立督导评估、考核奖惩制度，将学前教育工作纳入政府各职能部门和主要领导的工作考核体系。青岛市发布《青岛市早期教育指导机构设置条件标准(试行)》，对早教市场进行规范，对该市早教机构的设置条件、审批注册以及收费和招生管理都提出了相关要求。《青岛市学前教育条例》指出教育行政部门应当建立起早期教育指导机构管理人员、专任教师培训和考核制度。督导制度是

上下级相互统一、配合衔接的，建立督导评估、考核奖惩制度有利于形成一个规范的制度体系，切实反映教育工作中存在的问题，合理评估工作，有效解决问题。

四、投入扶持举措方面

随着国家对 0~3 岁早期教育愈发重视，各地均积极探索有力措施支持 0~3 岁早期教育事业发展。如青岛市、长春市、上海市目前已制定政策，加大对 0~3 岁早期教育的投入，对普惠性早教机构进行帮扶，积极采取措施促进 0~3 岁早期教育事业发展。

（一）加大早期教育经费投入

上海市《关于推进上海市 0~6 岁学前教育管理体制改革的若干意见》提出多渠道筹措学前教育事业发展的经费，增加投入，制定政策并采取积极措施提高托幼机构办学条件。宜宾市和大连市要求各级政府要加大对幼儿教育的投入，做到逐年增长；北京市指出政府应该安排专项经费；太原市主张各级财政负责建立公共财政支持、社会参与、家长合理负担成本的早期教育成本分担机制；福州市明确了早教机构的经费投入规模最低限度。

（二）政府进行扶持

长春市积极探索建立财政支持、社会参与、家长合理分担成本的 0~3 岁早期教育成本分担机制，以实现早教机构收费标准的公益性和普惠性；政府资助有条件的机关、企事业单位、部队、街道和农村集体举办的公办幼儿园开办早教班；在民办资源开发上，鼓励民办幼儿园举办早教班，对面向大众、收费较低的普惠性民办早教机构进行重点扶持。青岛市的相关政府文件专门将早期教育列为一章，指出政府应在普及学前 3 年教育基础上，推进不满 3 周岁婴幼儿的早期教育指导工作，教育、卫生、计生、民政、妇联等部门应以幼儿园、妇幼保健机构和社区为依托，建立为不满 3 周岁的婴幼儿家长提供早期教育指导的公共服务体系。《青岛市托幼管理条例》对经费也做了具体说明，如"托儿所应当坚持谁举办谁出资，国家适当扶持的原则"。

总体来看，上海市、青岛市、大连市、福州市作为东部经济较发达的城市，在 0～3 岁早期教育的探索上更加活跃，相关政策数量较多且内容较全面。但在全国范围内，各地区的早期教育事业发展还存在差异。

目前，上海市关于 3 岁前早期教育的政策、研究和实践都处于全国领先地位。2018 年 4 月，上海市政府印发《关于促进和加强本市 3 岁以下幼儿托育服务工作的指导意见》，这是全国首个关于 3 岁以下托幼工作的地方规范及标准。该文件对托幼机构的举办资格、选址、安全、人员配置等方面都做出了严格、细致的规定，同时对托幼机构的管理分工进行明晰，教育、民政、工商、卫生计生、食品药品监管、公安、消防、人力资源社会保障、财政、物价等部门各司其职，统筹协调，推动托幼工作的开展。尤其值得关注的是，在安全防范方面，该文件有针对性地提出"监控全覆盖"，"录像资料保存 30 天以上"，从业人员"职业道德教育原则上每年不少于 40 课时"，等等。该文件的出台对其他地区乃至全国的政策规范的出台具有鲜明的示范意义。

与此同时，随着各地对 0～3 岁早期教育重视程度的提高，各地院校开始设置早期教育专业以填补早期教育师资缺口。如成都师范学院从 2004 年开始培养早期教育师资，属于起步较早的师范院校；山东英才学院于 2015 年开设早期教育专业。[1] 据了解，我国将有 54 所高专新设早期教育专业，承担起早期教育师资培养的任务。

---

[1]　张远丽：《0～3 岁儿童早期教育师资培养的困境及建议》，载《成都师范学院学报》，2017(4)。

第四节 0～3岁早期教育服务发展展望及政策建议

为解决好婴幼儿照护和早期教育服务问题，满足当前日益增长的早期教育服务需求，实现我国人口战略目标，政府应对0～3岁早期教育服务市场进行结构性调整，分析我国0～3岁早期教育服务发展的历史沿革，结合国内早教试点经验以及各地区的有益尝试，明确0～3岁早期教育公共服务地位，确定教育主管部门统协管理机制，完善政策支持体系。政府继续承担发展0～3岁早期教育公共服务的主体责任，制定0～3岁早期教育服务相关标准和规范，建立监督管理机制，构建主体多元、性质多样、服务灵活的服务体系，以真正实现"幼有所育"的目标。

一、明确部门职责，统协管理机制，将0～3岁早期教育服务纳入公共服务体系

首先，应确立0～3岁早期教育主管部门，统一负责0～3岁早期教育服务事业的规划、建设、发展和监管。上海市已成为全国第一个构建0～3岁早期教育服务体系的城市，率先确立了由教育部门牵头管理0～3岁早期教育服务工作，会同各相关职能部门对0～3岁早期教育机构进行监督管理和业务指导的机制。可借鉴上海等地区探索的有益经验，建立规范的0～3岁早期教育服务管理体制，明确具体负责各项工作任务的职能部门，整合利用卫生计生、教育、民政、税收、工商等部门的资源，各部门合力统协0～3岁婴幼儿教育管理。

其次，将0～3岁早期教育服务纳入公共服务体系，将构建0～3岁早期教育公共服务体系提升到解决妇女后顾之忧以促进妇女就业和发展、保障"二孩"政策落实、满足人民需求、提升人民幸福感、实现国家繁荣和富强的战略高度。我国公共服务体系的建设是伴随

经济体制的改革而发展的。① 20 世纪 80 年代末，我国经历了经济体制改革，这场变革旨在减轻企业责任、增加企业的活力与竞争力，但同时也导致了企业福利体系瓦解和下岗等问题的产生。这一时期国家承担起公共保障责任，建立城市最低生活保障制度、企业职工医疗保险制度和社会保障制度，在农村也建立起"五保""特困"和"低保"等制度，政府投入也持续增加。然而对于作为企业和社区服务体系中最重要的内容之一的学前教育，政府几乎没有任何行动和投入②，甚至在体制改革大背景下出现了一些地区简单套用企业改革做法，将幼儿园推向市场的现象。例如江苏省宿迁市将全市 337 家幼儿园全部改制为民营，一度出现事业发展方向偏差、师资流失、教育质量整体下降等现象，学前教育的基础性和公益性被"改"得荡然无存。③ 服务本质上应属于社会公益事业，不仅对个体的终身发展具有重要的基础性价值，而且对于国家和社会发展具有长效的收益和补偿功能。国家应重新审视和定位 0～3 岁早期教育服务事业，将其纳入政府公共服务体系。

二、完善政策支持体系，政府承担发展 0～3 岁早期教育服务的主体责任

纵观我国 0～3 岁早期教育事业发展史，政府承担主体责任时期是我国 0～3 岁早期教育事业发展较为顺利的时期，反之，当政府将育儿职责推向家庭和市场，0～3 岁早期教育事业即出现了社会化、市场化倾向，"入园难""入园贵"问题也随之产生。国家及政府应形成 0～3 岁早期教育事业是社会公益事业的意识。发达国家在此问题上的做法是强化政府的公共托幼责任和义务，如 2002 年欧盟委员会

①② 屈智勇、何欢、张秀兰等：《从企业/社区服务到国家公共服务体系：学前教育的政府责任》，载《北京师范大学学报（社会科学版）》，2011(6)。

③ 洪秀敏、庞丽娟：《学前教育事业发展的制度保障与政府责任》，载《学前教育研究》，2009(1)。

提出各成员国应努力提供儿童照顾设施，到 2010 年至少为 90％的 3 岁以上学龄前儿童和 33％的 3 岁以下儿童提供照顾设施，这种世界性的发展趋势值得引起我国政府的重视。① 2010 年以来，国家及各地政府对 0～3 岁婴幼儿教育的关注程度逐渐加强，发展 0～3 岁早期教育事业成为政府行动，体现了政府责任的逐渐回归。但由于我国学前教育整体底子薄、欠账多，长期滞后，0～3 岁早期教育仍存在诸多问题亟待解决。今后，政府应继续承担发展托幼公共服务的主体责任，发挥引导示范作用，通过各种形式支持、鼓励、扶持 0～3 岁早期教育服务事业和服务机构的建立和发展。

政策法规是对事业发展相关主体的责任、义务和权利等进行的规定。② 如果要保证 0～3 岁早期教育事业健康有序发展，政府应首先制定相关政策法规，为事业发展提供政策基础。目前我国经济较发达的地区已经出台了一些地方法规来规范早教事业的发展，如北京市 2001 年出台的《北京市学前教育条例》，提出将 3 岁前的教育纳入学前教育的范畴。2004 年上海市颁布的《上海市 0～3 岁婴幼儿教养方案（试行）》，规定了 0～3 岁婴幼儿的学习内容与指导纲要，2006 年上海市又制定了《上海市民办早期教育服务机构管理规定》，对民办早期教育机构的规范管理做了明确的规定。2009 年大连市出台了《大连市 0～3 岁婴幼儿教养工作实施意见（试行）》。这些地方性政策文件的颁布，填补了早期教育机构或者早期教养方面的空白，有利于早期教育的初步发展。但是，在全国整体大环境中，国家层面的政策法规仍未出台，0～3 岁早期教育的政策支持仍较薄弱。

国家及各地政府应不断完善政策支持体系，有效履行政府职能。

---

① 和建花、蒋永萍：《从支持妇女平衡家庭工作视角看中国托幼政策及现状》，载《学前教育研究》，2008(8)。

② 万迪人、谢庆：《0～3 岁婴幼儿早期教育事业发展与管理》，103 页，上海，复旦大学出版社，2011。

第一，在时间支持政策上，应增加亲职假的类型和覆盖面，帮助家长解决就职和照料的双重需求。国际上大多数工业化国家已对产假立法，英国产假更是达到了 52 周，芬兰等许多欧洲国家同时设立了父亲假，推动父亲参与照料工作。亲职假的设立有利于家庭和社会共同分担生育成本。第二，在服务支持政策上，给予农村以及弱势群体儿童早期教育政策倾斜。美国、英国、澳大利亚等国家十分重视不幸家庭的早期教育服务问题。[①] 分析当前我国的 0～3 岁早期教育政策，我国目前 0～3 岁早期教育服务的供给责任完全下放到地方政府，而地方财政资源的不均衡直接导致各地 0～3 岁早期教育服务质量存在着显著差异，同时同一地区内经济富裕、家长经济状况良好的儿童可获得更多优质早期教育，造成区域内的不平衡。为了更好促进教育公平的实现，国家需将资源均衡配置及标准化的改革目标向下延伸到 0～3 岁婴幼儿早期教育，在服务支持政策上，向农村以及弱势儿童倾斜。第三，在津贴、税收及财政支持政策上，要提高对 0～3 岁早期教育公共服务的投入比重。目前我国对儿童照顾服务的财政投入占比尚不足 0.1%，远低于经合组织国家 0.7% 的平均水平。[②] 要为家庭提供充足、价格低廉且高质量的公共照顾服务，国家应加大财政投入份额。以照顾为目的向婴幼儿父母发放津贴已成为很多国家解决 0～3 岁早期教育服务的重要手段，父母在婴幼儿照料上所付出的时间和劳动成本被纳入了经济支持范畴。如芬兰自 1985 年便开始在部分地区试点向婴幼儿父母发放照顾津贴，挪威、丹麦、比利时、法国、德国等国家同样为本国婴幼儿父母提供津贴支持。除津贴支持外，法国等一些国家还通过税收优惠或抵免来提供间接支持。我国可借鉴国外有益经验，积极探索 0～3 岁早期教育

[①] 申秋红：《托育服务相关政策：国际经验及其启示》，载《中国人口报》，2017-07-20。

[②] 张亮：《中国儿童照顾政策研究——基于性别、家庭和国家的视角》，博士学位论文，复旦大学，2014。

服务政策支持体系的建设。

三、制定0～3岁早期教育服务相关标准和规范，建立监督管理机制

提高0～3岁早期教育行业的准入门槛，制定0～3岁早期教育机构照护和服务标准，加强教育行政部门对早期教育机构的监管，是目前我国0～3岁早期教育事业通往健康有序发展的必由之路。发达国家的经验告诉我们，制定科学的规则是保障婴幼儿早期教育发展质量的基础。英国通过制定早期教育发展框架，推出《早期基础阶段课程法定框架》，建立早期教育教师资格证书制度等，实现了国内婴幼儿早期教育的大发展。[①] 有了规则，政府实现对早期教育机构的监管才有了可能，婴幼儿早期教育的健康发展才有了保障。

首先，政府应负责出台0～3岁早期教育机构的设立标准，对其基础设施、人员配备进行统一规定。青岛市、上海市均制定了早教机构的相关管理标准，如《青岛市非全日制早期教育指导与服务机构管理办法》《上海市民办早期教育服务机构管理规定》。政府可借鉴各地的探索经验，出台标准，对0～3岁早期教育机构进行严格的、科学的、有效的管理。例如对早期教育机构举办者的要求、早期教育机构的设置条件、早期教育机构人员的标准、早期教育机构的收费等进行明文规定。政府应该设立一个全国性的基本标准体系，地方政府再根据当地的实际情况，制定出符合本地区的机构设立标准，使0～3岁婴幼儿早期教育机构的设立和运营都有章可循，相关部门在管理的时候也能够有依据。

其次，加快研制照护和服务标准。建立全国0～3岁婴幼儿照护和服务的基本标准体系，既包括早期教育活动质量标准，也包括家长早期教育指导标准，以此保证全国各地0～3岁早期教育机构提供

---

① 周萱：《我国婴幼儿早期教育政府职能分析》，硕士学位论文，扬州大学，2014。

服务的质量，使其照护和服务有章可循。

最后，根据设立的 0～3 岁早期教育机构照护和服务标准建立督导评估制度，以保证早期教育行业可持续发展。行政部门对准入后的服务机构实行动态管理，并对认定程序、监管措施和退出机制做出具体规定。以机构自评和外部评价相结合的方式，对机构的基础设施、教师资格、课程质量、档案管理等方面进行定期评价。通过常态化的评鉴信息发布，将定期监测结果进行公示，教育监管部门根据监督的结果进行有针对性的奖励、帮扶或整改，对于未在规定时间内完成整改的机构取消其营业资格。

四、构建主体多元、形式多样、服务灵活的 0～3 岁早期教育服务体系

建立政府、社区、家庭三位一体的主体多元、形式多样、服务灵活的 0～3 岁早期教育服务体系。首先，政府应发挥引导示范作用，通过各种形式支持、鼓励、扶持 0～3 岁早期教育服务事业和服务机构的建立和发展。加大对公办幼儿园托班的专项财政补贴力度，提高其对 1 岁以上尤其是 2～3 岁幼儿的收托能力，使各级各类幼儿园发挥自身基础设施和师资条件的优势，对附近社区 0～3 岁早期教育机构和市场早教机构进行技术指导和支持。同时，鼓励有资质的主体开办托儿所、托育中心、邻托服务中心，鼓励企业给职工提供早期教育服务，如在公司内部设立小型托管照料点，为职工提供日间或半日制亲子园，对经过评估认定的企业早期教育机构给予一定的政策奖励和技术等方面的扶持。目前，我国相当一部分民办早期教育机构不愿向普惠园发展的一个重要原因就是房租等成本过高，靠政府目前的扶持而降低收费将难以维持运营。[①] 国家应针对这种情况给予政策上的鼓励，无论其是否为普惠园，若其招收的 3 岁以

①　蒋永萍：《重建 0～3 岁儿童养育公共服务的途径与原则》，载《中国妇女报》，2017-06-06。

下儿童达到一定数量，服务质量符合标准，可酌情减免税费。

其次，在社区建立公立或政府支持的综合性养育服务机构是目前许多国家发展0~3岁早期教育公共服务的重要做法。[①] 例如，英国建立"早期儿童优质服务中心"，通过社区早期教育服务机构实现提高教育水平、扩大受教育机会、支持家庭、减少社会排斥、提高国民健康水平和减少贫困的目标；日本同样通过以社区为基础的早期儿童服务网络解决少子化的社会问题。[②] 社区作为重要的服务提供平台，能有效且广泛地吸收教育、卫生、民政、企事业单位、社会团体、家庭以及公民个体等多方面力量，形成政府、社会和个人共同参与、相互补充、共同发展的多元社区托育服务体系。[③] 我国可依托社区建立0~3岁早期教育服务机构，发掘社区看护资源，贴近婴幼儿家庭日常生活，将幼儿活动、育儿指导与育儿交流融为一体，为0~3岁儿童家庭提供就近的早教服务与活动地点。

最后，家庭是0~3岁早期教育的主要承担者，也是婴幼儿照料的主体，家庭在0~3岁早期教育服务体系中占有基础、核心地位。因此，建构0~3岁早期教育服务体系时，应将隔代照料纳入整体服务体系，来保证家庭照料的可持续性发展。相关部门应积极开展家庭入户指导，提高0~3岁婴幼儿家长科学育儿水平。同时，可鼓励照料者接受专业化培训，如我国台湾规定，若将2周岁以下婴幼儿送托给领有保姆证的保姆照顾，家长可领取补助，以鼓励隔代照料者经过培训获得专业育儿资格证书，这一探索经验值得我国其他地区借鉴。对隔代照护的贫困家庭给予一定的经济上的扶助并鼓励其

---

① 蒋永萍：《重建0~3岁儿童养育公共服务的途径与原则》，载《中国妇女报》，2017-06-06。

② 王峥：《上海以社区为基础的0—3岁儿童服务机构的运行走向研究》，博士学位论文，华东师范大学，2005。

③ 杨菊华、杜声红：《建构多元一体的婴幼儿托育服务体系》，载《中国社会科学报》，2017-08-23。

接受专业化培训，一方面家长可以获得补助以在一定程度上缓解家庭的育儿压力；另一方面将照料者列为儿童福利专业人员，通过社区对照料者进行科学育儿知识的培训，可促进这种代际照护服务走向科学化。同时，将隔代照料纳入 0～3 岁早期教育服务体系可以丰富提供服务的主体，降低社会服务的成本。

第七章

幼儿园、家庭、社区
协同共育的发展与展望

　　幼儿园、家庭和社区是幼儿成长的重要环境，在幼儿成长过程中均发挥着独特且不可或缺的教育价值。其中，家庭教育是基础，幼儿园教育是主导，社区教育是家庭教育和幼儿园教育的补充和延伸。任何一方均无法单独教育幼儿，只有三方互相配合、协同共育才能建构幼儿身心和谐发展所需的生活场所与教育环境。

　　幼儿园、家庭、社区协同共育是指在一定的社会背景下，幼儿园及教师、幼儿家庭及家长、社区及社区服务人员在幼儿成长的过程中，各尽其责，各尽所能，形成教育合力，共同促进幼儿身心健康发展。这其中既包括两两之间的协同共育模式，也包括三方之间的协同共育模式。幼儿园、家庭、社区协同共育的目的是促进幼儿身心健康发展；协同共育的主体是教师、家长和社区服务人员；协同共育的过程是多方向、交互作用的连续动态过程；协同共育的模式是多形式、多场景、多内容的。幼儿园、家庭、社区协同共育对于提高幼儿园教育质量、转变家庭育儿观念、提高家庭科学育儿能力、充分利用社区资源、建设社区人文环境具有重要作用，三方各自挖掘自身的教育资源，协同共进，形成教育合力，共同促进幼儿身心健康发展。

　　回首改革开放 40 年以来的学前教育，幼儿园、家庭、社区协同共育的发展引人注目。可以说，改革开放的 40 年是幼儿园、家庭、社区三位一体、协同共育从萌芽到初步建立的关键时期。随着历史的推进和社会的发展，幼儿园、家庭、社区三方之间的关系在改革开放的进程中不断发展与完善，在幼儿健康成长以及学前教育发展中发挥着日益重要的作用。

第一节　幼儿园、家庭、社区协同共育的发展历程

在改革开放 40 年的发展历程中，幼儿园、家庭、社区三方协同共育的发展离不开相关政策、理论研究、实践探索的引导与支持，也正是这些相关政策、理论研究、实践探索，勾勒、呈现、促进了幼儿园、家庭、社区三方协同共育的发展。具体而言，幼儿园、家庭、社区协同共育关系的发展可划分为四个阶段：服务性联结关系阶段(1978—1988 年)、协同共育意识萌芽阶段(1989—1995 年)、协同共育意识成熟阶段(1996—2005 年)、协同共育初步发展阶段(2006年至今)。

一、服务性联结关系阶段(1978—1988 年)

(一)在教育为生产服务的政策导向下，幼儿园、社区旨在为家庭服务、为社会发展服务

改革开放初期，我国社会发展进入新时期，各项事业亟待恢复与建设，经济建设对于当时的中国而言是最重要的任务。从全国形势来说，教育坚持为生产服务、为人民服务，适应社会主义经济建设的要求，密切联系当时的政治、经济任务，为社会主义建设事业服务。幼儿园教育作为社会主义建设事业的重要组成部分，承担着为经济建设和社会发展服务的责任。

这一时期的教育政策带有明显的时代特色，是特定时代社会背

景下的产物。幼儿园主要为家庭服务，解放家庭劳动力，以促进经济建设和社会生产。也就是说，幼儿园教育承担着双重任务——培养幼儿、为家庭和社会服务。1979年11月《城市幼儿园工作条例(试行草案)》明确指出，幼儿园的工作任务是"根据党的教育方针和毛主席'好好的保育儿童'的教导，对幼儿进行初步的全面发展的教育，使幼儿健康、活泼地成长，为入小学打好基础，同时也减轻家长在教育孩子方面的负担，使他们能够安心生产、工作和学习"。同年10月，中共中央、国务院转发的《全国托幼工作会议纪要》也指出，我国托幼工作"本着为培养社会主义新一代、为生产服务、为人民生活服务的目的……办起了多种形式的托儿所、幼儿园"。其中，在为生产服务、为人民生活服务这一目的上，主要体现为"解放妇女劳动力，促进工农业生产"。改革开放后，经济建设成为社会发展的主要任务，生产、工作是创造经济价值的必要条件，在这样的时代背景下，幼儿园教育担负起为生产服务、为社会发展服务的责任，替代家庭尤其是母亲照顾、教育幼儿，以解放家庭劳动力，为家长工作提供便利，最终增加社会劳动力，促进社会生产。此时幼儿园和家庭相配合的目的在于减轻家长负担，由幼儿园承担一部分抚育责任，以便家长有时间参加政治生活、生产劳动、文化教育活动等，幼儿园更具有福利性质，而并非完全出于教育目的来开展工作。

不同地区的幼儿园的服务家庭、社会的功能有着不同的体现。在城镇地区，从方便家长工作的角度出发，《全国托幼工作会议纪要》提出"城镇民办园所分布在街道居民区，职工孩子就近入托，接送方便"；《城市幼儿园工作条例(试行草案)》也指出，幼儿园布局要"便于幼儿就近入园"。一方面，就近入园可缩短家长接送时间，这在一定程度上保障了家长进行生产、工作的时间；另一方面，就近入园有利于幼儿人身安全，降低交通安全隐患，可使家长安心工作。在农村地区，在农忙时节幼儿园承担着服务家庭、照顾幼儿的重要责任。《全国托幼工作会议纪要》指出"农村要大力发展农忙托幼组织，有条件的社队要举办常年托儿所、幼儿园（班）"。其中，社队是举办托儿所、幼儿园（班）的主要单位，这在一定程度上加强了幼儿园、家庭、社区三方的联系。然而，政策层面尚未体现出三方合作的重要性，也并未强调三方应加强联系。

总体而言，无论是在城镇地区还是在农村地区，幼儿园、社区均旨在为家庭服务，以便家长更好地工作、生产，在教育为生产服务的政策导向下，幼儿园、家庭、社区无形之中联系在一起。

（二）家庭教育得到重视，但幼儿园、家庭、社区协同共育意识缺乏

"子不教，父之过"，我国自古重视家庭教育。改革开放之后，教育事业处于恢复与发展中，家庭教育仍是政策制定者、理论研究者、实践探索者关注的重点。

这个时期的教育政策关注家庭教育的重要性，强调幼儿园要与家长紧密联系并指导家庭教育。虽然家园共育意识有所增强，但由于缺乏家园共育的理论知识和实践经验，导致与家园共育相关的政策文本内容较少，幼儿园与家庭的联结尚不紧密。《城市幼儿园工作条例（试行草案）》指出幼儿园要注意同幼儿的家长经常保持联系，联系内容主要是了解幼儿性格、生活习惯和家庭环境等，以便针对个人的特点进行教育，并帮助家长对幼儿进行正确的家庭教育。虽然该文件强调家园联系，但在该文件中并未提及具体的途径和方式，也未延续 1952 年教育部颁发的《幼儿园暂行规程（草案）》中提到的"家长代表会"这一合作形式。这与当时的家园共育理论知识与实践经验相对欠缺有关。

这个时期的理论研究重点关注幼儿的家庭教育，强调家庭教育的重要性，较少关注幼儿园、家庭、社区三方之间的联系，这与当时的社会背景有关。这一时期是我国计划生育政策全面推行的阶段，

计划生育成为我国的基本国策，提倡"一对夫妇只生一个孩子"。在这一社会背景下，独生子女的发展特点和家庭教育成为人们关注的重点。当时的家庭教育实践存在两个极端，一是粗暴教育，如打、骂、体罚、威胁等；二是溺爱，对孩子百依百顺，毫无原则地满足孩子的各种需求。[①] 因此，学者倡导实施科学的家庭教育，以适应社会主义建设的需要。

在实践中，为提高家庭教育质量，各地以幼儿园、小学为阵地举办家长学校，街道、居委会举办"妈妈班""婆婆会"，卫生部门、计划生育部门、妇联举办"新婚夫妇学校"等等。[②] 虽然这一时期在政策或理论研究中尚未提出幼儿园、家庭、社区协同共育的理念、内容和方式，但家长学校、"妈妈班"等组织的成立将幼儿园与家庭、社区与家庭紧密相连，使人们意识到幼儿园、社区对家庭教育指导的重要作用，这对之后幼儿园、家庭、社区协同共育意识的萌发有着不可忽视的促进作用。

总体而言，这一时期的幼儿教育处于恢复和发展中，教育政策、理论研究、实践探索均较为缺乏，幼儿园、家庭、社区的关系也处于探索之中。在服务性联结关系阶段，教育政策以促进经济生产为价值导向，而非关注教育本身。在教育为生产服务的政策导向下，幼儿园、社区以照顾幼儿的形式为家庭服务，三方因服务生产、促进社会发展的共同目的联结在一起。虽然家庭教育得到一定的重视，家园共育得到一定的强调，但总体而言幼儿园与每个家庭的联系相对欠缺，对双方合作的内容、途径均缺乏有效指导；虽然幼儿园、社区成为指导家庭教育的主体，但幼儿园、家庭、社区协同共育意识尚未萌芽，三方之间并未建立多向互动的联系，也缺乏互相联系

---

① 王晓静、马培佑：《学龄前独生子女心理特点的初步调查》，载《心理科学进展》，1985(1)。

② 冒名芳：《加强家庭教育研究》. 载《江苏社会科学》，1985(12)。

的有利条件。

二、协同共育意识萌芽阶段(1989—1995 年)

(一)家园合作开始受到重视，家园共育策略具体化、多样化

经过 10 余年的恢复和发展，国家政策的教育导向性逐渐增强，幼儿教育的理论研究和实践经验有了一定的累积，家园合作开始受到重视。

这一时期关于家园合作方面的教育政策明显增多，有的更是以单独章节呈现，且更为具体化、多样化。1989 年国家教委印发的《幼儿园工作规程(试行)》充分反映了上述特点。该文件在服务对象上更加明确、有针对性，且关注不同类型的家庭。幼儿园不仅兼顾一般家庭，"为幼儿家长安心参加社会主义建设提供便利条件"，还重点关注特殊家庭，对"烈士子女、家中无人照顾的残疾人子女和单亲子女入园"予以照顾。在家园联系内容上更加具体、全面，包括幼儿教育、生活方面等事宜。在教育方面，幼儿园应主动与幼儿家庭配合，帮助家长创设良好的家庭教育环境，向家长宣传科学保育、教育幼儿的知识，共同担负教育幼儿的任务；在生活方面，临时性收费应征得家长同意，幼儿膳食费需每月向家长公布账目。在家园联系方式上也更加多样化，幼儿园应建立幼儿园与家长联系的制度，如定期召开家长会议，接待家长的来访和咨询，认真分析、吸收家长对幼儿园教育与管理工作的意见与建议，实行家长开放日制度；此外，幼儿园可成立家长委员会，园务委员会可由家长代表组成。在负责分工上不仅责任到人，而且分工具体，幼儿园园长的重要职责之一是组织和指导家长工作；教师需要与家长保持密切联系，了解幼儿家庭的教育环境，商讨符合幼儿身心发展特点的教育措施，共同配合完成教育任务；医务人员要向全园工作人员和家长宣传幼儿卫生保健等常识。

《幼儿园工作规程(试行)》是幼儿园教育法制化建设的重要标志，

其中对家园关系的详细要求很大程度地推动了家园共育的落实。在这一阶段，教育政策的教育性增强，更多从幼儿发展的角度出发，将家园合作内容具体化、详细化，建立了形式多样、可操作性强的合作方式，明确了园长、教师、医务人员在家园合作中的职责，家园合作得到有效发展。值得一提的是，家长可对幼儿园的工作发表建议和意见，有机会参与幼儿园管理，这既是深层次家园合作的体现，也代表着在幼儿园教育中家长主体地位凸显。

可见，家园共育的意识开始萌芽，家园合作的重要性受到关注，在政策的引导下，幼儿园与家庭的关系得到了极大的发展，家园共育成为政策制定者、理论研究者、实践探索者的共识。这一时期家园合作的途径更为具体、明确，对实践探索有着较强的指导作用。

(二)幼儿园、家庭、社区协同共育意识萌芽

20世纪80年代后期至90年代初，我国经济体制改革开始，由计划经济全面向社会主义市场经济转型。社会资源分配走向多元化、分散化，导致家庭必须承担起原来由单位承担的职责，社区建设成为国家新的发展战略。[1] 随着社会关系和国家发展策略的转变，社区、幼儿园、家庭的联系更为紧密。

1989年《幼儿园管理条例》指出，鼓励并支持居民委员会、村民委员会举办幼儿园或捐资幼儿园，这意味着以单位为基础举办幼儿园的形式开始松动，以居民委员会、村民委员会为基础举办的幼儿园开始增多。幼儿园举办主体从单位转向社区，这一转变意味着"幼儿园—家庭—单位"的联结模式向"幼儿园—家庭—社区"模式转变，这在很大程度上将幼儿园、家庭、社区三方紧密联系在一起。1992年2月《九十年代中国儿童发展规划纲要》就"社区、家庭保障"提出了六条策略，指出"发展社区教育，建立起学校(托幼园所)教育、社

---

[1]　缪建东：《家庭教育》，281页，北京，北京师范大学出版社，2015。

会教育、家庭教育相结合的育人机制，创造有利于儿童身心健康、和谐发展的社会和家庭环境"，这一要求明确将幼儿园、家庭、社区三方联系在一起，初步体现了幼儿园、家庭、社区三位一体、协同共育的思想意识。在具体实施上，针对不同地区，《九十年代中国儿童发展规划纲要》指出："城市规划要考虑儿童活动场所与设施的配套建设……在城市以社区为依托，举办新婚夫妇学校、孕妇学校和婴幼儿、小学生、中学生的家长学校……在农村，通过广播父母学校与县、乡、村的家长学校、家庭教育辅导站、辅导员相结合的方式，推广正确的保育、教育方法。"家长学校、家庭教育辅导站等相关配套机构的建立，从管理上和组织上有效保证了家庭教育指导的进行，是幼儿园指导家庭教育的扩展，也充分发挥了社区指导家庭教育的优势。

在政策的引导下，"幼儿园—家庭—社区"的联结模式初步产生，社区的资源优势得到关注。整体而言，这一时期的政策增强了幼儿园、家庭、社区三方的关系，三方协同共育的意识逐渐萌芽。在理论研究中，1994 年也首次出现幼儿园、家庭、社区三方协同发展的提法，明确指出要以幼儿园为中心，幼儿园要树立榜样作用，并向家庭和社区辐射，吸取家庭和社区在幼儿教育方面的有益经验，这表明三方协同共育的意识已经萌芽。有研究者认为，需要建立社区幼儿教育体系，以社区为依托，以幼儿园和家庭为中心，以社区幼教指导中心为主要机构，发动社区力量共同参与幼儿教育，实现三方融合，产生合力，共同促进幼儿的发展。[①]

三、协同共育意识成熟阶段（1996—2005 年）

（一）强调幼儿园、社区共同指导家庭教育，重视家长参与的主动性

随着计划生育政策的实施，我国独生子女数量迅速增多，家长

[①] 立言：《关于幼儿大教育观》，载《学前教育研究》，1994(3)。

更加关心幼儿的成长与教育，家庭教育和幼儿发展已成为人民群众普遍关注的热点问题。

这一时期的家庭教育相关政策明显增多，且注重家庭教育与学校教育、社区教育的有机结合。1996年，全国妇联、国家教委印发《全国家庭教育工作"九五"计划》，明确指出"家庭教育是社会主义教育的组成部分，家庭教育工作是社会主义精神文明建设的重要内容"，并指出"家庭教育与学校教育、社会教育密切结合是培育'四有'公民的有效途径"。虽然并未明确提及幼儿园、家庭、社区三方的协同共育，但这一文件围绕"家庭教育"这一内容展开，体现了家庭教育的重要性，并且"家庭教育与学校教育、社会教育密切结合"这一阐述旨在引导家庭教育密切联系学校和社会教育，有助于促进幼儿园、家庭、社区三方的紧密联结。2002年颁发的《全国家庭教育工作"十五"计划》指出，学校、社区在普及家庭教育知识中的发挥着重要作用，体现了幼儿园、家庭、社区共同努力，协力促进幼儿发展的重要思想。整体而言，这一时期的教育政策重点关注家庭教育，且重视家庭与学校、社区密切结合，这表明三位一体、协同共育的意识已较为成熟；但相关政策尚未涉及三方协同共育的途径与措施，对于实践的可操作性指导相对较少。

随着家庭教育得到广泛关注，幼儿园也更重视与家庭的联系，并注重家长的主动参与。在这一时期，家园合作方面的相关政策在数量上逐渐增加，在内容上进一步细化。1996年起施行的《幼儿园工作规程》指出，家园联系方式在保留家长开放日等家园联系制度的基础上，将1989年《幼儿园工作规程（试行）》提出的"可成立家长委员会"改为"应成立家长委员会"。从"可"到"应"的变化表明从选择性行为到必须性行为的转变，体现了成立家长委员会这一要求的力度与强度。2001年教育部印发的《幼儿园教育指导纲要（试行）》对各领域的教育内容与要求进行了详细说明，如在健康领域、语言领域、社会领域中幼儿园均需与家长配合。《幼儿园教育指导纲要（试行）》指出，幼儿园不仅要主动与家庭合作，还需要争取家长的理解、支持和主动参与，并明确指出家长是幼儿园教育评价工作的参与者，幼儿园可建立家长参与评价制度。这一文件进一步深化了家园合作的内涵，不仅强调幼儿园在家园合作中的主动性，还强调家庭在其中的主动性，强调充分发挥双方的主动性，调动双方积极参与，实现有效互动。其中，家长参与评价幼儿园工作是发挥家长主动性、提升合作水平的重要措施，这有助于家长对幼儿园有更为直观、清晰、深入的认识，也有利于家长和教师、园长进行沟通和交流。

与以往相比，这一阶段关注到家庭在参与过程中的主动性、积极性，家长参与幼儿园教育的权利得以扩大，家长在家园关系中的主体性慢慢得以凸显，教师与家长的双主体局面逐渐发展，幼儿园和家庭互相配合、互相补充的局面逐渐形成。

（二）幼儿园、家庭、社区协同共育的理念在教育政策中得以明确

在家庭教育、家园共育受到广泛关注的同时，社区教育的重要性也得到了一定程度的认可。对社区教育的重视使得促进幼儿发展的三方教育主体进一步明确，加强了社区与幼儿园、家庭的联系。

在政策方面，幼儿园、家庭、社区协同共育意识得到明确体现。1996 年的《幼儿园工作规程》对 1989 年的《幼儿园工作规程（试行）》进行了一系列修订，进一步完善了幼儿园教育管理体制。在家园合作方面，将 1989 年中"幼儿园与幼儿家庭"这一章改为"幼儿园、家庭和社区"，增加"社区"这一关键词，这表明幼儿园、家庭、社区协同共育的理念在教育政策中真正明确体现，社区的重要性得到具体彰显。围绕这一章，指出"幼儿园应密切同社区的联系与合作、宣传幼儿教育的知识，支持社区开展有益的文化教育活动，争取社区支持和参与幼儿园建设"，明确了幼儿园与社区的合作方式。除此之外，

2001 年印发的《幼儿园教育指导纲要（试行）》也对幼儿园、家庭、社区三方间的关系做出了详细要求，明确指出"幼儿园应与家庭、社区密切合作"，"充分利用自然环境和社区的教育资源，扩展幼儿学习和生活的空间。幼儿园同时应为社区的早期教育提供服务"。

《幼儿园工作规程》《幼儿园教育指导纲要（试行）》是幼儿教育发展中具有基础性、指导性的政策文件，这两个在幼儿教育中举足轻重的文件均以一定篇幅阐述了幼儿园、家庭、社区三方的关系，这表明幼儿园、家庭、社区协同共育的意识已经成熟。但相关政策对三方的合作方式、合作内容等方面的阐释较少，这意味着幼儿园、家庭、社区间协同共育的思想意识尚缺乏具体的策略指导，很难在实践层面得到有效落实。

许多理论研究和实践探索者从幼儿园、家庭、社区三方协同共育对幼儿发展的促进作用以及三方协同发展的现状进行分析、反思，提出相应策略，并介绍其他国家的成功经验。[1] 研究发现，在实践中，幼儿园发挥主导作用，充分利用家长资源，进行多种形式的家园合作，但社区资源并没有得到有效开发和充分利用，并未实现幼儿园、家庭、社区三位一体、协同共育。[2] 针对这种情况，研究者强调幼儿园应密切联系家庭和社区，组织各种活动，使三方融为一体，有效形成教育合力。[3]

整体而言，幼儿园、家庭、社区三方协同共育的重要性得到普遍认同，协同共育意识在教育政策中得以明确，但在实践中幼儿园和家庭并没有充分开发和利用社区资源，三方协同共育更多表现为

---

① 黄少霞：《构建幼儿园家庭社区三结合的学前教育网络》，载《教育导刊（下半月）》，2002(11)。

② 孔小琴：《上海高校附属幼儿园利用家庭、社区资源的研究》，硕士学位论文，华东师范大学，2006。

③ 王青：《以社区为依托，建构家、园、社区共育平台》，载《学前教育研究》，2005(10)。

家园共育。

四、协同共育初步发展阶段(2006 年至今)

(一)幼儿园在三方协同共育中发挥主导作用

随着社会经济和文化的快速发展，教育理论和实践均得到长足发展，教育质量得到大幅提升。在幼儿教育领域，幼儿园教育质量的提升增加了其在幼儿园、家庭、社区协同共育关系中的调控功能。

2013 年教育部发布《幼儿园工作规程(修订稿)》，2016 年发布新的《幼儿园工作规程》，进一步完善相关政策法规。在幼儿园任务方面，强调"幼儿园同时面向幼儿家长提供科学育儿指导"，改变了1996 年"为家长参加工作、学习提供便利条件"的表述。对幼儿园任务阐述的变化弱化了幼儿园托幼服务的功能，强化了幼儿园的教育功能，体现了幼儿园从被动服务到主动指导的转变，明确了幼儿园在家园合作中的主导地位。在家园合作内容方面，幼儿园的工作内容更为丰富，如幼儿园需定期分析、评价幼儿健康发展状况并及时向家长反馈结果，每周向家长公示幼儿食谱。此外，增强了幼儿园对家庭教育进行指导与监控的能力，如明确要求幼儿园开展反家庭暴力教育，并及时上报幼儿遭受或者疑似遭受家庭暴力的情况。在家园合作方式方面，从1996 年幼儿园"可实行对家长开放日的制度"转变为"应当建立家长开放日制度"，进一步丰富了家园合作的途径。在与社区合作方面，从"支持社区开展有益的文化教育活动，争取社区支持和参与幼儿园建设"转变为"充分利用家庭和社区有利条件，丰富和拓展幼儿园的教育资源"，这实际上是幼儿园从单方面向社区靠拢到利用社区优势条件的转变，凸显了幼儿园在三方中的主动性、引导性的地位。

无论是在幼儿园任务、家园合作内容和方式方面，还是在幼儿园与家庭、社区的关系中，幼儿园的角色都由"服务"转变为"指导"，由"支持"转变为"利用"，其主导地位得到明确。这一转变与近年来学前教育质量提高密切相关。师资队伍、保教质量的提升增强了幼儿园指导家庭教育、利用社区资源的能力。当然，幼儿园在幼儿园、家庭、社区三方关系中主导性地位的确立也是教育政策对三方关系调节作用的表现。这一时期的教育政策鼓励幼儿园、家庭、社区三方的有机结合，并在已有文件的基础上进一步明确三方有机结合的具体措施，三位一体、协同共育的格局初步建立，三方间的有效互动、高质量合作是政策探索的重点。在一系列政策中，较为明显的变化体现在幼儿园在三方关系中的转变，即幼儿园被赋予一定的调节三方关系的职能，在协同共育中发挥着主导性、引领性作用。

幼儿园在三方中发挥主导作用，旨在以幼儿园为抓手，吸引、带动家庭与社区积极参与，将幼儿园教育扩展到家庭教育、社区教育中，最终形成教育统一体，共同作用于幼儿。但由于幼儿园、家庭、社区三方尚不具备实现这一教育愿景的能力，致使在实践层面上幼儿园、家庭、社区出现了不协同的现象。① 幼儿园在共育中主动向家庭、社区发起共育邀请，扮演着主导者的角色；家庭教育以被动的方式参与幼儿园工作，扮演着配合者的角色；社区象征性地支持幼儿园工作，充当着不稳定的资源提供者的角色。虽然幼儿园、家庭、社区都在幼儿教育中有一定参与，但参与的程度与积极性不同，三方尚未完全达到"协同"水平。究其原因，一方面是幼儿园尚未掌握促使家长主动参与、有效利用社区资源的策略；另一方面也是家庭、社区的共育意识欠缺，参与主动性、积极性、深入性过低。

（二）幼儿园、家庭、社区协同共育措施明确化、具体化

在幼儿园、家庭、社区协同共育观念成熟的基础上，三方协同共育的具体落实情况得到重视。在相关政策引导和理论与实践的探

---

① 罗英智、李卓：《幼儿园、家庭和社区协同教育的现状调查与策略》，载《早期教育（教科研版）》，2013(1)。

索下，幼儿园、家庭、社区协同共育的措施逐渐具体化、明确化。

这一时期，家庭教育仍是教育政策关注的重点，相关文件数量较多，内容详细具体，且大多关注了幼儿园、家庭、社区有机结合的具体方式。2007 年，全国妇联、教育部、中央文明办等部门共同制定了《全国家庭教育工作"十一五"规划》，进一步细化了学校、社区对家庭教育进行指导的措施，明确指出中小学、幼儿园普遍建立家长学校；在经济基础较好的城市，70%的社区建立社区家长学校或家庭教育指导中心；结合社会主义新农村建设，具备条件的 50%的农村建立家长学校或家庭教育指导中心。"普遍""70%""50%"从定量的角度明确了建立家长学校的任务与要求。2012 年，全面指导家庭教育的《全国家庭教育指导大纲》指出，在家庭教育过程中需构建学校、家庭、社会"三结合"的教育网络，发展社区志愿者队伍。在这一时期，《中国儿童发展纲要（2011—2020 年）》《教育部关于建立中小学幼儿园家长委员会的指导意见》（2012）、《教育部关于加强家庭教育工作的指导意见》（2015）等文件均强调了幼儿园、家庭、社区三方间的协同共育。

除政策的具体引导外，学前教育的研究者与实践者已经意识到幼儿园、家庭、社区协同共育的重要性，并围绕"幼儿园、家庭、社区协同共育"这一主题开展理论研究和实践探索，对三方协同共育的现状及有效合作方式进行了深入思考与实践，进一步推动三方协同共育的明确化、具体化。

在理论研究和实践探索中，主要涉及以下主题。第一，针对幼儿园、家庭、社区协同共育现状的研究。在现状方面，研究者大多认为，对协同教育认识的欠缺、教育主体地位的失衡、教育实践指导的匮乏等是影响家庭、幼儿园、社区协同教育的重要因素；大多数家长赞同幼儿教育主体多元化，但家园沟通缺少具体反馈内容，社区参与活动有限，资源开发利用并不充分。① 第二，针对幼儿园、家庭、社区三方协同共育进行教育资源整合的内容与方法的研究，即研究三方如何发挥自身优势，进行人力资源与物力资源的优化与互补，以及提供对方所需要的服务。研究者对幼儿园、家庭、社区三方协同共育从各个方面进行总结，提出了多条策略。比如，幼儿园通过聘请有特长的家长或社区人员担任幼儿园"特聘教师"，参与幼儿园的保教、课程建设或管理；幼儿园对家庭、社区开放，提供场地、设施，营造教育氛围，为家长、社区人群提供科学的育儿方法；组织有能力、有特长的教师参与社区文化建设，开展各类有益的文化娱乐活动，促进社区精神文明建设；幼儿教师跳出幼儿园的小圈子，充分利用社区资源，设计活动，增进幼儿对社会的了解；社区也为幼儿的学习、生活提供良好的人文氛围、设施设备，注重发挥社区的引导功能，对社区教育资源进行有效开发和利用；加强幼儿园与家长、社区的多向互动沟通，通过丰富多彩的活动将幼儿园、家庭和社区紧密地联系在一起。② 第三，针对三方教育资源整合与幼儿园课程开发的研究。随着课程改革的广泛推进，园本课程开发的主体已不仅是课程专家、幼儿园教师，不少幼儿、家长及社区人员也共同参与到幼儿园课程计划的制定、实施和评价中；课程活动内容已由"预设"转向"生成"。不少幼儿园利用家庭、社区资源实现主题目标，从幼儿的兴趣、爱好、关注的话题入手生成教育活动，为开发出满足幼儿兴趣与需要的园本课程积累了大量的实践经验和一线资料。在理论研究和实践探索的共同推动下，幼儿园、家庭、社区协同共育的方式与内容在反思和探索中不断发展。

———————————

① 王秋霞：《家、园、社区协同教育的现状、影响因素与发展路径》，载《学前教育研究》，2014(5)。

② 陈红梅：《幼儿园与社区互动行为类型及其推进策略》，载《学前教育研究》，2013(5)。

学前教育质量的提高不仅是幼儿身心健康发展的必要条件，也是当前我国学前教育发展的重要任务。为实现高质量的学前教育，幼儿园、家庭、社区应协同共育，形成教育合力，建立三位一体的教育体系。整体而言，幼儿园、家庭、社区协同共育的局面虽然已初步发展，但尚未普遍形成，三方的多向互动路径还有待挖掘，这需要政策制定者、理论研究者、实践探索者在新时代的机遇和挑战中共同探索。

第二节　幼儿园、家庭、社区协同共育的反思与展望

回顾改革开放以来我国幼儿园、家庭、社区三方关系的发展历程，可以发现在政策制定者、理论研究者、实践探索者的共同努力下，幼儿园、家庭、社区协同共育已从意识萌芽阶段发展到初步建立阶段。在发展的过程中，既具有其自身的特点，也存在一定的问题。在中国特色社会主义进入新时代的社会背景下，幼儿园、家庭、社区三方协同共育的发展面临新的历史机遇，有必要总结当前幼儿园、家庭、社区协同共育存在的问题，并探索促进三方协同共育的实践路径。

一、幼儿园、家庭、社区协同共育的发展特点

改革开放以来，随着学前教育事业的不断发展与进步，幼儿园、家庭、社区三方的关系从单一的服务性联结关系到协同共育意识萌芽、成熟再到协同共育关系建立，三方的关系越来越紧密。回顾 40 年来幼儿园、家庭、社区协同共育的发展历程，可以发现以下三个特点。

（一）幼儿园、家庭、社区三方关系的变化与社会发展息息相关

教育在本质上是一种培养人的社会活动，为社会发展服务。不同的社会发展阶段对人才培养有着不同的要求，教育领域的具体方

针政策、各部分关系也随之不同。随着时代的变迁和社会的发展，幼儿园、家庭、社区三方的关系呈现出不同的变化。比如，在改革开放初期，在教育为生产服务的政策引导下，幼儿园承担起教育幼儿、服务家庭的责任；在社会主义市场经济实施初期，"社区"应运而生，"单位"概念弱化，"社区"概念凸显，无形中加强了社区与幼儿园、家庭的联系；当下，幼儿园、家庭、社区协同共育是提升学前教育质量、促进幼儿发展的重要措施，已成为世界范围学前教育发展的主要趋势。在这样的时代背景下，幼儿园、家庭、社区协同共育的有效实现已成为我国学前教育的重要发展任务。

（二）政策的教育导向日益增强，促使幼儿园、家庭、社区协同共育逐渐发展

自 1978 年以来，幼儿园承担着双重任务，其核心任务是保教幼儿，随着时代的发展，另一任务从使家长安心生产转变为"为幼儿家长提供科学育儿指导"。从关注社会生产到重视家庭教育，这一转变意味着幼儿园教育的双重任务的最终目的均指向幼儿，并注重通过幼儿园教育和家庭教育共同促进幼儿发展，这体现了以幼儿为中心的教育思想，也有利于促进幼儿园与家庭在教育方面的联结。随着政策教育导向的增强，在家园共育获得关注的同时，社区教育在促进幼儿发展中的巨大价值也逐渐受到关注，这使得社区与幼儿园、家庭的关系日益紧密。

（三）追求幼儿园与家庭、社区三方的有机结合，但仍然以幼儿园教育为主导

实际上，这反映了国家对幼儿园教育的干预和控制，其本质是教育权力的分配，即幼儿园在幼儿教育上拥有更大的发言权。幼儿园教育是由经过专业训练的教育工作者遵循科学依据对幼儿实施符合其身心发展的教育，贯彻国家方针政策，体现国家教育意志。在幼儿园、家庭、社区协同共育发展过程中，国家通过幼儿园间接调

节其与家庭、社区的关系，致力于形成目标一致、范围广阔的教育体系，营造出能够促进幼儿全面发展的教育环境。

二、当前幼儿园、家庭、社区协同共育存在的问题

虽然幼儿园、家庭、社区协同共育对幼儿发展的积极作用已经成为共识，幼儿园也正承担着三位一体、协同共育主导者的职责，三方协同共育的内容和路径得到了初步探索，但是协同共育的现状仍不容乐观，其有效性亟须提高。当前存在的问题主要体现在如下几方面。

（一）缺乏幼儿园、家庭、社区三方协调共育的政策与保障机制

改革开放 40 年来，关于幼儿园、家庭、社区三方关系的相关政策在数量上呈上升趋势，但多为在部分章节中对三方关系进行阐述或要求，尚未有专门的政策解释三方的关系及协同共育内容与路径等。

另外，合理而明确的监督机制是政策有效落实的有力保障，然而相关政策中并未提及考核或监督机制，地方也缺乏对幼儿园、家庭、社区三方关系的考核与监督，这就导致政策与实践的脱节，呈现出实践中以幼儿园为主导，幼儿园、家庭、社区的联系尚不密切的局面。能否利用政策和保障机制帮助家长和社区人员实现从被动配合到主动合作的转变，能否实现幼儿园与家庭、社区多向联系的常态化、制度化，是关系到能否切实提高学前教育质量的重要问题。

（二）理论研究与实证研究均亟待加强

关于幼儿园、家庭、社区协同共育，虽然理论研究者和实践探索者都开始关注这个问题，然而无论是理论研究还是实证研究，以幼儿园、家庭、社区协同共育为主题的都不多。具体表现为：在理论研究中，关于幼儿园、家庭、社区协同共育的内涵、理念、原则、内容、途径等尚不明晰，还有待深入探究；在实证研究中，研究者

常基于各自的角度以文献法、经验总结法或简单的调查法探讨幼儿园、家庭、社区协同共育的现状、影响因素，并提出解决策略，在研究方法上较为单一，在研究内容上并未深入考察每个因素在多大程度上影响三方协同共育，也未深入研究所提出的解决策略能多大程度地促进三位一体发展。改革开放 40 年来，核心期刊发表的协同共育相关主题的文章数量较少，且质量不高。需要后续研究者运用科学的研究方法，完善研究设计，努力提高研究质量；同时注意将研究结果及时应用到实践探索中去，并根据实践探索的结果进一步完善相关研究，以促进理论研究、实证研究和实践探索的紧密结合和良性循环。

（三）幼儿园、家庭、社区协同共育实践中存在"不协同"现象

幼儿园、家庭、社区协同共育已经被广泛认可，但是在实践中依然存在"不协同"现象，主要体现在如下方面。

1. 幼儿园、家庭、社区三方合作中地位不对等

这可能与我国幼儿教育深受以幼儿园教育为主的理念影响有关。幼儿园、家庭、社区协同共育是教师、家长、社区服务人员间以促进幼儿发展为目的的人际合作互动过程，教师、家长、社区服务人员均是合作主体，彼此在协同共育中是同等重要、互为主体的。但在教育实践中，幼儿园、家庭、社区协同教育存在着单向的特点，即幼儿园是权威者、主导者，教师指挥着家长、社区参与"共育"，但较少考虑家长、社区的需求；家庭、社区是参与者、支持者，被动配合着幼儿园的"共育"行为，缺乏主动性和主导权，缺少主体意识。简言之，三方在合作中的地位是不平等的。

2. 幼儿园、家庭、社区协同共育的表面化现象严重

幼儿园、家庭、社区协同共育是一种交互作用和相互影响的过程，是一个包括多主体，具有多种形式、多种内容的合作体系。但

在当前的三方协同共育之中，合作行为比较表面化，合作方式比较单一，合作程度较浅。其一，幼儿园、家庭、社区协同共育缺乏计划性，且多仅在学期初或学期末进行；其二，虽然家园联系密切，但家长多处于应邀参与活动层面，较少参与幼儿园管理与决策；[①]其三，虽然社区人员意识到协同共育的重要性，但社区在共育过程中处于边缘地位，活动组织与实施次数较少[②]，与幼儿园、家庭之间的联系不紧密。

3. 教育资源浪费的现象普遍存在

幼儿园、家庭、社区协同共育的有效实现需要依赖于三方教育资源的充分利用，只有当三方教育资源得以充分利用，才能使得三方所形成的教育合力最大化。在目前的实践中，幼儿园、家庭、社区三方教育资源的利用普遍存在浪费现象。其中既有幼儿园现存的师资、设施设备的浪费，也有家庭与社区自然资源与人文资源的浪费。一方面，幼儿园在协同共育过程中未充分发挥师资队伍和教育设备的优势，未能实现人力、物力的有效利用。例如，幼儿园教师未能主动、全面地与家长、社区进行互动，或未能充分利用网络平台、活动场地、教育设备等与家庭、社区进行合作。另一方面，家庭和社区本身就是幼儿园课程和管理的重要资源，但幼儿园普遍没有充分利用家庭和社区的资源优势。

4. 幼儿园、家庭、社区三方教育力量常常是孤立的、分散的，难以优化整合、合力共进

虽然幼儿园、家庭、社区三方协同共育已引起社会各界的广泛关注和重视，三方在教育资源整合与利用问题上也能够达成共识，但是合作的主动方仍是幼儿园，家庭与社区仍处于一种被动地位，

---

① 张韵：《幼儿园家园合作现状研究》，硕士学位论文，西南大学，2009。
② 王秋霞：《家、园、社区协同教育的现状、影响因素与发展路径》，载《学前教育研究》，2014(5)。

因而难以实现真正意义上三方资源的整合与利用。因此，如何有目的、有计划地整合教育资源，形成教育合力是亟待解决的问题。

第三节　新时代促进幼儿园、家庭、社区协同共育的实践路径

党的十八大提出"办好学前教育"，党的十九大明确指出要实现"幼有所育、学有所教"。这是党和国家对学前教育的重视，也是对高质量学前教育的要求。而高质量学前教育的实现不可能单靠任何一个教育主体来完成，而需要幼儿园、家庭、社区共同完成。可见，幼儿园、家庭、社区协同共育是办好学前教育、实现幼有所育的必然要求。在这一新的历史时期，幼儿园、家庭、社区三方协同共育的发展面临新的挑战与机遇。有必要针对当前幼儿园、家庭、社区协同共育存在的问题，提出促进三方协同共育的实践路径。

一、完善教育政策，建立监督评价体系

（一）制定有针对性的政策

随着时间的推移，幼儿园、家庭、社区三方关系在政策中出现的频率和比重整体呈上升趋势，但所占比重仍较少，且多出现在相关政策的部分章节中。为促进幼儿园、家庭、社区三位一体、协同共育的实现，有必要制定专门的、有针对性的政策，以细化三方合作的内容、途径、标准。西方国家的一些做法和经验值得我们借鉴。例如，美国在20世纪90年代实行《家长/家庭参与项目国家标准》，并在21世纪初修订这一文件，颁布《家庭与幼儿园合作国家标准》，形成了主要包括评价等级、使用指导、内容维度、目标和指标等方面的更加科学的框架内容。[①]

---

① 张鸿宇、王小英：《协作走向合作：美国家园合作关系国家标准的新发展》，载《基础教育》，2017(1)。

（二）建立管理制度与监督评价体系

政策管理和行政管理是现代国家实现社会控制的两种手段，就其共同点而言，二者都是国家机关管理活动的表现形式，都以管理对象的决策、调节、控制为主要内容，二者关系密切。[①] 在政策管理层面，幼儿园、家庭、社区三位一体、协同共育的关系已经建立，有了初步的互动内容与途径，但并未在实践中得到有效践行。为促进幼儿园、家庭、社区三位一体、协同共育的真正实现，有必要加强行政管理，建立一套行之有效的管理制度和监督评价体系，对幼儿园、家庭、社区三方关系进行考核与监督，以保证政策的有效落实。除了国家的相关法规和各级管理部门制定的规章制度外，幼儿园、家庭、社区三方还可以根据实际情况制定相应的规章制度，比如家园联系制度、家园社区共育工作章程、开门办园制度等。通过管理制度的制定与实施，使得幼儿园、家庭、社区三方能明确自己在协同共育中所承担的责任，从而促进三方协同共育的实现。

二、开展理论研究与实证研究，注重研究与实践的密切结合

（一）开展相关理论研究和实证研究

在理论研究层面，应厘清幼儿园、家庭、社区协同共育的理念、原则，在对幼儿园、家庭、社区协同共育的概念架构研究的基础上，借鉴国际先进经验，提出有创建性、本土化的幼儿园、家庭、社区协同共育的观点和建议。在实证研究层面，应注重实证研究和行动研究的开展。目前关于幼儿园、家庭、社区的研究多运用文献法来介绍经验，或运用简单的调查来反映现状，所用研究方法较为单一，且缺乏有效性、科学性。应进一步深入细化研究，分析现状，确定协同共育的影响因素和促进策略，运用更严谨的方法以获得更可靠

① 岳爱峰：《1978 年以来我国幼儿园与家庭关系政策的价值分析》，硕士学位论文，山东师范大学，2003。

的研究结果。研究者需要开展相关实证研究，运用问卷调查、访谈、观察等多种研究方法获得客观真实的数据，了解幼儿园、家庭、社区协同共育的现状和问题，以便有针对性地提出改进策略。

（二）注重理论研究与实践探索的结合

幼儿园、家庭、社区协同共育需要理论研究与实践探索的密切结合，重实践轻理论或者重理论轻实践的做法均会阻碍幼儿园、家庭、社区协同共育的教育合力的形成。只有理论研究与实践探索相结合，才能够促进协同共育发展理论的构建和实践探索的深层结合，促进其在理论与实践间的良性循环。一方面，理论研究者在进行研究或者介绍国际先进经验时，需要充分考虑我国幼儿园、家庭、社区协同共育发展的现状，有针对性地提出协同共育的方法。另一方面，一线园长和教师在实践探索中注重与理论结合，并将经验系统化、理论化，形成可借鉴、可操作的体系。通过理论研究与实践探索的结合，创建一套动态的幼儿园、家庭、社区协同共育的工作模式和运行机制；通过整合多方教育资源，构建一套幼儿园、家庭、社区协同共育的多元课程；通过项目管理及效能评价，制定一套幼儿园、家庭、社区协同共育的评价标准。

三、多种方式扭转幼儿园、家庭、社区协同共育实践中的"不协同"现象

（一）幼儿园、家庭、社区协同共育应该明确三方平等的地位

目前家、园、社区共育存在的一个问题是家、园、社区共育以幼儿园为主，家庭和社区被动参与，三方的地位是不平等的，这显然与《幼儿园教育指导纲要（试行）》中"应本着尊重、平等、合作的原则"的精神不符合。基于此，家、园、社区共育关系中三方的平等地位需要被明确和重视。在共育过程中，家庭教育是基础，幼儿园教育是主导，社区教育是家庭教育与幼儿园教育的补充。虽然三方在共育过程中所起的作用不同，但三方均是合作与共育的主体，这决

定了三方必然是地位平等、权利相当的。幼儿园、家庭、社区三方平等地位的建立最重要的是三方均应该树立责任主体意识。具体而言，一方面，幼儿园应该尊重家庭、社区的主体地位，给予家庭、社区更大的参与权和更多的参与机会。例如，在家园共育过程中，幼儿园应该将家长视为育儿的合作伙伴，尊重家长参与的权利，让家长在参与活动的同时也能够充分参与到幼儿园的管理与决策中。在与社区共育的过程中，幼儿园应该与社区建立互惠共赢的伙伴关系，在利用社区资源的同时也需要配合社区的家庭教育指导活动，支持社区的文化教育活动。另一方面，家庭和社区自身需要增强共育意识，明确自身的主体地位，承担起主体所肩负的责任。无论是家长还是社区服务人员，均应该意识到自身在协同共育中的主体地位，以主动积极的态度参与三方共育。

(二)增强家长对幼儿园的信任，调动家长的积极性，提高家园共育质量

陈鹤琴曾说幼儿教育是一件很复杂的事情，不是家庭一方面可以单独胜任的，也不是幼儿园一方面能单独胜任的，必须要两方面共同合作，方能得到充分功效。家庭和幼儿园是幼儿生活的两大主要场地，其中又以在家庭中的时间居多。实现家园共育，将家庭与幼儿园紧密联系起来，需要幼儿教师与家长以幼儿发展为中心，进行经常性的双向沟通。然而，近年来幼儿一些安全问题使幼儿园的社会形象受到消极影响，家园关系变得较为微妙、紧张，家长对幼儿园的信任度有所降低，不安全感增强，这严重破坏了幼儿园与家庭的紧密关系。在舆论环境不利的情形下，健全家长工作的各项制度、提高对家长工作的认识、积极与家长沟通显得尤为重要，以增加家长对幼儿园的信任。另外，针对家长参与积极性不高、参与表面化的现象，幼儿园需通过各种措施吸引家长参与幼儿园教育，增加家长参与程度与深度。具体而言，幼儿园可以通过专家讲座、阅

读专业书籍等形式进行宣传，让家长了解家园共育的意义；公布幼儿园教育内容，让家长更好地配合幼儿园教育；充分利用家长资源，让家长走进幼儿园，参与幼儿园的教学与管理；以幼儿园为主要阵地，开展多种形式的家长培训。幼儿园是家园共育的主要调动者，但不是家园共育的唯一参与主体，因此，幼儿园在吸引家长参与幼儿园教育的同时需努力促使家长由被动参与转变为主动合作。家园双方积极沟通、相互配合，拓展家园合作的广度与深度，才能实现高质量的家园共育。

(三)注重社区资源的有效开发与合理利用

社区是幼儿的主要生活空间，社区资源是内涵丰富的活教材，蕴含着丰富的教育资源。应在关注幼儿兴趣和需要的基础上，不断捕捉教育契机，有效开发、合理运用社区的教育资源，促进幼儿身心全面发展。幼儿园、家庭、社区三位一体、协同共育的教育模式需要实现以幼儿园为主体，以家庭为基础，以社区为依托的幼儿教育格局。首先，幼儿园需发挥引导和带动作用，一方面，园所自身需积极参与社区活动，主动与社区合作，充分利用社区资源，将幼儿园教育与社区教育紧密联系。比如，结合社区环境，幼儿园可以通过"请进来、走出去"的方式开阔幼儿视野，弥补幼儿园教育与家庭教育资源的不足，让生活走进课堂，让幼儿融入社区，真正做到"生活即教育""社会即学校"。另一方面，可以引导家长参与社区活动，将家园共育扩展为幼儿园、家庭、社区三方共育。其次，需要通过宣传教育、政策引领等方式增强家庭、社区对社区教育重要性的认识，提高家庭、社区在幼儿园、家庭、社区协同共育中的主动参与度，以实现幼儿园、家庭、社区三方主动参与、平等合作、协同共育的教育体系。需要指出的是，在进行社区资源的开发与利用的过程中，幼儿园应坚持与社区互利互惠、平等交流的原则。幼儿园与社区的交流应是双向互利的，一方面，幼儿园应开发社区内各种资源为教育服务；另一方面，社区中的人们也需要接受科学育儿知识的熏陶。幼儿园也可以以此为突破口，在社区的文化建设中发挥自己的优势，形成区域性学前教育中心，在这一过程中，家庭正是连接幼儿园与社区的桥梁。

（四）利用信息网络技术，创新幼儿园、家庭、社区协同共育方式

21 世纪是互联网的世纪，当前信息网络技术飞速发展，已经在各行各业得到广泛应用。传统的沟通交流方式已经无法满足人们的需求，QQ、微博、微信等已经把人们带入了新信息时代，微课、微视频、微电影等一时间充满人们的眼球。利用信息网络技术进行幼儿园、家庭、社区协同共育已经成为必然趋势。幼儿园可以充分利用信息网络技术的优势，创新幼儿园、家庭、社区协同共育的途径，形成三方之间的良性互动。比如，很多幼儿园都已经开通了官方微信公众平台，使用"家校通"等手机应用进行家园共育，这种新型的家园共育形式受到家长、幼儿园及教师的青睐，使用频率较高。信息网络技术的发展为幼儿园、家庭、社区协同共育提供了新思路，今后应进一步开阔思路，创新幼儿园、家庭、社区协同共育的方式，促进幼儿发展和学前教育质量的提高。

改革开放 40 年以来，我国以儿童为中心，在政策制定者、理论研究者、实践探索者的共同努力下，初步形成了幼儿园、家庭、社区协同共育的局面，取得了令人瞩目的发展与成就。幼儿园、家庭、社区协同共育不仅提高了学前教育质量，也极大地促进了幼儿的全面发展。然而，成就与不足并存，发展与挑战同在，面对幼儿园、家庭、社区协同共育过程中出现的政策支持不够、研究深度欠缺、三方"不协同"的现象，还需要政策制定者、理论研究者以及幼儿园、家庭、社区三方的不断探索与努力，以有效实现幼儿园、家庭、社区的协同共育，为幼儿发展建构多主体、全方位的教育环境。

第八章
农村学前教育的
发展与展望

第一节　农村学前教育发展的基本脉络

农村学前教育承担着教育绝大多数贫困地区幼儿的重任，对保障儿童基本发展权、促进贫困人口脱贫、提升我国人力资本整体素质、促进我国经济社会长远发展和提高国际竞争力具有重要的战略价值。改革开放以来，随着对学前教育价值认识的不断深化和对农村教育的日益重视，我国政府从国情和各地方实际出发，积极制定政策，推动我国农村学前教育事业持续发展。

一、拨乱反正，农村学前教育进行调整与恢复(1978—1982年)

1976年10月，我国结束了长达10年的"文化大革命"。尽快恢复社会安定、进行各项事业恢复工作以及进一步进行经济建设成为当时中国政府的重要任务。1978年12月，党的十一届三中全会召开，我国进入改革开放和社会主义建设的新时期。在邓小平的教育理论、三个面向和科教兴国等战略方针的指引下，我国农村学前教育积极根据社会和民众需求进行调整与恢复，进入了新的历史发展阶段。

（一）恢复和健全包括农村学前教育在内的学前教育管理机构

为扭转"文化大革命"期间城乡学前教育事业遭受全面破坏的混乱局面，党和政府加强了对包括农村学前教育在内的全国学前教育工作的指导与管理。1978 年教育部在普通教育司恢复了幼教特教处，负责对全国城乡各类幼儿园进行政策及业务工作指导，使得失去国家机关专职领导已达 16 年之久的幼教事业又有了国家领导机构。在国家的带动下，地方各乡镇的教育部门也陆续恢复和健全农村学前教育管理机构与体制，纷纷设立了专职人员（幼教辅导员）负责幼教工作，有的乡镇还设置了专门机构负责农村学前教育事业的恢复与发展。

（二）确定了农村学前教育事业的发展方针

1979 年经中共中央和国务院批准，教育部、卫生部、财政部等部门联合召开了全国托幼工作会议。会议分析研究了全国尤其是农村托幼的工作现状，讨论包括农村学前教育在内的托幼工作中迫切需要解决的问题，并再次就关于坚持"两条腿走路"的发展方针提出了指导性意见。会后，中共中央、国务院转发了《全国托幼工作会议纪要》，重申学前教育的发展必须坚持"两条腿走路"的方针，并针对农村学前教育事业的发展现状，在办园、教师队伍建设尤其是农村幼儿园教师的待遇、培养等方面提出了具体的指导意见，如明确规定要在农村大力发展农忙托幼组织，有条件的社队要举办常年托儿所、幼儿园（班），要普及婴幼儿卫生保健和教养知识，提高现有园所的保教水平；农村社队园所保教人员的待遇，应相当于同等劳动力的报酬。经过培训考核或工作成绩突出的保教人员，其报酬可高于同等劳动力；幼儿师范要逐步地为农村社队托儿所、幼儿园代培幼教骨干；等等。

农村学前教育管理体制的恢复和设立，发展方针、办园体制以及教师队伍建设等问题的明确，大大促进了农村学前教育的调整与恢复。据统计，1982年全国县镇、农村入园幼儿为881万人，占全国入园幼儿总数的79.2%，比1978年增长了35.7%；不少农村地区学前一年的幼儿班发展很快，深受农民群众的欢迎；全国县镇、农村幼儿教师已达30余万人，这支队伍经初步整顿，在年龄和知识结构上都产生了较大变化，具有初、高中文化程度的青年教师不断增加，保教质量有所提高。

二、纳入政府议事日程，农村学前教育稳步提高（1983—1995年）

随着农村学前教育的恢复与发展，全国学前教育事业开始呈现由城市向农村发展的大趋势，但农村学前教育工作在不少地方尚未受到应有的重视。领导工作薄弱，事业发展缓慢；事业经费缺乏，办园条件很差；幼儿教师待遇低，影响队伍的稳定；绝大多数教师未受过系统的专业训练，教育工作中比较普遍地存在着小学化、成人化的倾向，幼儿园的数量和质量均不能满足群众的要求。为切实改变这种状况，党中央和国务院开始重视农村学前教育事业发展，将农村学前教育事业纳入议事日程，进而带动农村学前教育稳步提高。

（一）出台"一揽子"政策，顶层设计农村学前教育事业发展

根据我国农村人口占绝大多数的基本国情，为进一步促进农村学前教育事业的发展，1983年5月，《中共中央、国务院在关于加强和改革农村学校教育若干问题的通知》中明确提出了"积极发展幼儿教育"的要求。为落实党中央和国务院的政策，同年9月教育部专门颁发了《教育部关于发展农村幼儿教育的几点意见》，这是新中国成立后第一次专门针对农村幼儿教育事业发展发布政策文件，对农村学前教育事业的发展起到积极的指导作用。该文件首先突出强调了农村幼儿教育在对小学教育的普及与提高、对农业生产发展的促进、对计划生育这一基本国策的实行以及满足农民群众的迫切要求等方面的重要价值与功能；同时强调必须有计划地发展农村学前教育，

并对农村学前教育的发展原则与方针、领导与管理体制、事业发展
的目标、办园主体与责任、教师队伍建设等方面提出了较为科学、
细致的指导意见。另外，为更好地发挥学前班对我国农村学前教育
事业发展的作用，进而保障农村学前教育事业的发展，1986 年国家
教委发布《关于进一步办好幼儿学前班的意见》，从办班思路与原则、
办班经费及条件、师资培训以及学前班的领导与管理等方面提出进
一步改进的意见。1991 年国家教委颁布《关于改进和加强学前班管理
的意见》，进一步强调了举办学前班对农村幼儿教育事业发展的重要
性，并对农村学前班的举办理念与原则、领导与管理等提出明确
要求。

上述针对农村学前教育专门政策的颁布，大大促进了农村学前
教育事业的发展。据统计，农村幼教机构由 1982 年的 91 809 所增至
1992 年的 111 016 所，增长率达 21％；1992 年，全国小学附设的学
前班数占幼教机构总班数的 42.5％，其中农村学前班占 54.2％；
1993 年，学前班已占全国幼教机构总数的 44.6％，其中农村学前班
占 56.2％。[①]

(二)明确发展农村学前教育的责任主体

20 世纪 80 年代，在教育体制改革的大背景下，农村学前教育重
新被纳入国家教育行政管理体系。由于 1982 年机构改革过程中全国
托幼工作领导小组及其办事机构被撤销，学前教育整体管理分工不
清、职责不明，从而影响了整个学前教育事业的进一步发展。为解
决这一问题，1985 年《中共中央关于教育体制改革的决定》明确规定
"把发展基础教育的责任交给地方"，学前教育作为基础教育的基础
被交给地方，由此明确了事业发展的责任主体。1987 年国务院办公

---

① 史慧中：《中华人民共和国幼儿教育　有中国特色社会主义建设时期的幼儿教育
（上）》，载《幼儿教育》，2001(1)。

厅转发了国家教委等部门《关于明确幼儿教育事业领导管理职责分工的请示》的通知，同样提出"幼儿教育事业主要由地方负责，各级地方人民政府应切实加强对幼儿教育工作的领导，制订规划，认真实施，积极推进幼儿教育事业的发展"，由此正式确定了农村学前教育发展的责任主体为地方政府。1989 年 8 月 20 日国务院批准了中华人民共和国第一个学前教育行政法规《幼儿园管理条例》，其中再次强调包括农村学前教育在内的学前教育事业的发展与管理遵循地方负责、分级管理和各有关部门分工负责的原则。农村学前教育责任主体的明确强化了县、乡政府和村委会发展农村学前教育的职责，同时也极大地调动了群众的办园积极性。据统计，1990 年我国农村园所数为 119 399 所，占全国园所总数的 69.3％，在园幼儿人数为12 172 810 人，占全国在园幼儿人数的 61.7％。

（三）明确发展农村学前教育的原则与目标

1988 年 8 月 15 日，国务院办公厅转发国家教委等部门的《关于加强幼儿教育工作的意见》，明确提出："目前，幼儿教育事业的发展应把重点放在城市以及经济发展快、教育基础比较好的农村地区。"并进一步指出了发展学前教育"必须按照因地制宜，积极创造条件，以条件定发展的原则，坚持在保证一定质量前提下的数量与质量的统一，逐步做到基本适应当地经济和社会发展的需要"。同时，明确规定"在农村，可先发展学前一年教育，有条件的地方要发展农村幼儿园以及办好乡中心幼儿园"；"乡、村举办的集体性质幼儿园（班），其经费由举办单位自筹解决，并可按有关规定适当向家长收费"。1993 年发布的《中国教育改革和发展纲要》强调广大农村要积极发展学前一年教育。1992 年 2 月公布的《九十年代中国儿童发展规划纲要》首次明确提出普及农村学前教育事业的具体目标是学前一年幼儿入园（班）率达 60％，并要求在经济不发达的农村和人口居住分散、交通不便的山区、牧区要利用多种形式进行学前教育；1993 年通过的《中国全民教育行动纲领》再次明确将农村学前一年教育的幼儿入园率达 60% 列为 2000 年的全民教育目标。同时《幼儿园管理条例》还进一步对农村幼儿园的举办、停办程序做出详细规定。上述发展农村学前教育事业的方针政策都是较为科学合理的，极大地保障并促进了农村学前教育的发展。

整体而言，20 世纪 80 年代初到 90 年代中期，农村学前教育的发展呈现稳步提高的趋势：农村园所数趋于稳定；农村入园幼儿数不断提升，如 1980 年农村入园儿童数为 879 万人，而到 1995 年上升至 1 625 万人；并且农村幼儿园专任教师数也不断提升，1996 年已增加至 41 万人。

三、社会变革，农村学前教育艰难曲折发展(1996—2002 年)

1996 年我国开始进入第九个五年计划时期，"九五"计划是社会主义市场经济体制下的第一个中长期计划，是我国实施科教兴国伟大战略的重要时期，也是我国处于加大经济体制、政治体制改革力度和加快社会变革的重要时期。社会全面变革致使包括农村学前教育在内的整个学前教育加速朝着社会化方向发展，学前教育被盲目地市场化、社会化。在这一阶段，一方面，国家加大了对农村学前教育的关注程度，强化对农村学前教育的统筹规划和管理；另一方面，农村学前教育事业在快速推进社会化、市场化的过程中受到了一定的冲击，经历了一个倒退滑坡、艰难曲折发展的阶段。

(一)强化对农村学前教育事业发展的统筹规划与管理

为实现《全国教育事业"九五"计划和 2010 年发展规划》中的发展目标，我国从明确政府职责、规划、发展战略、办园标准等方面加强对农村学前教育事业的领导与管理。其一，明确省级政府和乡镇政府在农村学前教育事业发展中的职责。为保障农村学前教育的真正有效发展，相关政策明确规定了省、乡镇政府在发展农村学前教育中的重要作用，如省政府应根据国家的方针政策制定农村事业发展规划，定期检查、指导并注意发挥县示范幼儿园的示范作用；乡镇应努力办好中心幼儿园并充分发挥中心园的示范、辐射以及对村办园（班）的指导和管理作用。其二，将农村学前教育事业发展纳入全国教育事业五年计划中。1996年4月10日发布的《全国教育事业"九五"计划和2010年发展规划》明确提出"九五"期间，农村学前一年级幼儿入园（班）率要达到60％以上；2001年《全国教育事业第十个五年计划》中则要求努力使城乡儿童在入小学前能够接受多种形式的学前教育。其三，明确提出分区域、分阶段普及农村学前教育的发展战略。1997年7月国家教委发布的《全国幼儿教育事业"九五"发展目标实施意见》明确提出要根据"普九"情况和经济发展水平分阶段、因地制宜发展农村学前教育：1996年已经基本"普九"及沿海经济发达的省（市）农村积极发展学前二年或三年教育；1998年基本"普九"和经济发展中等的省（市）农村普及学前一年教育；2000年基本"普九"和经济欠发达的省（区）农村巩固和发展学前一年教育。2001年发布的《国务院关于基础教育改革与发展的决定》再次提出占全国人口15％左右、未实现"两基"的贫困地区要积极发展学前一年教育；占全国人口50％左右、已实现"两基"的农村地区要积极发展学前三年教育。其四，明确农村办园标准。《全国幼儿教育事业"九五"发展目标实施意见》明确要求，到2000年，"农村绝大多数的乡（镇）应建立一所中心幼儿园，其中1/2达到省或地（市）规定的乡（镇）中心幼儿园的标准"。2001年发布的《国务院关于基础教育改革与发展的决定》进一步提出"加强乡（镇）中心幼儿园建设并发挥其对村办幼儿园（班）的指导作用"。其五，重视加强农村幼儿师资队伍建设。《全国幼儿教育事业"九五"发展目标实施意见》明确提出要根据农村幼儿教师的实际制定相应的办法，保证农村幼儿教师队伍的稳定。如规定农村幼儿教师的"报酬可参照当地小学教师工资水平或不低于当地人均收入的水平而定，并有所增长。工资必须及时兑现。农村幼儿教师参加小学教师职务评聘，对成绩显著者要及时宣传、表彰"。同时还要求各地研究制定农村幼儿教师社会保障等有关政策，使其安心从教。

（二）推行社会化、市场化改革，农村学前教育数量与质量出现滑坡

1995 年《关于企业办幼儿园的若干意见》和 1997 年《全国幼儿教育事业"九五"发展目标实施意见》两个重要文件是使我国幼儿园办园体制和格局发生重要变化的方向性和指导性文件。它们明确提出逐步推进幼儿教育社会化的发展方向。[①] 尤其是《全国幼儿教育事业"九五"发展目标实施意见》，直接指引着农村探索学前教育社会化、市场化改革。但需要特别指出的是，"学前教育社会化本意指推进非政府力量与政府携手举办学前教育，共同提供学前教育资源和民主管理学前教育过程，是学前教育从过分依赖政府到以社会（包括政府）为依托，扎根于广大社会的过程"[②]。就此而言，农村学前教育社会化意在促使社会多种力量共同参与发展学前教育事业。但该意愿在实施过程中却被误读，对农村学前教育事业发展产生极大的消极影响。

首先，农村学前教育机构数量急剧缩减，幼儿入园率急剧下降。由于对政策的误解，部分地区将学前教育"社会化"等同于"市场化"和"私营化"，由此认为农村学前教育事业发展应以市场为导向，并借此弱化甚至推卸政府发展农村学前教育的职责，"关、停、并、转、卖"幼儿园，导致农村学前教育机构大幅缩减，儿童受教育机会减少。据统计，我国农村幼儿园所数从 1997 年的 10.73 万降至 2000 年的 9.35 万，再降至 2002 年的 4.91 万；在园幼儿人数从 1997 年的 1 453.01 万降至 2002 年的 1 004.90 万，降幅达 30.84%；在各类

---

① 中国学前教育发展战略研究课题组：《中国学前教育发展战略研究》，24 页，北京，教育科学出版社，2010。

② 涂艳国：《中国儿童教育 30 年》，19 页，长沙，湖南师范大学出版社，2008。

型办园中，农村最倚赖的集体力量办园减少的幅度最大。

　　其次，农村学前教育质量急剧下降，教育性和公益性受到挑战。一是在将"社会化"等同于"私营化"后，部分农村地区出现了许多以营利为目的民办园，在这些民办园中有很多办园条件简陋，园舍条件差，基本设施不健全。幼儿园的卫生、安全制度极不规范，幼儿的饮食单一、粗糙，幼儿的身心健康难以保障。二是部分幼儿园或学前班由于教师水平偏低，或由于要吸引家长，而过于强调学前教育为小学入学做准备，在教育教学过程中不顾幼儿身心发展特点，提前对幼儿进行小学教育。个别幼儿园或学前班甚至直接使用小学一年级教材，以学拼音、汉字、数学为主。有的学前班虽然使用了学前班教育用书，但并不将游戏作为幼儿一日活动的最基本形式，而由教师进行集体授课，严重影响了我国农村学前教育质量的提升，不利于幼儿身心健康的发展。三是幼儿教师身份不明，老龄化现象严重。尽管国家政策要求保障农村幼儿教师队伍建设，维护教师稳定，但在实际中，学前教育市场化的推行使得很多地方政府推卸发展农村学前教育的责任，也否认建设农村幼儿教师队伍的职责。农村幼儿教师不仅被排除在民办教师转为公办教师的范围外，而且收入低，身份地位没有任何的保障，很多学历和专业合格的年轻幼儿教师不愿意到农村任职，导致农村幼儿教师队伍老龄化严重，师资难以得到有效补充，很多学前班因缺少教师而关闭，严重影响农村学前教育的质量。

　　1996—2002 年我国农村学前教育事业的发展经历了一段艰难曲折的历程。这主要是由于这一阶段我国加大经济体制、政治体制改革力度，特别是对基础教育的改革、对农村义务教育管理体制的改革等，对农村学前教育事业产生了强烈影响。例如变卖公办、集体办幼儿园以及调整中小学布局带来的学前班和幼儿园数量减少问题，幼儿教师身份、待遇问题，等等。我国农村学前教育在经历了持续稳定发展后跌入短暂的数量与质量均滑坡的时期。但值得欣慰的是，农村学前教育逐渐受到国家重视，国家开始加强对农村学前教育事业发展的统筹规划与管理，农村学前教育在经历曲折发展期后逐渐进入改革振兴阶段。

四、改革振兴，农村学前教育深入改革发展（2003—2009 年）

改革开放以后，我国社会生产力、综合国力和人民生活水平都上了一个大台阶，经济体制和管理体制都发生了重大变化，为推进社会主义现代化建设奠定了良好基础。面对改革开放和现代化建设新阶段的形势和任务，2003 年，党中央和国务院在实施科教兴国战略的基础上开始实施人才强国战略，教育在现代化建设中优先发展的战略地位得到进一步确立。然而，作为基础教育重要组成部分的农村学前教育，由于受到社会化和市场化改革、农村教育管理体制改革、中小学教育资源调整等政策的影响，与社会转型相适应的发展与管理体制尚未建立，事业发展仍面临着前所未有的困难和挑战。在此背景下，国家对包括学前教育在内的农村教育进行了一系列改革，我国农村学前教育事业由此进入了改革振兴的发展时期。

（一）农村学前教育事业发展被纳入国家及地方重要议事日程

2003 年，时任国务院总理温家宝主持召开国务院常务会议，会议通过了《国务院关于进一步加强农村教育工作的决定》，该文件明确了农村教育在全面建设小康社会中的重要地位，并提出"把农村教育作为教育工作的重中之重"。该文件明确提出了"地方各级政府要重视并扶持农村幼儿教育的发展，充分利用农村中小学布局调整后富余的教育资源发展幼儿教育。鼓励发展民办高中阶段教育和幼儿教育"。为贯彻落实国务院的方针政策，教育部将"努力发展农村学前教育"作为 2008 年工作要点重点推进。2008 年中国共产党第十七届中央委员会第三次全体会议通过了《中共中央关于推进农村改革发展若干重大问题的决定》，再次强调要"发展农村学前教育"。上述政策将农村学前教育放到农村改革与农村教育改革的大背景中进行强调，农村学前教育事业发展被提上政府日程。

在中央政策的指引下，我国各省（直辖市、自治区）也逐渐重视农村学前教育的发展，纷纷通过召开高层次专门会议、构建政策规划保障体系、发展乡镇中心园等方式来促进农村学前教育的发展。如山东省分别于 2001 年和 2005 年两次召开全省农村学前教育专题研讨会，会上明确提出了农村学前教育的改革发展思路和政策举措。2008 年山东省再次召开全省农村学前教育工作会议，这次会议不仅明确提出了农村学前教育普及发展的目标，而且明确将农村学前教育发展纳入经济社会发展规划、城镇化发展规划和新农村建设规划。同时，会议明确规定要制定农村学前教育改革发展的总体政策，尤其要针对农村学前教育改革发展中的重难点问题制定专门政策，形成农村学前教育发展政策体系。不仅山东，浙江省 2008 年学前教育工作会议也指出，农村学前教育发展的主要任务是加快建立完善以乡镇中心园为骨干、村幼儿园为重要组成部分的学前教育网络。可见，农村学前教育事业发展已经被提上国家及地方的重要议事日程。

（二）深入改革农村学前教育管理体制

为从根本上保障并促进农村学前教育的发展，2003 年国务院办公厅转发了教育部等部门《关于幼儿教育改革与发展的指导意见》。该文件首次明确了各级政府在农村学前教育事业发展中的具体职责：县级人民政府负责本行政区域公办幼儿园的建设和各类幼儿园的管理；乡（镇）人民政府承担发展农村幼儿教育的责任，负责举办乡（镇）中心幼儿园，筹措经费，改善办园条件；发挥村民自治组织在发展幼儿教育中的作用，开展多种形式的早期教育和对家庭幼儿教育的指导。同时该文件明确要求"县级以上教育部门要加强幼儿教育管理，要办好乡（镇）中心幼儿园，发挥其对乡（镇）幼儿教育的指导作用，乡（镇）幼儿保育、教育的业务指导由乡（镇）中心幼儿园园长负责"，由此形成了我国农村三级办学、二级管理(县、乡镇政府二级)的学前教育管理体制。

(三)明确了农村学前教育经费与教师队伍建设原则

《关于幼儿教育改革与发展的指导意见》首次明确提出农村"乡(镇)人民政府的财政预算也要安排发展幼儿教育的经费"；并要求"地方各级人民政府要积极采取措施，加大对幼儿教育的投入，做到逐年增长。县级以上人民政府……扶持和发展农村及老少边穷地区的幼儿教育事业"，"劳动保障部门在研究探索农村养老保险制度时，要统筹研究农村幼儿教师的养老保险问题"。

政府对农村学前教育的重视、各级政府职责的明确以及农村学前教育管理体制的完善，是该阶段农村学前教育快速发展的重要保障。农村学前教育事业连续下滑局面在 2003 年得以逐步扭转。据统计，2002 年我国农村幼儿园所数约为 4.91 万，在园幼儿人数约为 1 004.90 万。至 2009 年，我国农村幼儿园所数约为 6.64 万，比 2002 年增长 35.23%，幼儿在园人数约为 1 126.00 万，比 2002 年增长 12.05%(见表 8-1)。

表 8-1　2000—2009 年农村幼儿园园所数、在园幼儿数

年　份	园　所　数	在园幼儿数
2000	93 500	11 628 800
2001	53 000	10 454 500
2002	49 133	10 049 000
2003	50 561	9 403 967
2004	54 260	9 966 206
2005	60 221	10 169 235
2006	64 719	10 478 419
2007	61 343	10 331 194
2008	64 303	10 673 559
2009	66 366	11 259 980

五、政府主导，重点发展农村学前教育（2010 年至今）

当前我国进入了中国特色社会主义新时代，社会主要矛盾已经转化为人民日益增长的美好生活需要和不平衡不充分的发展之间的矛盾。在这一崭新历史时期，学前教育作为我国建构社会公共服务体系和满足民生重大需求的重点领域，成为我国政府教育改革的重要着力点之一。2010 年，我国明确提出"政府主导""重点发展农村学前教育"，农村学前教育进入发展的春天。

（一）明确提出政府重点发展农村学前教育的主导地位与主要责任

2010 年出台的《国家中长期教育改革和发展规划纲要（2010—2020 年）》明确提出"政府主导、社会参与""重点发展农村学前教育"，并要求采取多种形式努力扩大农村学前教育资源，努力提高农村学前教育普及程度。为实现上述目标，《国务院关于当前发展学前教育的若干意见》明确提出政府主导重点发展农村学前教育的主要职责。第一，纳入规划。明确要求"各地要把发展学前教育作为社会主义新农村建设的重要内容，将幼儿园作为新农村公共服务设施统一规划，优先建设，加快发展"。第二，加大投入。着重要求"各级政府要加大对农村学前教育的投入"，进一步明确中央和地方政府在扩大农村学前教育资源中的职责。从 2010 年开始国家实施推进农村学前教育项目，重点支持中西部农村地区；要求地方各级政府必须要安排专门资金，重点建设农村幼儿园，在农村园舍建设、师资队伍建设、公用经费、资助困难群体等方面加大投入。第三，多种形式扩大资源，逐步完善县、乡、村学前教育网络。一是新建、改建、扩建一批安全、适用的幼儿园；二是充分利用中小学布局调整的富余资源和其他富余公共资源，优先改建幼儿园；三是独立建园、设分园、联合办园，在人口分散地区举办流动幼儿园、季节班等，配备专职巡回指导教师，逐步完善县、乡(镇)、村学前教育网络。第四，发挥乡(镇)中心幼儿园对村幼儿园的示范指导作用。第五，优先倾斜。一是重点支持中西部农村地区、贫困地区发展学前教育，并设立推进农村学前教育重点项目，由中央财政安排专项资金，重点支持中西部地区；二是着力保障留守儿童入园，接受学前教育。2017 年中共中央办公厅、国务院办公厅印发《关于深化教育体制机制改革的意见》，再次明确提出要"理顺学前教育管理体制和办园体制，建立健全国务院领导、省市统筹、以县为主的学前教育管理体制"。

(二)以县为单位实施三轮学前教育三年行动计划

为切实推进包括农村学前教育在内的学前教育事业的整体发展，有效缓解日益凸显的"入园难"问题，《国务院关于当前发展学前教育的若干意见》明确规定"各省(区、市)政府要深入调查，准确掌握当地学前教育基本状况和存在的突出问题，结合本区域经济社会发展状况和适龄人口分布、变化趋势，科学测算入园需求和供需缺口，确定发展目标，分解年度任务，落实经费，以县为单位编制学前教育三年行动计划，有效缓解'入园难'"。为了贯彻落实该文件，2011—2016 年，国家成功实施两轮学前三年行动计划，我国农村学前教育事业得到快速发展。截至 2016 年，全国农村幼儿园园所数为 83 884 所，较 2015 年增长 6 624 所(2015 年为 77 260 所，较 2014 年增长 4 677 所)；幼儿园班数也增长至约 43 万个。目前我国正在实施第三轮学前教育三年行动计划，进一步加大了对农村学前教育的重视与推动力度。三年行动计划使得地方各级党委、政府高度重视农村学前教育，不少地方政府形成党政领导亲自抓农村学前教育的工作格局，有力地促进了当地农村学前教育事业的发展。我国农村学前教育已进入发展改革的春天。

(三)建立健全以农村弱势地区为重点的学前教育财政投入体制

财政是实现政府主导推进农村学前教育健康发展的重要手段，

当前我国正在努力建立健全以农村为重点的学前教育财政投入体制。第一，确立了"政府主导，社会参与""因地制宜，突出重点"的财政投入原则。2011年财政部、教育部出台的《关于加大财政投入支持学前教育发展的通知》中明确规定"坚持政府主导"，"把加快发展农村学前教育作为工作重点，中央财政重点支持各地特别是中西部地区农村学前教育发展，以及家庭经济困难儿童、进城务工人员随迁子女和留守儿童接受学前教育"，这对有效促进农村、贫困等处境不利地区学前教育的普及发展，进而保障相关儿童学前教育起点公平起到了重要的作用。第二，明确实行以农村为重点的财政投入政策。在当前中央财政重点支持的四大类七个重点项目中，有三大类是专门针对农村学前教育或者以农村学前教育为主的，分别为"校舍改建类""幼师培训类"及"幼儿资助类"项目，这有利于从硬件、软件两方面有效促进农村学前教育事业的发展。

(四)明确以普惠性公办幼儿园为主体促进农村学前教育发展

为有效推进农村学前教育发展，解决农村学前教育供给不足的难题，我国基本确立了农村以普惠性公办园为主体的改革路径。第一，大力增设农村地区公办幼儿园。如北京以公办幼儿园为主发展农村幼儿教育，浙江杭州重点建设农村公办幼儿园，湖南郴州、浙江安吉、四川新津等以乡镇公办幼儿园带动农村公办园发展。第二，利用农村闲置校舍改建幼儿园，如从2011年开始，中央财政支持中西部地区和东部困难地区用三年时间，将农村闲置校舍和其他富余公共资源改建成幼儿园，保证园舍的安全，配备必要的玩具、教具、保教和生活设施设备等。第三，农村小学增设附属幼儿园，为满足农村基本办园需要，从2011年起，国家支持农村小学或教学点增设附属幼儿园，通过功能改造建成幼儿园。

(五)构建农村幼儿园教师队伍建设支持体系

为保障农村学前教育质量，加强农村幼儿教师队伍建设，国家逐步建构起农村幼儿园教师队伍建设的支持体系。一是实施幼儿教师国家级培训计划。2011 年，教育部、财政部开始实施幼儿教师国家级培训计划，明确规定培训对象为中西部地区农村公办幼儿园（含部门、集体办幼儿园）和普惠性民办幼儿园园长、骨干教师、转岗教师，并明确提出要根据农村幼儿教师的不同需求分类培训。如骨干型教师主要以"参与式"培训为主，以问题为中心，以案例为载体，增强培训的针对性和实效性，对转岗教师主要是帮助其树立学前教育专业意识，掌握学前教育基本技能和方法，提高教育能力和水平。除了采取集中培训外，更多地发挥县级教师培训机构的组织管理作用，采取"送培到县""送教上门"、远程培训等多种方式。二是支持地方通过多种方式为农村和边远贫困地区培养、补充合格的幼儿园教师。2017 年《教育部等四部门关于实施第三期学前教育行动计划的意见》专门指出："支持地方通过多种方式为农村和边远贫困地区培养补充合格的幼儿园教师。采取核定编制、区县统一招考管理等方式及时补充公办幼儿园教师。"三是保障农村幼儿教师培训所需经费。为切实保障农村幼儿教师培训权利与质量，中央财政安排专项资金予以支持，引导地方科学制定幼儿教师培训规划，创新培训模式，完善培训体系，全面提高幼儿教师队伍整体素质和专业化水平。四是实施包括幼儿园教师在内的乡村教师支持计划。以北京为例，2016 年年初，北京市政府办公厅印发了《北京市乡村教师支持计划（2015—2020 年）实施办法》，实施范围包括乡村和镇区的中小学及幼儿园教师。北京市教委根据所有乡村和镇区中小学校离北京市中心的直线距离远近，将所有乡村和镇区学校划分为五大类：与市中心直线距离小于 30 千米的，乡村教师每人每月补助 1 400 元；与市中心直线距离大于等于 30 千米、小于 50 千米的，教师每人每月补助 1 800 元；与市中心直线距离大于等于 50 千米、小于 70 千米的，教师每人每月补助 2 400 元；与市中心直线距离大于等于 70 千米、小于 90 千米的，教师每人每月补助 3 200 元；与市中心直线距离大于等于 90 千米的，教师每人每月补助 4 000 元。

第二节 农村学前教育发展的关键问题

1978 年以来，我国政府陆续制定并实施了一系列与农村学前教育相关的政策，一定程度上推动了农村学前教育事业的普及、发展与提高。国家颁布的学前教育政策对农村学前教育的发展至关重要，既能从宏观层面影响农村学前教育事业发展的方向、规模与速度，又能从微观层面影响农村学前教育活动的质量和效益。改革开放以来，我国农村学前教育事业取得了较好成绩，这与我国颁布的农村学前教育政策直接相关。本节将重点梳理改革开放 40 年来农村学前教育政策中的几大关键问题。

一、农村学前教育定位：从不明确到公益性和战略地位的提出

对农村学前教育的定位直接影响着农村学前教育事业的发展情况。长期以来，尽管相关法律政策提出各级政府要重视发展当地农村学前教育事业，并为之创造条件，但在实践中基层政府往往将其置于农村各项公共事务末尾，对农村学前教育的重视只停留在"喊口号"阶段，没有具体落实到实践中。2010 年后，我国政府不断深化对农村学前教育性质、地位的认识。《国家中长期教育改革和发展规划纲要(2010—2020 年)》把"促进公平"放在了十分重要的位置，强调合理配置公共教育资源，向农村地区、边远贫困地区和少数民族地区倾斜，明确要求"重点发展农村学前教育"。《国务院关于当前发展学前教育的若干意见》明确提出，"学前教育是终身学习的开端，是国民教育体系的重要组成部分，是重要的社会公益事业"；"发展学前教育，必须坚持公益性和普惠性，努力构建覆盖城乡、布局合理的学前教育公共服务体系"；"努力扩大农村学前教育资源。各地要把

发展学前教育作为社会主义新农村建设的重要内容，将幼儿园作为新农村公共服务设施统一规划"。另外，特别提出三个关系，即"办好学前教育，关系亿万儿童的健康成长，关系千家万户的切身利益，关系国家和民族的未来"，充分体现政府把普及农村学前教育放在事关国家未来发展的重要战略地位上。十九大报告再次强调要坚持在发展中保障和改善民生，要实现"幼有所育、学有所教"。可见政府对农村学前教育性质、地位的认识不断深化。

二、农村学前教育管理体制改革：权力下放与权力上收

农村学前教育管理体制是整个农村学前教育体系的重要组成部分，在农村学前教育事业发展中起着领导、组织、协调、监控、保障、推动等重要作用，是政府切实履行发展农村学前教育职责的必备条件和保障农村学前教育事业健康发展的关键。整体而言，以权力下放和权力上收为特征的中央与地方、政府与幼儿园在教育、管理、投入、办学等方面权力的重新配置，成为农村学前教育管理体制改革的重要内容。

（一）权力下放：中央向地方下放教育管理权

1985 年的《中共中央关于教育体制改革的决定》指出："基础教育管理权属于地方。除了大政方针和宏观规划由中央决定外，具体政策、制度、计划的制定和实施，以及对学校的领导、管理和检查，责任和权力都应交给地方。"这个规定标志着新中国成立以来高度集中的公共教育权力开始了结构性的变迁。① 同时，该文件首次提出了包括农村学前教育在内的基础教育实行"地方负责、分级管理"的新体制。在"地方负责、分级管理"的管理体制不断完善和发展的过程中，各级政府的农村学前教育管理权力逐级下放，2003 年国务院办公厅转发了教育部等部门《关于幼儿教育改革与发展的指导意见》，

---

① 顾明远、刘复兴：《改革开放 30 年中国教育纪实》，164 页，北京，人民出版社，2008。

该文件首次明确了"乡（镇）人民政府承担发展农村幼儿教育的责任"。从此，在相当长的一段时间内，农村学前教育的管理、投入主要由乡镇一级政府负责，这直接导致我国各地农村学前教育办园条件和教育质量差异巨大。2010年，《国务院关于当前发展学前教育的若干意见》再次明确"地方政府是发展学前教育、解决'入园难'问题的责任主体"。在全国学前教育工作电视电话会议上，刘延东进一步强调地方各级政府是发展学前教育的责任主体，要把解决"入园难"作为当前改善民生和推动教育改革发展的重要任务，列入工作计划，摆上重要日程。

（二）权力上收：确立县级政府的农村学前教育责任

2017年4月，《教育部等四部门关于实施第三期学前教育行动计划的意见》明确提出要"建立健全'国务院领导，省地（市）统筹，以县为主'的学前教育管理体制。省级、地市级政府加强统筹，加大对贫困地区支持力度。落实县级政府主体责任，充分发挥乡镇政府的作用"。2017年9月24日，中共中央办公厅、国务院办公厅印发《关于深化教育体制机制改革的意见》，再次强调要"理顺学前教育管理体制和办园体制，建立健全国务院领导、省市统筹、以县为主的学前教育管理体制。省市两级政府要加强统筹，加大对贫困地区的支持力度。落实县级政府主体责任，充分发挥乡镇政府的作用。以县域为单位制定幼儿园总体布局规划，新建、改扩建一批普惠性幼儿园"。自此，我国农村学前教育"以县为主"管理体制正式确立，这标志着1985年以来不断下放的学前教育管理权力开始上收，由乡镇一级政府上收到县一级政府，同时我国包括农村学前教育在内的整个学前教育也首次确立了"国务院领导、省市统筹、以县为主"的管理体制。

三、农村学前教育财政投入体制：以项目为依托，中央财政重点扶弱

为切实推进以农村地区为重点的学前教育发展战略，我国农村学前教育初步建立了以项目为依托，中央财政重点扶弱的财政投入体制。

（一）地方为主、中央财政重点扶弱的财政投入责任配置

首先，明确了"地方为主、中央奖补"的学前教育财政投入责任配置体系。《关于加大财政投入支持学前教育发展的通知》明确指出"地方政府是发展学前教育的责任主体"，"中央财政根据地方工作开展情况，主要采取奖补方式，支持地方学前教育发展"。其次，确立了中央政府财政重点扶弱的投入职能。《关于加大财政投入支持学前教育发展的通知》明确指出："中央财政重点支持各地特别是中西部地区农村学前教育发展，以及家庭经济困难儿童、进城务工人员随迁子女和留守儿童接受学前教育。"其中，在中央财政重点支持的四大类七个重点项目中，两大类四个重点项目属于扶弱性质，超过总体的一半，可见中央政府学前教育财政投入扶弱的决心。

（二）以纳入预算为基础、以项目为依托的农村学前教育财政投入制度初步显现

为切实保障农村学前教育发展，我国在将学前教育纳入预算的学前教育财政投入制度基础上，设专项经费，以国家行动计划等项目为依托，初步形成了具有农村特点的学前教育财政投入制度。首先，将学前教育纳入预算、增量倾斜、明确比例是我国学前教育财政投入制度的重要举措。《国务院关于当前发展学前教育的若干意见》明确指出："各级政府要将学前教育经费列入财政预算。新增教育经费要向学前教育倾斜。财政性学前教育经费在同级财政性教育经费中要占合理比例，未来三年要有明显提高。各地根据实际研究制定公办幼儿园生均经费标准和生均财政拨款标准。"这一政策的制定改变了我国学前教育财政投入长期缺乏预算、依赖于专项经费，进而出现财政投入总量不足、不稳定等突出问题的局面，为逐步建立独立的学前教育财政预算制度奠定了基础。农村学前教育作为我国学前教育的重要组成部分，其财政投入隶属于学前教育财政投入

体制。在学前教育财政投入体制逐步建立的新政策下，农村学前教育作为薄弱环节，受益尤为明显。[①]　其次，以项目为依托，设专项经费重点支持农村学前教育发展。在逐步建立学前教育财政投入体制的基础上，为切实解决农村学前教育基础薄弱、发展严重滞后等问题，我国确立了以中西部农村地区为重点的国家专项行动计划，设专项经费重点发展中西部农村地区的学前教育。《国家中长期教育改革和发展规划纲要(2010—2020 年)》明确提出要启动农村学前教育推进工程。项目实施范围主要为中西部 23 个省(自治区、直辖市)、新疆生产建设兵团以及黑龙江省农垦总局，同时适当支持东部地区的贫困地区。中央专项资金主要支持乡镇建设中心幼儿园，发挥辐射指导作用；同时支持人口较多的行政村建设幼儿园，支持人口较少的村联建幼儿园。2010 年至 2012 年共批复下达中央专项投资 56 亿元，累计新建、改建、扩建幼儿园3 163所。[②]

四、农村学前教育办园改革：普惠公办园为主，多种形式并举

为了给幼儿和家长提供方便就近、灵活多样、多种层次的学前教育服务，提高农村学前教育普及率，并结合经济社会发展实际和适龄人口变化趋势，科学制定幼儿园建设布点布局和发展规划，我国农村学前教育基本确立了以普惠性公办园为主体、多种形式并举的发展路径。

第一，将乡镇中心幼儿园建设与发展作为农村学前教育普及的核心举措。乡镇中心园属于公办幼儿园，是农村学前儿童接受学前教育的主要场所和农村学前教育的骨干力量，其质量与水平关系到农村学前教育发展的全局。《国家中长期教育改革和发展规划纲要

---

① 庞丽娟、洪秀敏：《中国学前教育发展报告：农村学前教育》，91 页，北京，北京师范大学出版社，2012.

② 农村学前教育推进工程，http://www.moe.edu.cn/jyb _ xwfb/moe _ 2082/s6236/s6811/201209t20120903 _ 141498. html，2018-07-09.

（2010—2020 年）》明确提出要发挥乡镇中心幼儿园对村幼儿园的示范指导作用。《教育部等四部门关于实施第三期学前教育行动计划的意见》中再次提出"继续办好公办乡镇中心幼儿园，充分发挥辐射指导作用，大村独立建园，小村联合办园，优先利用中小学闲置校舍进行改建"。为贯彻落实上述政策，各地纷纷重点发展乡镇中心幼儿园，如《北京市"十三五"时期社会基本公共服务发展规划》明确提出要推动农村地区社会基本公共服务全覆盖，完善学前教育机构布局，实现每个乡镇拥有一所公办中心幼儿园，辐射带动村办园发展。《安徽省第三期学前教育行动计划实施方案（2017—2020 年）》明确提出"确保每个乡镇至少有 1 所独立建制的公办中心幼儿园"。

第二，利用农村闲置校舍和其他公共资源改建幼儿园。《国务院关于当前发展学前教育的若干意见》指出："中小学布局调整后的富余教育资源和其他富余公共资源，优先改建幼儿园。"在做好规划、促进农村幼儿园合理布点布局的基础上，在确实需要设立幼儿园的地区，按照"集约资源、节约成本"的原则，选择可供利用的闲置校舍和其他富余公共资源进行改建。要按照地方制定的幼儿园建设标准改建幼儿园，保证园舍的安全，配备必要的玩教具、保教和生活设施设备。

第三，农村小学增设附属幼儿园。对于在人口、交通、经济等因素影响下不具备独立或联合举办幼儿园的条件、尚无幼儿园且有建园需求、服务半径内适龄幼儿较多的中西部和东部困难地区，中央支持其利用当地公办农村小学或教学点现有富余校舍资源，增设附属幼儿园，进行功能改造，配备必要的玩教具、保教和生活设施设备等，满足基本办园需要。

第四，开展学前教育巡回支教试点。为探索适合农村偏远地区，特别是边远山区、牧区等农村地区，有效增加幼儿接受基本学前教育机会的新模式，提高农村学前教育普及程度，各地要合理设置巡回支教点。要充分发挥村委会的组织协调作用，利用闲置校舍、农家书屋、村党支部活动室等公共资源作为巡回支教点，对偏远地区适龄儿童和家长提供灵活多样的学前教育巡回指导。

五、农村学前教育教师队伍建设：培养与培训并进

教育大计，教师为本；教育是国家发展的基石，教师就是奠基者。[①] 幼儿教师队伍建设是学前教育事业发展的重要组成部分，其建设水平和质量直接决定着学前教育的发展水平和质量。改革开放40年来，特别是 2010 年以来，我国农村学前教育教师队伍建设呈现培养与培训并进、两手都抓的景象。

（一）创新农村幼儿园教师培养模式

为走出农村学前教育师资不足的现实困境，2010 年后，我国不断创新农村幼儿园教师培养模式。其一，积极探索初中毕业起点五年制学前教育专科学历教师培养模式。《国务院关于当前发展学前教育的若干意见》明确提出要"积极探索初中毕业起点五年制学前教育专科学历教师培养模式。重视对幼儿特教师资的培养。"刘延东在学前教育电视电话会议中再次强调，这一模式是考虑到我国幼儿师范专业特点和学前教育师资现状提出来的，要积极探索、不断完善。其二，鼓励优秀初高中毕业生报考学前教育专业，并扩大免费师范生学前教育专业招生规模，加大面向农村的幼儿教师培养力度。如陕西省颁发《陕西省学前教育师范生免费教育试点工作实施办法》，从 2013 年起，在陕西学前师范学院开展学前教育免费师范生试点工作。2013 年计划招收 400 名，其中本科 200 名，专科 200 名；2014年计划招收 600 名，其中本科 400 名，专科 200 名；2015 年计划招收本科 800 名。所培养的学生全部在县、区以下幼儿园从事幼教工

---

① 罗瑞明：《温总理强调"教师为本"的寓意》，http：//cpc.people.com.cn/GB/64093/64103/10176026.html，2018-07-09。

作。其三，通过公开招聘、提供培训等措施积极鼓励符合条件的非师范专业毕业生从事学前教育工作。部分省市采取将幼儿教师纳入"特岗教师"计划来扩大农村学前教师队伍。如甘肃省在《甘肃省学前教育三年行动计划(2011—2013 年)》中明确提出，到 2013 年要组织实施幼儿教师特岗计划，招录 5000 名幼儿教师。

(二)专项落实农村幼儿园教师培训工作

国家对农村幼儿教师培训高度重视，并设置专门项目予以落实。其一，明确将农村幼儿教师培训纳入国家级培训计划。《关于加大财政投入支持学前教育发展的通知》指出，"从 2011 年起，将中西部地区农村幼儿教师培训纳入'中小学教师国家级培训计划'"，实施幼儿教师国家级培训计划(简称"幼师培训类"项目)。刘延东在学前教育电视电话会议上明确农村幼儿园园长和骨干教师的国家级培训 2010 年开始安排，3 年内将培训 1 万名。其二，中央设立农村幼儿教师培训专项经费。长期以来，制约农村教师培训，尤其是农村幼儿教师培训的最大因素就是培训经费。《国家中长期教育改革和发展规划纲要(2010—2020 年)》指出"完善教师培训制度，将教师培训经费列入政府预算"。《关于实施幼儿教师国家级培训计划的通知》指出，实施幼儿教师国家级培训计划所需经费，由中央财政安排专项资金予以支持。《中小学幼儿园教师国家级培训计划专项资金管理办法》进一步指出："专项资金由财政部、教育部根据党中央、国务院有关决策部署和教师培训工作重点确定支持内容。现阶段，集中支持中西部地区乡村教师校长培训。"在这些政策的引导下，安徽、黑龙江、四川等地方政府也提出将幼儿教师的培训经费列入政府预算，为农村幼儿教师培训提供资金保障。

第三节　农村学前教育发展现状与未来展望

农村学前教育发展滞后，城乡差距显著，这是当前我国学前教育事业发展的突出问题和难点。在各级各类教育快速发展、城乡经济实力不断提高的形势下，作为基础教育之基础的学前教育，其城乡差距反而在不断扩大，这有悖于我国当前强调的教育均衡和社会公平的价值取向，应引起政府和各方面的高度关注。在重民生、重教育发展和建设人力资源强国的新时代，促进广大中西部农村地区学前教育的发展与普及，为广大贫困农村地区儿童提供普惠的、基本的学前教育服务，无疑是一种根本上的开发式、造血型的教育扶贫，是着眼未来、立足于农村长远发展的投资性教育投入。

一、农村学前教育事业发展的现状[①]

（一）呈现以公办为主，公办民办并举的办园格局

从 2010 年至 2017 年农村幼儿园园所发展来看，教办园、部队园和民办园整体呈现增长趋势，基本形成以公办为主，公办民办并举的格局。以 2017 年为例，2017 年农村幼儿园共 90 182 所，与2016 年相比增加了 6 298 所。其中，民办园占 46.29％，公办园（含公办性质）占 53.71％。具体而言：教育部门办园 41 230 所，占农村幼儿园总数的 45.72％；集体办园 5 725 所，占农村幼儿园总数的6.35％；事业单位办园 1 281 所，占农村幼儿园总数的 1.42％；地方企业办园 34 所，约占农村幼儿园总数的 0.04％；其他部门办园150 所，约占农村幼儿园总数的 0.17％；部队办园 21 所，约占农村幼儿园总数的 0.02％；民办园 41 741 所，占农村幼儿园总数的

---

①　此部分涉及的相关数据如无特殊标注，皆来自中华人民共和国教育部编《中国教育统计年鉴》，或根据其数据计算得出。

46.29%（见表 8-2）。

表 8-2　2010—2017 年农村不同性质幼儿园园所数

年 份	总 数（所）	教育部门办园（所）	集体办园（所）	事业单位办园（所）	地方企业办园（所）	其他部门办园（所）	部队办园（所）	民办园（所）
2010	71 588	16 142	9 758			376		45 312
2011	58 684	13 938	6 565	1 472	50	124	13	36 522
2012	63 091	17 014	6 221	1 265	49	119	13	38 410
2013	69 878	21 703	6 258	1 413	49	130	14	40 311
2014	72 583	24 627	6 116	1 341	47	141	15	40 296
2015	77 260	28 751	6 148	1 212	39	159	16	40 935
2016	83 884	34 858	5 889	1 331	38	149	19	41 600
2017	90 182	41 230	5 725	1 281	34	150	21	41 741

（二）教师规模不断扩大，学历以专科及以上为主

从教师队伍来看，其一，在农村幼儿园教师队伍的规模方面，2016 年农村幼儿园教职工总数为 612 659 人，占全国幼儿园教职工总数的 16.05%。其中，农村专任教师 370 517 名，占全国专任教师总数的 16.60%；农村园长共 68 656 名，占全国园长总数的 25.74%。其二，在农村幼儿园教师队伍的学历结构方面，2016 年农村专任教师中高中以下学历者有 16 604 名，占总数的 4.48%；高中学历者有 122 479 名，占总数的 33.06%；专科学历者有 189 639 名，占总数的 51.18%；本科学历者有 41 641 名，占总数的 11.24%；研究生学历者有 154 名，占总数的 0.04%。农村园长高中以下学历者有 1 479 名，占总数的 2.15%；高中学历者有 13 298 名，占总数的 19.37%；专科学历者有 39 232 名，占总数的 57.14%；本科学历者有 14 518 名，占总数的 21.15%；硕士生学历者有 129 名，占总数的 0.19%。可见，绝大多数农村专任教师和园长都达到了国家规定的学历标准。其三，在农村幼儿园教师队伍的职称结构方面，农村

专任教师具备职称者有 84 120 名，占总数的 22.70％；未评职称者
有 286 397 名，占总数的 77.30％。农村园长具备职称者有 23 682
名，占总数的 34.49％；未评职称者有 44 974 名，占总数的
65.51％。可见，农村幼儿园教师队伍中未评职称者占大多数。

二、农村学前教育发展的未来展望

(一)农村学前教育发展的基本原则

第一，以保障实现公益性与普惠性为根本方向。

公益性是学前教育的根本属性，普惠性是学前教育的发展方向，
农村学前教育的普及与发展应该以保障实现公益性与普惠性为根本
方向。农村学前教育不仅对个体一生的长远发展具有持续影响，更
对整体国民素质的提高、经济社会的长远发展和国际竞争力的提升
具有基础性、先导性的战略价值。《国务院关于当前发展学前教育的
若干意见》中明确指出，学前教育是重要的社会公益事业，关系到亿
万儿童的健康成长和千家万户的切身利益，关系国家和民族的未来。
刘延东在全国学前教育电视电话会议中指出，学前教育是终身发展
的奠基工程，是涉及人民群众最直接最现实利益的民生工程，是关
系国家和民族未来的重要阶段。正是基于这种认识，《国家中长期教
育改革和发展规划纲要(2010—2020 年)》及《国务院关于当前发展学
前教育的若干意见》等政策文件中均提到要坚持学前教育的公益性与
普惠性。截至 2016 年，我国农村幼儿园园数为 83 884 所，较上一年
增长 6 624 所，增长率为 8.57％，但是，从幼儿实际入园情况来看，
仍有相当数量的农村幼儿无园可上，没有接受正规科学的学前教育。
可见，最大限度地实现农村学前教育的公益性与普惠性应该是农村
学前教育发展的战略基点和制度建设的重点。

第二，坚持分区域、有重点地推进普及。

我国农村在经济社会水平、教育发展程度、自然环境等方面存
在较大差异，普及学前教育不能一刀切，应根据区域特点制定不同

方案。如在已达到基本普及学前教育的东部沿海农村地区、中西部部分条件和基础较好的县镇地区，政府应在巩固普及率的基础上积极鼓励其他力量参与，以提高普及质量；而在中西部贫困、边远、落后地区及弱势群体聚居区，政府则应首先确保达到基本普及条件，继而进一步提升普及质量。分区分类指导、重点推进也是政府制度建设的基本原则。同时，政府还应充分考虑到农村学前教育普及的长期性与艰巨性。农村学前教育普及滞后与长期以来城乡二元政治经济结构、政府责任缺位密切相关，是城市中心价值取向与经济中心政绩观异化的产物。冰冻三尺，非一日之寒。面对这一具有历史长期性、现实复杂性和文化根源性的问题，政府更应抓住城乡统筹契机，坚持公平扶弱的价值取向，强化政府主导，分阶段、分区域创造条件，耐心探索，逐步解决。

（二）农村学前教育发展的政策建议

1. 切实落实"以县为主"的农村学前教育责任主体

目前我国已经建立了"国务院领导，省地（市）统筹，以县为主"的学前教育管理体制，县作为农村基本行政区域单元，是中央对农村各项事务进行管理的基层枢纽。由于当前我国农村学前教育的行政、业务和日常管理实行"谁审批、谁管理、谁负责"的原则，而审批注册单位又比较多，涉及教育行政部门的普教科、学前科、成/职教科，区县、镇政府，民政局，甚至还有工商部门，导致教育部门责大权小，管理不到位。因此，建议县级政府成立由主管县长任组长，教育、财政、发展改革等部门为成员单位的学前教育工作领导小组，规范完善学前教育联席会议制度，定期研究县域学前教育事业发展的政策措施，及时解决存在的实际问题，形成责任明确、分工合理、密切配合、整体推进的工作格局，并在此基础上实现教育行政部门归口管理，由县级教育行政部门统一审批、管理县域内的各类学前教育机构，促进农村学前教育机构的规范化和管理的科学化。

2. 构建以公益和普惠为价值内核的农村学前教育投入体制

构建以公益和普惠为价值内核的投入体制是农村普惠性学前教育资源扩大的重要保障，建议要改变观念，在坚持公益性的基础上，将普惠性作为农村学前教育投入的基本原则，并将其切实贯彻到农村学前教育投入体制机制的构建和创新中。

明确政府是农村普惠性学前教育资源的保障主体，在经济社会发展和学前教育发展水平不同的区域，各级政府保障责任的大小与内容也应不同。东部地区可采取省级政府统筹扶助弱势地区，市级政府统筹区域内农村和弱势人群，县级政府承担主要支出责任，镇级政府分担一定投入责任的格局，保障农村普惠性学前教育资源的发展与扩大。中部地区可采取中央政府扶助弱势地区，省级政府扶助农村地区，市、县两级政府共同承担主要投入，镇级政府适当分担一定投入的格局来发展农村普惠性学前教育。对于西部地区则应加大中央政府财政投入责任，建立省、市、县三级政府共同承担的格局，发展农村普惠性学前教育。

学前教育经费应主要用于提供以普通民众为对象的、大量的、达到基本质量要求的普惠性学前教育资源。由于财政投入的一个重要功能为"保底"，应特别避免财政投入用以建设豪华的、数量有限的且仅能满足部分群众需求的豪华贵族幼儿园，切实促进学前教育投入的惠民性，进而保障农村普惠性学前教育资源的有效扩大。

公共财政要优先以弱势地区、弱势儿童为重点进行普惠性幼儿园建设资助，确保弱势儿童优先获得普惠性学前教育资源。其中，中央政府必须在财政投入上有所倾斜，设立西部农村地区发展专项计划和基金，着力扩大农村普惠性学前教育资源，提高农村学前教育普及率。

建立健全涵盖公办、民办普惠性幼儿园的生均拨款机制，打破常规的"财政仅投向公办园尤其是政府及教育部门办园"的旧观念，坚持以公益和普惠为投入的价值内核和依据，保障财政普遍地、平等地惠及所有入读普惠性幼儿园的儿童。

3. 立足国情，因地制宜、突出重点地扩大农村普惠性学前教育资源

在普惠性学前教育资源发展和扩大的进程中，农村落后地区面临的任务尤为艰巨，受到多方面条件的约束。在此情况下，各地政府必须立足现实，根据客观需求合理规划建设与改造规模，制定合理的普惠性学前教育改扩建进程表，因地制宜、突出重点地扩大普惠性学前教育，这是推进普惠性学前教育资源扩大的基本原则与正确思路。建议各地加强研究，从实际出发，科学规划、合理布局、循序渐进、勤俭节约，积极探索适合当地实际与发展需要的、科学有效的农村普惠性学前教育发展模式。坚决杜绝"一哄而上，不顾条件，大干快上，盲目建造园所"的现象；坚决杜绝政绩工程，要积极探索，力争办成既符合眼前需要，又顾及质量和长远利益的实事求是的工程。为此，必须要高度关注并处理好几对关系。

其一，"新建"与"盘活"资源。新建与盘活是当前扩大普惠性学前教育资源的两种主要途径。尤其在当前我国农村普惠性学前教育资源严重短缺且分布失衡、学前教育经费投入不足且分配不均的现实状况下，"新建"与"盘活"必须同时存在、同步进行。对普惠性学前教育资源短缺严重、没有或缺乏可以盘活利用的资源、难以满足当地群众需求的地区，政府必须充分发挥并落实其主导职责，与社会力量一起，新建一批面向大众、质量合格、收费较低的普惠性幼儿园，以满足民生需求。特别需要指出的是，在新建的同时，政府还应积极盘活利用富余或废置资源，通过改扩建等方式使其办成普惠性幼儿园并重新投入使用，尤其在学前教育普及任务艰巨但政府财政能力有限的地区，"盘活"已有资源是解决普惠性学前教育资源

不足的快捷、有效的方法之一。

其二，"规模"与"质量"。规模与质量是学前教育普惠性的重要内涵，其中规模是普惠性学前教育发展的基础，可解决"广覆盖"的难题；而质量是发展普惠性学前教育的核心目标与要求，有助于政府实现促进人的全面发展的最终目标。因此，各地在扩大农村普惠性学前教育资源时，不能仅仅将经费与精力集中投放在扩大资源规模上，还必须积极落实政策要求，把提高质量作为发展和扩大农村学前教育资源的核心任务，做到速度与质量、规模与内涵相统一，积极稳妥地扩大农村普惠性学前教育资源。

其三，"硬件"与"软件"。硬件与软件是保障普惠性学前教育实现有质量发展的两个重要方面。提升农村普惠性学前教育资源的质量、完善必要的硬件是必须的，尤其对于部分办园条件差、园舍设施简单、布局不合理、安全隐患突出的园所，必须下大力气改善其硬件设施，为幼儿提供良好、安全、健康的环境。同时，必须重视加强对普惠性学前教育的软件——教师队伍的培养与建设，这是提升农村普惠性学前教育质量的最重要因素之一。因此，各地在发展和扩大农村普惠性学前教育资源时，必须要加快建设一支师德高尚、热爱儿童、业务精良、结构合理的幼儿教师队伍。只有硬件和软件两手都抓、两手都硬，才能切实实现国家发展普惠性学前教育的根本目的。

其四，"公办"与"民办"。公办与民办是普惠性幼儿园存在的两种主要形式，缺一不可。公办幼儿园应切实承担引导整个学前教育向"广覆盖、保基本、有质量、收费低"的普惠性方向发展的先锋责任，且应该在我国农村普惠性学前教育公共服务体系中占主体地位，起主导作用。同时，必须突破观念，坚持以服务群众为宗旨，强化普惠性幼儿园的理念，消除公办与民办之间的等级壁垒与制度差异，对要办成普惠性或愿意转为普惠性的民办园给予积极的引导、鼓励、支持与扶助，使其切实成为面向大众、收费较低的普惠性幼儿园。同时，建议各地在农村等学前教育资源短缺的地区，在新建、改建、扩建一批公办普惠性幼儿园的基础上，充分利用中小学布局调整的富余资源和其他公共资源举办普惠性幼儿园，同时，支持部门、集体办幼儿园向社会提供普惠性学前教育服务，并积极引导和扶持符合条件的民办幼儿园提供普惠性服务。

4. 大力建设规模与质量兼具的幼儿教师队伍

建设一支兼具规模与质量的农村幼儿园教师队伍是突破当前我国扩大农村普惠性学前教育资源瓶颈的关键。建议要明确包括普惠性幼儿园教师在内的整个幼儿园教师的法律身份，使得幼儿教师在实际生活中能够享受到与中小学教师同等的社会地位与待遇，保障其工资、待遇、社会保障、职称、培训等能得到有效落实和保障，进而增强幼儿园教师职业吸引力。进一步明确编制、待遇等向农村普惠性幼儿园教师倾斜，加大对农村普惠性幼儿园教师的支持力度。当前我国幼儿园教师尤其是农村普惠性幼儿园教师短缺严重，进不来、留不住、不稳定问题尤其突出。建议国家针对长期在农村地区、中西部和艰苦、边远、贫困地区普惠性幼儿园工作的教师，制定编制、工资、津贴与住房保障等特殊政策倾斜，并应具有一定的力度。可按照各地不同的经济发展水平划分不同等级，经济越落后、条件越艰苦的地区，越要保障幼儿园教师的编制，越要确保其工资、津贴等待遇相对较高。应加强对农村普惠性幼儿园教师的培训，促进其专业发展和素质能力提升。建议中央和地方各级教育行政部门在规划和安排幼儿教师培训时，优先考虑普惠性幼儿园教师，特别要对其培训的机会、时间、经费来源与保障、责任主体、激励机制、督导检查等做出专门、明确的规定。针对特别困难地区的普惠性幼儿园教师，应设立国家级和省市级幼儿园教师的培训专项经费，中央和省级财政加强统筹和转移支付的力度，以切实加强和保障普惠性幼儿园教师的培训权利与队伍素质提高的落实，进而为普惠性学前教育资源的有质量扩大提供切实有效的保障。此外，各地方政府还可以积极探索通过定向、委托培养、"特岗计划"等多种途径，优先扩大农村普惠性幼儿园教师规模，保障普惠性幼儿园教师数量。

第九章

民办学前教育的
发展与展望

自 1978 年国家开始改革开放以来，随着思想解放、社会主义市场经济体制的逐步建立，公民个人和社会组织的活力和创造性被激发出来，民办教育从小到大，从弱到强，从"拾遗补阙"到"不可或缺"，目前已成为我国教育事业的重要增长点和教育改革的重要力量。民办学前教育在此过程中历经重生、稳步发展、快速增长，自 2004 年起，尤其是 2012 年以来，成为我国学前教育事业的主体力量。[①]

民办学前教育的主体是民办幼儿园（简称民办园）。根据《中华人民共和国民办教育促进法》（简称《民办教育促进法》）规定："国家机构以外的社会组织或者个人，利用非国家财政性经费，面向社会举办学校及其他教育机构的活动，适用本法。"但现实中，尤其是近几年，不少民办园得到国家和地方政府的财政性经费支持，甚至有些幼儿园完全依靠财政性经费，其所有权也完全属于政府部门，但由个人或私人部门（包含私营企业、非政府/非营利组织）经营；有的幼儿园是公共部门和私人（或私人部门）共同享有所有权的。民办学前

---

① 2004 年民办幼儿园数占全国幼儿园总数的比例超过 50%；2012 年，民办幼儿园数、民办幼儿园在园幼儿数、民办幼儿园教职工数、民办幼儿园专任教师数占全国相应总数的比例均超过 50%。

教育实践的复杂性，使得按照《民办教育促进法》中的规定从举办主体和经费来源的角度来界定民办园很困难，本章采纳联合国教科文组织(UNESCO)的界定，即民办教育机构是"由非政府组织(教会、工会或企业)控制和管理"的教育机构，无论其是否接受公共权力机构的资金支持。[1] 这是从经营控制主体来界定的。

第一节 民办学前教育的发展历程及特点

改革开放 40 年来，根据不同时期国家对民办学前教育的认识和发展状况，可将民办学前教育发展划分为四个阶段，并基于此剖析 40 年来民办学前教育的发展特点。[2]

一、发展历程

(一)恢复发展与公办补充阶段(1978—1992 年)

在此阶段，在相关法律和政策的许可下，民办学前教育逐渐恢复、发展起来。民办教育的正式崛起以 1982 年《中华人民共和国宪法》有关社会力量办学的条款为标志："国家鼓励集体经济组织，国家企业事业组织和其他社会力量依照法律规定举办各种教育事业。"1987 年国家教委颁布的《关于社会力量办学的若干暂行规定》是我国第一个专门的民办教育规章，首次明确了民办教育的概念、地位和设置等，标志着民办教育被纳入国家教育管理体系。其指出："社会力量办学是我国教育事业的组成部分，是国家办学的补充。"

一些与学前教育直接相关的政策文件也提出了发展民办园的指导意见。1979 年《全国托幼工作会议纪要》指出仍要坚持"两条腿走路"方针，恢复、发展、整顿、提高各类托幼组织。1983 年，在人民公社制度取消、以户为单位的联产承包责任制高歌猛进的背景下，

---

① 陶西平、王佐书：《中国民办教育》，39 页，北京，教育科学出版社，2010。
② 文东茅：《走向公共教育》，44~47 页，北京，北京大学出版社，2008。

原来依托于人民公社的农村幼儿教育体系瓦解。1983 年《关于发展农村幼儿教育的几点意见》提出："农村应以群众集体办园为主，充分调动社(乡)、队(村)的积极性；县镇则应大力提倡机关、厂矿企事业、街道办园，并支持群众个人办园。"为降低成本、减员增效，1984 年城市开始进行国有企业改革、政府部门机构改革和事业单位改革，企事业单位逐渐脱离其社会职能，使福利式办园失去了存在的基础。在此背景下，城市部分公办园和农村集体办园被转化为民办园。但总体来说，国家仅仅是鼓励、支持民办园发展。1989 年国家教委发布的《幼儿园管理条例》指出：鼓励和支持企事业单位、居民委员会、村民委员会和公民举办幼儿园或捐资助园。在政策的许可、支持下，民办学前教育重新启动发展。

(二)共同发展与快速增长阶段(1993—2002 年)

自党的十四大提出要建设社会主义市场经济体制以后，大量的国有企业、集体企业纷纷改革，诸多由单位提供的福利被逐步削减，原有计划经济体制下包办教育的体制被打破，半数以上的国有企业、事业单位、政府部门办园转制，不少地方将幼儿园推向市场，实行自主经营、自负盈亏。1995 年国家教委等多部委联合发布《关于企业办幼儿园的若干意见》，指出"坚持依靠社会力量发展幼儿教育的方针，有条件的企业应继续办好幼儿园"，要"深化改革，积极稳妥地推进学前教育逐步走向社会化"。总体来说，此时期我国的办园主体呈现出"国退民进"的态势。

与此同时，相关法规政策的出台也大大推动了民办教育事业发展的步伐。1993 年国家颁布的《中国教育改革和发展纲要》，首次明确提出发展民办教育的十六字方针：积极鼓励、大力支持、正确引导、加强管理。1997 年国务院颁布《社会力量办学条例》，指出"社会力量办学事业是社会主义教育事业的组成部分"，并重申了十六字方针。这是第一个规范民办教育的行政法规，标志着我国民办教育进入了依法办学、依法管理、依法行政的阶段。1999 年改革开放后的第三次全国教育工作会议通过了《中共中央国务院关于深化教育体制改革，全面推进素质教育的决定》，提出要"形成以政府办学为主体、公办学校和民办学校共同发展的格局"，这是对前一阶段民办教育作为国家办学的补充地位的较大提升。民办学前教育也因此快速发展起来，1999 年民办园数占全国幼儿园总数的 20.44％，2000 年、2001 年、2002 年该数据分别跃升为 25.20％、39.86％、43.28％，具体见图 9-1。

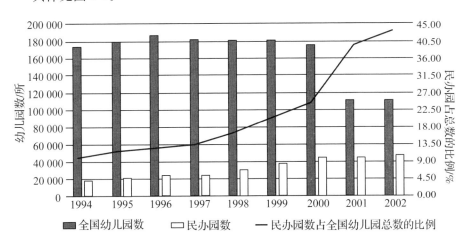

图 9-1　1994—2002 年民办园数及其占全国幼儿园总数的比例

注：关于民办园数的数据从 1994 年才开始统计。

（三）激励规范与主体发展阶段（2003—2009 年）

2003 年 9 月 1 日《民办教育促进法》实施，明确了民办教育的性质和地位，指出"民办教育事业属于公益性事业，是社会主义教育事业的组成部分"，还对民办学校的设立、学校的组织与活动、教师与受教育者、学校资产与财务管理、管理与监督、扶持与奖励、变更与终止、法律责任做出了明确的规定，自此中国民办教育走上了规范发展的道路。《中华人民共和国民办教育促进法实施条例》（2004

年)、《民办教育收费管理暂行办法》(2005 年)和《教育部关于加强民办学前教育机构管理工作的通知》(2007 年)等法规政策的颁布，为规范民办学前教育发展提供了依据。2008 年中国民办教育协会和民办教育协会学前教育专业委员会成立，为规范、促进民办学前教育发展发挥了一定作用。同时，《民办教育促进法》第七章还专门对民办教育的"扶持和奖励"做出了规定，对公民个人和私人部门办园发挥了较大的激励作用。

在学前教育政策领域，2003 年颁布的《关于幼儿教育改革与发展的指导意见》明确了 2003—2007 年幼儿教育改革的总目标为"形成以公办幼儿园为骨干和示范，以社会力量兴办幼儿园为主体，公办与民办、正规与非正规教育相结合的发展格局"，更直接地促进了民办学前教育的稳定、快速发展。2003—2009 年，民办园数占全国幼儿园总数、民办园在园幼儿数占全国在园幼儿总数、民办园教职工数占全国幼儿园教职工总数的比例都约以年均 3 个百分点的速度增长。2004 年，民办园数占全国幼儿园总数的比例超过 50%，民办园教职工数、专任教师数占全国相应总数的比例分别于 2006 年、2007 年超过 50%，民办学前教育真正成为我国学前教育事业的主体。具体数据见图 9-2。

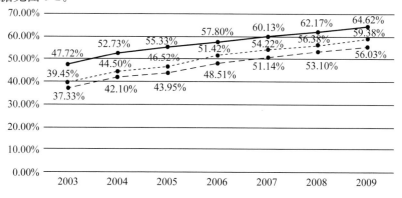

图 9-2 2003—2009 年民办园数、民办园教职工数、民办园专任教师数占全国总数的比例

（四）大力扶持与分类引导阶段（2010 年至今）

根据党的十七大关于"优先发展教育，建设人力资源强国"的战略部署，2010 年《国家中长期教育改革和发展规划纲要（2010—2020 年）》颁布，这是国家首次在政策文件中专章部署学前教育事业的发展任务，并提出"民办教育是教育事业发展的重要增长点和促进教育改革的重要力量"，这是国家对民办教育作用的进一步肯定，还提出要"大力支持民办教育""积极探索营利性和非营利性民办学校分类管理"。随后，《国务院办公厅关于开展国家教育体制改革试点的通知》确定浙江省为民办教育综合改革试点地区。上海市、浙江省、广东省深圳市等地探索营利性和非营利性民办学校分类管理办法，以清理并纠正针对民办学校的各类歧视政策，健全公共财政对民办教育的扶持政策。自此，民办教育进入分类支持、分类管理的探索时期。2011 年浙江温州出台《关于实施国家民办教育综合改革试点加快教育改革与发展的若干意见》及 9 个配套文件（简称"1＋9"），2012 年升级为民办教育改革"1+14"新政策，率先试点民办学校分类管理。

在充分调研、征求意见的基础上，2016 年《民办教育促进法》完成修订，自此民办教育实施非营利性、营利性分类管理有了国家层面的法律依据。《国务院关于鼓励社会力量兴办教育促进民办教育健康发展的若干意见》《民办学校分类登记实施细则》《营利性民办学校监督管理实施细则》为支持民办教育发展、实施分类管理进一步明晰路径。

民办学前教育在国家大力支持学前教育事业和民办教育事业发展的背景下继续稳步前进。为完成《国家中长期教育改革和发展规划纲要（2010—2020 年）》中提出的"基本普及学前教育"的战略任务，2010 年《国务院关于当前发展学前教育的若干意见》指出要建立政府主导、社会参与、公办民办并举的办园体制，并"积极扶持民办幼儿园特别是面向大众、收费较低的普惠性民办幼儿园发展"，具体措施有保证合理用地、税收减免、政府购买服务、减免租金、以奖代补、派驻公办教师等。这是政府首次在文件中提出普惠性民办幼儿园的概念，其实质是通过对民办园的分类扶持、分类管理，进一步扩大公益、普惠的学前教育公共服务的受益范围，保障适龄儿童接受基本的、有质量的学前教育的权利。国家随后出台《关于加大财政投入支持学前教育发展的通知》，通过"综合奖补类"①项目积极扶持民办园发展。中央财政在"综合奖补"资金中安排"扶持民办幼儿园发展奖补资金"，根据各地扶持普惠性民办园发展的工作实绩给予奖补。例如，2011—2013 年中央财政累计投入 500 亿元，其中"综合奖补类"项目资金为 91 亿元，投入到"校舍建设类"项目的资金达 382 亿元，②也就是说，国家将大多数经费用于公办幼儿园建设。地方政府也积极响应国家政策，采用相似的做法。

总之，在国家和地方快速推进学前教育事业发展的浪潮中，近 10 年民办学前教育得到了政策和财政的大力扶持，民办学前教育事业稳步前行。2010—2017 年，民办园在园幼儿数占全国在园幼儿总数的比例分别为：47.01%、49.47%、50.27%、51.10%、52.47%、53.99%、55.23%、55.92%；2012 年该数据首次超过 50%，民办园真正撑起了学前教育事业的半壁江山。民办园教职工数占全国幼儿园教职工总数的比例从 2010 年的 63.18% 上升到 2017 年的65.94%，专任教师数占全国总数的比例从 2010 年的 59.46% 上升到2017 年的 62.10%。③ 但与此同时，民办园数占全国幼儿园总数的比例在 2011 年达到改革开放后的最高点（69.21%），2012 年开始逐年

---

① "综合奖补类"项目包括两类：一类是积极扶持民办园发展，另一类是鼓励城市多渠道多形式办园和妥善解决进城务工人员随迁子女入园。

② 张绘：《"十二五"时期我国学前教育经费投入评价分析及改革建议》，载《经济研究参考》，2016(50)。

③ 2013 年民办园教职工数、专任教师数占总比都有所下降，2014 年略有回升，但仍未达到 2012 年的水平；2017 年较 2016 年这两个比例也有所下降。

下降，到 2017 年降至 62.90%。2012 年是第一期学前教育三年行动
计划(2011—2013 年)初显成效的年份，在各地大力加强公办园建设
的行动中，民办园数占全国幼儿园总数的比例逐年下滑，但其在园
幼儿数却持续增长，说明民办园的办园规模在不断扩大，具体见图
9-3。

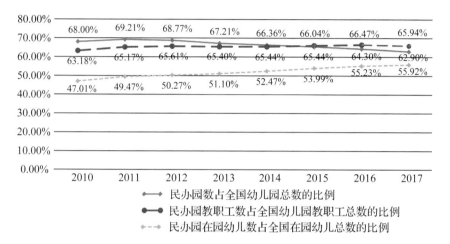

图 9-3　2010—2017 年民办园数、民办园教职工数、民办园在园幼儿数占全国
总数的比例

　　总之，改革开放 40 年来，民办园数历经平稳发展、快速提升，
2011 年开始其占总数的比例逐年下降；民办园专任教师数历经稳步
增长、快速提高，2012 年占总数的比例稍有下降，之后逐年小幅提
升；民办园在园幼儿数则一直稳步提升，1999—2011 年占总数的比
例增速较快。[①] 具体见图 9-4。

————————

　　① 据中国教育统计年鉴(1994—2017 年)相关数据计算得出。1994 年之前的民办学
前教育发展数据欠缺，故改革开放 40 年来民办学前教育发展的相关数据从 1994 年开始计
算、呈现。

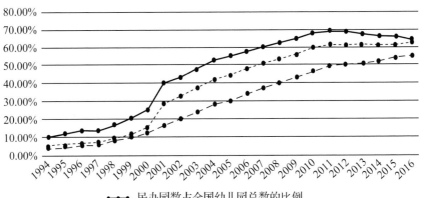

● 民办园数占全国幼儿园总数的比例
● 民办园专任教师数占全国幼儿园专任教师总数的比例
● 民办园在园幼儿数占全国在园幼儿总数的比例

图 9-4 1994—2016 年民办园数、民办园专任教师数、民办园在园幼儿数占全国总数的比例

二、发展特点

纵观改革开放 40 年来民办学前教育的发展历程，围绕民办学前教育的发展动力、发展定位、发展取向三方面，可剖析其发展特点。

（一）发展动力：经济体制与教育改革释放活力，市场需求直接助力

其一，民办学前教育在经济基础变革的背景下获得重生与发展。经济基础决定上层建筑，根据马克思主义的基本观点，教育的社会属性是上层建筑。[①] 随着农村生产关系由人民公社时期的"土地公有、平均分配"调整为"分田到户，自负盈亏"，中国拉开了改革开放的大幕，随后乡镇企业、国有企业转变生产方式，试行自主经营、自主调控市场，中国逐步由高度集中、忽视市场作用的计划经济转变为社会主义市场经济。经济基础的转变逐步引发整个社会的思想

---

① 杨兆山、轩颖、王守纪：《再论教育的社会属性——兼对"教育非上层建筑说"的质疑》，载《东北师大学报(哲学社会科学版)》，2002(4)。

解放，带来了教育观念、教育机构和教育制度的变革。民办学前教育在人民公社解体、国有企事业单位社会化改革的浪潮中获得重生，又因对民办教育性质、地位认识的转变和教育政策制度、教育体系的变革而获得快速、稳步发展。

其二，民办学前教育随着教育政策的重大调整而获得转折性发展。教育政策法规是国家对教育事业发展方针、发展任务、发展路径等做出的规定，是国家政治意志在教育领域的体现，是推动教育改革和发展的关键要素，有时甚至是决定性要素。有研究者认为，民办教育政策是推动民办教育实践的决定性因素。[①] 民办学前教育的发展有三次比较大的转折。一是 2001 年民办园数、民办园教职工数占总比获得了史无前例的快速提升，与 2000 年相比分别增长 14.66、13.23 个百分点。这应该与 1999 年《中共中央国务院关于深化教育体制改革，全面推进素质教育的决定》有关，该文件提出"公办学校和民办学校共同发展"，这是对前期民办教育是国家办学的"补充"地位的极大提升，因而刺激了民办学前教育的高速发展。二是 2004 年民办园数占全国幼儿园总数的比例首次超过 50%，成为学前教育事业的主体。这与民办学前教育的持续发展有关，也与 2003 年颁布的《关于幼儿教育改革与发展的指导意见》有关，该文件提出 5 年内"形成以公办幼儿园为骨干和示范，以社会力量兴办幼儿园为主体，公办与民办、正规与非正规教育相结合的发展格局"。三是 2012 年民办园数占全国幼儿园总数的比例首次下降。2011 年该数据达到历史最高（69.21%）。随着 2011 年第一期学前教育行动计划的实施，地方政府大力建设公办幼儿园，因而 2012 年开始民办园占总比开始下降，此后逐年下滑，这应与一至三期学前教育行动计划中大力建设公办园的行动相关。

---

① 黄藤：《民办高等教育可持续发展的政策演进：必须坚持开放性原则》，载《浙江树人大学学报》，2011(2)。

其三，学前教育供需矛盾突出直接推动民办学前教育发展。从现有数据来看，1987 年我国学前三年入园率为 25.9％，1995 年达到 41％。① 1997 年国家教委下发《全国幼儿教育事业"九五"发展目标实施意见》，提出到 2000 年我国学前三年幼儿毛入园率达到 45％以上的目标，但到 2001 年学前三年毛入学率仅为 35.9％②，至 2009 年该数据首次超过 50％，为 50.9％。2017 年学前三年毛入园率为 79.6％，达到历史新高。③ 可见，我国学前教育事业多年"积贫积弱"，即便经过了几十年的发展，供需矛盾仍然突出，这直接推动了社会力量办学。

（二）发展定位：从"补充"到"主体"再到"公办民办并举"

伴随着经济体制、教育制度的改革，并在学前教育多年来突出的供需矛盾的推动下，民办教育获得了发展的空间与动力，在此过程中，其发展定位也呈现出了清晰的转变。第一阶段为 1978—2002 年，在此阶段以民办为辅、公办为主。20 世纪 80 年代末国家政策提出社会力量办学是国家办学的补充，1999 年调整为公办学校和民办学校共同发展，但不论是补充还是共同发展，都不能动摇政府办学为主体的地位。第二阶段为 2003—2009 年，在此阶段民办为主体，公办为骨干和示范。第三阶段为 2010 年后，此时公办民办并举。公办民办并举与 20 世纪末的公办民办共同发展不同，它的前提是政府主导，社会仅为参与。总之，改革开放 40 年来民办学前教育的发展定位呈现出"弱—强—次强"的态势，与此同时，国家对民办教育性质的认识进一步明确，2002 年通过的《民办教育促进法》中指出民办

---

① 庞丽娟、洪秀敏：《中国学前教育发展报告》，15 页，北京，北京师范大学出版社，2012。

② 庞丽娟、洪秀敏：《中国学前教育发展报告》，42 页，北京，北京师范大学出版社，2012。

③ 教育部：《2017 年全国教育事业发展统计公报》，http：//www.moe.gov.cn/jyb_sjzl/sjzl_fztjgb/201807/t20180719_343508.html，2018-06-20。

教育属于"公益性事业"。

(三)发展取向：从非营利性到取得合理回报再到分类发展

民办学前教育是为了谋求利润吗？不同时期民办学前教育举办者的取向不同，同时国家相关教育政策的引导、规定不同，使得民办学前教育的发展呈现出不同的取向。在恢复发展与公办补充阶段，民办学前教育以非营利性为主。改革开放初期，由于受当时社会环境和办学者社会价值观的影响，民办幼儿园、小学和中学等基本上都是非营利性的。民办教育的举办者和投资者对获取经济回报表现得十分淡薄，更多地体现出对社会、对人民的无私奉献精神。[1] 在1993—2016 年，民办学前教育的发展取向多是营利性的。我国民办教育是在民间资本尚不发达、公益性捐赠相对不足的情况下，主要依靠市场化的资本运作获得初始投入，多数办学主体期望通过投资获得回报。根据 20 世纪末全国人大教科文卫委员会的一项调查，只有 10％投资办教育的机构或个人是出于公益性的，90％是要求营利回报的。[2] 2002 年通过的《民办教育促进法》也明确规定出资人可以"取得合理回报"。在此时期的营利性取向是举办者的主动选择，国家政策也给予其许可与保障。2017 年以后，民办学前教育逐步走向分类发展。随着修订后的《民办教育促进法》的实施，民办学前教育的举办者或主动或被动地要在"营利性"和"非营利性"之间做出选择，实现分类发展。尽管各地实施分类管理的过渡期、时间节点、奖补政策、差异化扶持政策等不尽相同，但引导民办学前教育分类发展是共同的趋势。

① 　姚庆兵：《改革开放以来民办基础教育三个发展阶段特点探析》，硕士学位论文，首都师范大学，2007。

② 　胡卫：《关于民办教育发展与规范的思考》，载《教育发展研究》，2000(3)。

第二节　民办学前教育研究与实践中的热点、难点问题

改革开放 40 年来，随着民办学前教育的发展，相关研究也与时俱进。尤其是 2010 年以来，民办学前教育的研究数量出现了飞跃式提升。截至 2018 年 7 月 13 日，在中国知网以"民办幼儿园"为篇名关键词可检索出文献 917 条，2010 年以后的占总数的 84%。本节在纵览民办学前教育发展的基础上，既关注基础的理论难题，包括民办学前教育的内涵与性质、政府治理问题，也关注近 10 年来研究、政策和实践中的热点与难点问题，包括民办园教师的生存与发展、普惠性民办园的发展问题。

一、民办学前教育的内涵与性质问题

厘清民办学前教育的内涵是探讨民办学前教育发展问题的起点，而对民办学前教育性质的认识则关乎其发展路径、发展态势、政府治理等。

（一）民办学前教育的内涵

对民办学前教育的内涵主要有以下几种观点。其一，从举办主体、经费来源、服务对象三要素来界定。《民办教育促进法》中指出："国家机构以外的社会组织或者个人，利用非国家财政性经费，面向社会举办学校及其他教育机构的活动，适用本法。"民办园指由国家机构以外的社会组织或个人承办，主要利用非国家财政性经费，面向社会招收幼儿的教养机构。具体来讲，民办园"包括民营企业、民间团体及个人举办的幼儿园，也就是纯私立的幼儿园；也包括少数国家企事业单位、民主党派、政府机构所属的社会团体组织（如妇联、共青团、儿基会）占有少部分产权，但创办幼儿园费用一半及以

上来自民间而不是国家的财政性拨款的幼儿园"。[1] 其二，从经营控制主体来界定。经济合作与发展组织（OECD）认为凡是由私立部门享有控制权的均属民办教育；联合国教科文组织（UNESCO）认为由非政府组织（教会、工会或企业）控制和管理的，无论其是否受公共权力机构的资金支持，都为私立教育机构（private educational institution）。[2] 美国国家教育统计中心（NCES）界定的私立学校和私立机构的条件为：由州、联邦政府或其分支机构以外的个人或机构控制；通常主要由政府公共资金以外的资金支持；其教学计划的实施、学校的运行主要取决于公共选举或任命的官员以外的人。[3] 也就是说，无论投资主体是谁，凡不是由政府具体经营，而是由个人或私营部门自主办学的所有学校被统称为"民办学校"。[4] 其三，从举办主体、经营主体和经费来源来界定。有学者明确指出，民办学校是指民间设立、民间提供主要经费、民间经营管理并面向社会公众的学校。[5] 其四，从产权角度来界定。这种观点认为界定民办学校的准则只有一个，那就是学校的产权。[6] 广义的产权是指人们围绕财产的运作而结成的一组权利关系，包括所有权、占有权、支配权、使用权和处分权。狭义的产权就是所有权。此处的产权是狭义的产权，即将举办主体对学校财产的最终占有作为划分依据。其五，从办学经费来源、办学主体以及学校的产权制度安排三个维度来界定。[7] 这种观点认为凡是利用非财政性教育经费举办、学校产权归属及其安排

———————————

① 庞丽娟：《中国教育改革30年：学前教育卷》，241页，北京，北京师范大学出版社，2009。

② 陶西平、王佐书：《中国民办教育》，39页，北京，教育科学出版社，2010。

③⑤ 刘建银：《准营利性民办学校研究》，11页，北京，北京师范大学出版社，2010。

④ 黄藤、闫光才：《民办教育引论》，22页，北京，中国社会科学出版社，2003。

⑥ 胡卫：《民办教育的发展与规范》，31页，北京，教育科学出版社，2000。

⑦ 宁本涛：《解读民办学校：产权经济学的视角》，载《河北师范大学学报（教育科学版）》，2002（4）。

不同于公办学校、办学主体为非政府组织或个人的教育机构为民办
学校。需要指出的是，民办学校产权的界定及安排问题是民办学校
区别于公办学校的重要方面。

基于当前民办学前教育资金来源以及产权的复杂性，从"办"的
角度来理解民办学前教育的内涵可能更具操作性。"办"既有"举办"
"创办"之义，又有"经办""承办"之义，按照经济合作与发展组织、
联合国教科文组织的观点，应从经营控制主体的角度来界定，即由
政府力量之外的个人或企业、非政府/非营利组织经营控制的幼儿园
均为民办园。

(二)民办学前教育的性质

对民办学前教育性质的认识不是一蹴而就的，目前学界基本认
可如下观点。①

民办学前教育是准公共产品。对教育产品属性的界定是建立在
公共产品理论基础上的。按照公共产品理论，全部社会产品可以分
为三类：公共产品、私人产品、准公共产品。保罗·萨缪尔森把公
共产品定义为：将该商品的效用扩展于他人的成本为零；无法排除
他人参与分享。② 私人产品是同时具有消费的竞争性和受益的排他
性的产品。准公共产品则指具有消费的竞争性和受益的非排他性，
或者具有消费的非竞争性和受益的排他性的产品。民办学前教育机
构往往追求支出效率，而且在目前学前教育资源总体供不应求的状
况下，增加一个消费者后其服务数量和质量都会受到影响，即增加
一个消费者的边际成本不为零，民办学前教育具有消费的竞争性；
同时，接受民办学前教育使个人受益，但又不排除其他未付费者无

---

① 李辉：《我国民办学前教育中公私合作模式研究》，博士学位论文，北京师范大
学，2013。

② ［美］保罗·A. 萨缪尔森、威廉·D. 诺德豪斯：《宏观经济学(第 19 版)》，34 页，
北京，中国发展出版社，1992。

偿享用，因此民办学教育具有受益的非排他性。也就是说，民办学前教育是兼有私人产品和公共产品性质的准公共产品。[①]

民办学前教育具有公益性。教育的公益性是指教育能为受教育者（及其直系亲属）之外的其他社会成员带来经济和非经济收益。这种公益性主要表现在两方面：由私人收益的外部性带来的社会收益，由教育活动的社会性带来的社会收益。[②] 研究者认为民办学前教育的公益性主要体现在以下两方面：一是通过为幼儿提供符合需求的教育机会，帮助幼儿获得良好的正规机构教育；二是通过创办幼儿教育机构为社会服务，具体表现在扩大教育机会，增加教育选择，减轻政府教育财政压力，扩大福利性教育，推动幼儿教育办学体制改革。[③] 另外，从法律规定来看，《民办教育促进法》也指出"民办教育事业属于公益性事业"。

民办学前教育具有可盈利性。"盈利"和"营利"是两个既有区别又有联系的概念。"盈利"反映的是一种收支状态，收入大于支出就出现盈利；"营利"则是一种对经济行为的描述，"谋求利润"被称为营利。[④] 改革开放后有很长一段时间国家禁止"以营利为目的"举办学校和其他教育机构，即不允许民办学校"营利"。但我国民办教育机构主要是通过非财政性经费举办并依靠学费收入来运营，为鼓励社会组织和个人办教育，2003 年实施的《民办教育促进法》中指出，民办学校举办者可取得"合理回报"，即可以追求利润，认同其"可营利"。2017 年新修订的《民办教育促进法》实施，规定"非营利性民办学校的举办者不得取得办学收益"，但"营利性民办学校的举办者可

① 王雯：《我国民办幼儿教育发展的若干问题研究》，硕士学位论文，华中师范大学，2002。

② 文东茅：《走向公共教育：教育民营化的超越》，210 页，北京，北京大学出版社，2008。

③ 乔梁：《我国社会转型中民办幼儿教育事业发展与政府职能转化问题的研究——社会正义视野》，博士学位论文，华东师范大学，2005。

④ 胡卫：《民办教育的发展与规范》，81 页，北京，教育科学出版社，2000。

以取得办学收益"。营利性或非营利性学前教育机构最主要的区别不
在于是否盈利，而在于盈利是否分配，通俗来说则为是否"分红"。
营利性学校通过合法经营"谋求利润"，非营利性学校不能以营利为
目的，不能在举办成员间进行利润分配，但仍然要通过经营盈利，
以促进民办教育机构健康发展。因而，所有的民办教育机构都具有
"可盈利性"。

为进一步理解民办学前教育的性质，有必要明晰公益性与营利
性之间的关系。有研究者认为公益性和营利性是两个不同层面的话
题，前者涉及的是价值取向，后者则指向行为的结果。[①] 公益性是
办学之后形成的社会影响，营利性则是有关办学行为和对办学盈利
处理的一种制度安排，二者既不属于同一范畴，也不存在直接的对
应关系，营利性并不一定妨碍民办学校的公益性，非营利性也不一
定增加学校的公益性。[②] 但也有学者持相反观点，认为公益性与营
利性是对立的。[③]

公益性是民办学前教育的根本属性，"准公共产品"只是在当前
公共财政投入不足、学位不足的情况下民办学前教育的特性，而不
论营利性幼儿园还是非营利性幼儿园，都具有"可盈利性"，关键是
要取之有道、用之有度，尤其应通过切实保障教育教学投入、教师
待遇等措施以提供有质量的学前教育服务，着实体现民办学前教育
的公益性。

二、民办学前教育的政府治理问题

民办学前教育早在 2004 年就已撑起了中国学前教育事业的半壁

---

① 刘孙渊：《民办教育政策的价值取向问题——民办教育的公益性和营利性之辩》，
载《宜春学院学报（社会科学）》，2002(5)。

② 文东茅：《论民办教育公益性与可营利性的非矛盾性》，载《北京大学教育评论》，
2004(1)。

③ 曹淑江：《论教育的经济属性、教育的公益性、学校的非营利性与教育市场化改
革》，载《教育理论与实践》，2004(17)。

江山，而且 2012 年民办园在园幼儿数超过全国在园幼儿总数的一半。在由弱到强的发展过程中，民办学前教育面临的困难和存在的问题始终没有得到完全解决，师资队伍素质偏低且流失率高、收费贵、收费乱、"小学化"倾向较严重等问题长期存在，影响了民办学前教育公益属性的体现和儿童的权益与发展。因而，政府必须明晰、履行其在民办学前教育发展中的职责，同时要"有所为且有所不为"，以继续调动社会力量办园的积极性。这一问题属于教育政府治理的范畴，关于政府治理的探讨主要聚焦于两个关键问题，即治理什么和如何治理，也就是要明确政府职能范围的大小、政府行为的目标以及政府治理工具的选择。① 下面主要从政府角色、治理范围、治理工具来进行分析，并对公私合作模式治理民办学前教育进行探讨。

（一）政府在民办学前教育治理中的角色

联合国全球治理委员会在 1995 年发表的《我们的全球伙伴关系》中指出：治理是各种公共的或私人的机构和个人管理其共同事务的诸多方式的总和。它是使相互冲突的或不同的利益得以调和并且采取联合行动的持续的过程。在学前教育服务供给中，政府失灵和市场失灵同时存在②，所以通过政府、市场、社会多主体共同治理具有积极的现实意义。民办学前教育的健康发展也需要政府、市场、社会多方的共同行动、共同治理，这既与政府能力有限有关，也是政府职能转变与改革、政府"瘦身"的应然要求。

首先，政府应"掌舵"。政府、市场、社会三者在民办学前教育治理中并非三足鼎立，政府应该是"平等中的首席"，即发挥掌舵、主导作用。这是因为治理理论高估了市场与社会的作用，在现实的

① 王伟：《我国民办幼儿园教育质量保障的政府治理工具困境及应对》，载《中国教育学刊》，2017(1)。
② 江covers：《"准公共产品"抑或"公共服务"——不同视域中的学前教育属性及其供给差异》，载《教育理论与实践》，2017(11)。

应用和实践中市场与社会治理的效果并不理想。因此英国政治理论家杰索普等提出了"元治理"（metagovernance）理论，特别强调政府在公共治理中的作用，认为政府在国家、市场、社会三方主体中是负有协调责任的最主要主体，拥有权力和责任；强调政府在公共治理中为"同辈中的长者"，有特殊权力和主导地位，认为政府在公共治理体系中承担制度设计、远景提出和任务规划的主导者角色。[①]我国民办学前教育市场并非完全竞争市场，市场失灵现象突出，同时，公民社会发育迟缓、力量薄弱，因而政府应主导、治理民办学前教育。具体来说，政府应着力于制定政策制度和发展规划、进行行业监管、推动师资队伍建设等。这是从民办学前教育自身发展的角度来看政府治理应承担的角色的。

其次，政府应"划桨"。这是从整个学前教育事业健康发展的角度来谈政府应承担的角色的，即通过政府建设更多优质、普惠的公办幼儿园，以在学前教育市场中形成对民办园的竞争优势，进而促使民办园错位发展、优质发展，最终形成对民办学前教育的良治之势。许多国家的实践证明，能够体现公平公正的合理教育模式是教育产品可以由私人经营，但政府必须提供同等的教育服务，民间教育和公办教育形成良好的竞争关系。

(二)政府治理民办学前教育的范围

政府治理民办学前教育时首先应"掌舵"，目的是"保基本、促提升"[②]，即在保障民办园基本的办学条件与教育质量的基础上，不断提升其办学质量。政府治理的重点有以下几方面。

第一，制定政策制度。提供法律基础、制定公共政策是现代政

---

① 史华楠、沈娟娟：《政府"元治理"角色的职能定位与实现路径——基于教育管办评分离改革视角》，载《教育发展研究》，2016(9)。

② 王伟：《民办幼儿园教育质量保障的政府治理研究》，博士学位论文，西南大学，2015。

府的核心使命之一。我国经济社会发展正处于转型期,改革不到位造成的市场缺陷广泛存在,所以政府不是一般地去校正"市场失效",而是应加强有效制度的供给,构建市场运行的规则和制度框架。[①]另外,从民办学前教育发展的经验和教训来看,有效、公平的政策制度是民办教育健康发展的根本保障。有学者分析了中国民办教育发展的影响因素,发现国家宏观政策和地方适宜的民办教育政策制度非常重要。[②]有学者通过个案研究发现社会网络和社会资本的存在,明晰、公平的制度环境的缺失让师资素质、教学质量缺少客观保障,制定、完善政策制度的必要性由此凸显。[③]具体而言,中央和地方政府应承担制定、完善民办学前教育相关政策法规的职责,包括民办园管理制度、经费制度、教师制度、质量认证制度、审批和废止制度等[④],尤其要对产权进行清晰界定[⑤],还要将民办学前教育发展纳入经济社会发展和城镇、新农村建设规划并合理布局。

第二,支持民办学前教育机构发展。政府支持民办学前教育发展是由民办学前教育公益属性决定的,也是国家法律制度、相关政策的规定。一方面,政府通过财政手段支持民办园发展。财政资助是政府责任体系的关键。[⑥]可通过奖励补助、生均拨款、项目补助等方式对民办学前教育进行直接资助;[⑦]也可通过免税或减税及金

---

①　汪彤:《中国体制转轨中的政府权力悖论——认识中国转轨进程的一个独特视角》,载《江苏社会科学》,2007(1)。

②　郭建如:《我国民办教育发展背景、发展特征、发展机制及问题探析》,载《清华大学教育研究》,2003(5)。

③⑤　朱志勇、徐蕾:《社会资本在民办学校发展机制中的运作逻辑:个案分析》,载《清华大学教育研究》,2006(4)。

④　刘辉雄:《促进民办幼儿教育健康发展的调控策略》,载《学前教育研究》,2009(1)。

⑥　王旭、赵晓冬:《论我国民办高等教育的政府责任及其履责路径》,载《武汉职业技术学院学报》,2006(6)。

⑦　吴立保:《日本发展私立学前教育的经验及其启示》,载《学前教育研究》,2003(4)。

融优惠等予以间接的财政资助。另一方面，政府还可通过多种优惠
政策等支持民办学前教育发展，如通过土地划拨、税费减免、明确
投资回报等。此外，政府还可为民办园提供支持性信息资源和技术
性支持，如教育理念、管理理念、师资培训、课程开发等。[①]

第三，监管民办学前教育机构。为保证民办学前教育公益性与
盈利性的统一，政府要监督、管理民办园。具体来说，监管的内容
应包括市场进入和退出、日常运行、收费、办学质量等;[②] 监管方
式通常有行政监督、财政监督、财务和审计监督。[③] 但对于民办教
育机构的监管主体和监管内容，也有研究者提出了不同的观点，如
余雅风认为政府应注意保持适度的民办教育审批权，否则会增加权
力寻租行为，增加民办学校运行成本;[④] 张瑞反对将民办学校教育
质量评定权交给政府，主张由利益中立的中介组织或专门的教育评
估机构承担;[⑤] 郑磊、王婷认为应将监管功能从政府的一般职能中
分离出来，包括组织上的分离，应越来越多地求助于专业化的、独
立的监管机构。[⑥] 还有研究认为，在中国公民社会、中介组织发育
不成熟的状况下，政府应保持适度的宏观管理职责，应严管民办学
前教育机构的准入和退出环节;不同地区，尤其是偏远落后地区，
民办园的准入标准应因地制宜，具备一定弹性;政府应加强对民办
园的办学行为及质量的过程性指导与服务;对于收费问题则应重点

---

① 朱家雄:《建立公平的竞争机制，积极鼓励和大力支持民办学前教育事业的发
展》，载《学前教育研究》，2003(7～8)。

② 刘焱:《对我国学前教育几个基本问题的探讨——兼谈我国学前教育未来发展思
路》，载《教育发展研究》，2009(8)。

③ 于晓旭:《政府扶持与奖励民办教育的机制研究》，硕士学位论文，大连理工大
学，2005。

④ 余雅风:《教育民营化的法律环境分析》，载《教育学报》，2007(4)。

⑤ 张瑞:《试论政府的民办教育战略》，载《云南师范大学学报(哲学社会科学版)》，
2004(4)。

⑥ 郑磊、王婷:《管制与市场:中国民办高校中的政府作用分析》，载《教育科学》，
2006(4)。

审核其标准的适宜性，而非严格限价。[①]

第四，教师队伍建设。教师是保障学前教育质量的核心与关键，政府应当通过制定教师政策等推动教师队伍建设。[②] 当前民办园教师的社会地位低、工作压力大、待遇差，造成教师流动频繁、素质普遍偏低，不利于民办园的健康发展。研究者认为政府应保障民办园教师权益，使民办园教师具有与公办教师相同的社会地位和待遇；教育主管部门应通过多种形式提升民办园教师业务素质，稳定民办园教师队伍。[③]

（三）政府治理民办学前教育的工具

政府治理的核心在于设计和选择有效的治理工具。何谓政府治理工具？学者莱斯特·M. 萨拉蒙将政府治理工具定义为一种明确的方法，通过此方法，集体行动得以组织，公共问题得以解决。国内学者陈振明则将之界定为人们为解决某一社会问题或达成一定的政府治理目标而采取的具体手段。[④] 政府治理工具有哪些？围绕民办学前教育治理的根本目的——保证质量，政府该如何选择治理工具？以下将重点探讨这两个问题。

第一个问题，政府治理民办学前教育的工具的类型。研究者将政府治理工具分为四类：权威工具、激励工具、能力建设工具和系统变革工具。权威工具是公共机构或政策制定者执行任务的法定权力。它主要体现为各种形式的政府规制，具体为法律法规、许可、命令及处罚等。激励工具是指政府通过提供某些刺激以激发个人或

---

① 李辉：《我国民办学前教育中公私合作模式研究》，博士学位论文，北京师范大学，2013。

② 庞丽娟、韩小雨：《中国学前教育立法：思考与进程》，载《北京师范大学学报（社会科学版）》，2010(5)。

③ 陈静：《我国民办幼儿园的现状、问题与对策研究》，载《早期教育（教师版）》，2010(1)。

④ 陈振明：《政府工具导论》，7～8 页，北京，北京大学出版社，2009。

组织的动机，从而改变其行为，实现预期的政府治理目标。它表现为税收、补贴、教育券等形式。能力建设工具是指通过向有能力的个体、群体或组织提供信息、培训、教育以及资源，以帮助其决策或开展活动。它表现为培训、咨询、信息服务等。系统变革工具是指政府权威在个体和机构之间的转换。它强调的不仅仅是某一方面的变革，而是整个机制和制度的改变，是对权责关系的一种重新配置。①

第二个问题，政府在民办学前教育质量治理中的工具选择。如何选择治理工具？有研究者认为政府必须考虑如下因素：治理目标、以公共利益为出发点、治理工具的特性及优缺点、多元理性、治理工具的组合使用等。② 政府治理民办学前教育的根本目的是保障其供给有质量的学前教育服务，以实现学前教育的公益性。有研究者认为当前政府治理民办学前教育质量的工具在选择上存在以下问题：理想化、行政化、单一化；治理工具运用异化，包括权威工具"一刀切"、激励工具力度不够、能力建设工具缺乏针对性、系统变革工具碎片化等。有研究者从条件质量、过程质量、结果质量三个层面具体探讨了政府治理工具的选择。条件质量保障中，物质条件的保障要运用权威工具、激励工具；人员条件的保障要运用权威工具、能力建设工具、系统变革工具；经费投入的保障要运用权威工具、激励工具、系统变革工具。过程质量的保障，从教师教育教学到家长参与，都要使用权威工具、激励工具、能力建设工具，还要通过系统变革工具的使用来影响教师教育教学。结果质量的保障要运用权

---

① 王伟：《我国民办幼儿园教育质量保障的政府治理工具困境及应对》，载《中国教育学刊》，2017(1)。

② 赵靖芳：《政府治理工具的选择与应用研究》，硕士学位论文，华东师范大学，2008。

威工具和能力建设工具。①

（四）政府治理民办学前教育的新模式——公私合作模式（PPP）

研究者通过对我国民办学前教育政策与实践的梳理发现，近10多年来，政府在治理民办学前教育的过程中涌现出一种新模式——公私合作模式（PPP）。其基本思路是通过激励以实现对民办学前教育治理的目标，同时也注重发挥社会组织等多元主体在民办园治理中的作用。当前，公私合作治理已覆盖民办学前教育机构的建立、运营、管理、评价各环节，同时，一些专项项目（如园长教师培训）中也存在公私合作，并形成了特许经营、补助、购买学位、购买教师服务、委托管理、购买评估、购买培训等合作治理模式。

民办学前教育机构建立环节的公私合作模式主要包括特许经营模式和补助模式。特许经营模式主要是政府把土地、建筑物免费或低收费提供给私营部门来建立幼儿园。如上海市浦东新区张江镇教育部门为解决农民工子女入园难问题及存在大量未经审批的办学点的突出问题，通过"零租金"提供园舍的特许经营模式，指导举办者合理配置资源，降低收费，还利于民。补助既包括园所新建补助，也包括改扩建补助。

民办学前教育机构运营环节的公私合作模式主要包括购买学位、购买教师服务、多种补助、国有民营②等。购买学位是指政府主要以生均公用经费补贴的形式向幼儿园购买符合一定条件的幼儿的学位。例如上海市浦东新区、浙江各地以当地同类公办幼儿园生均公用经费标准为参考购买普惠性民办园的服务。③ 购买教师服务主要

① 王伟：《我国民办幼儿园教育质量保障的政府治理工具困境及应对》，载《中国教育学刊》，2017(1)。

② 也称公办民营或公建民营。

③ 李剑平：《破解幼儿园"入园难"——浙江将向民办幼儿园购买学前教育服务》，载《中国青年报》，2017-02-15。

指政府向民办园派驻一定数额或比例的事业编制教师或园长，或者支付一定数额非事业编制教师的工资，即政府运用财政性经费购买教师或园长的教育教学服务。补助包括考核评估奖励、教师工资和社保补助等。国有民营模式是政府将公办园的经营权、收益权让渡给私营部门，政府仅保留对幼儿园的所有权，以前往往是运用于在企事业单位改革中形成的转制园[1]，目前主要运用于学前教育行动计划实施后新建的城市小区配套幼儿园、新农村社区幼儿园和乡镇中心园等[2]。

另外，民办学前教育机构管理环节的公私合作模式主要是委托管理，基本为政府部门向私营部门购买管理。如上海浦东新区教育局委托新区学前教育协会管理全区民办园。民办学前教育机构评价环节的公私合作模式主要是购买评估，往往是政府向中介机构购买评估，内容包括准入评估、依法办学评估、年检评价、办学质量认定与评估、公私合作模式运行及效果评估等。[3]

三、民办园教师的职业生活与专业发展问题

民办园教师是多年来民办学前教育研究中的热点问题，也是实践中的难点问题。截至 2018 年 7 月 13 日，在中国知网分别以"民办幼儿园""民办园""民办学前"为篇名主题词，共检索出文献 1 213 条，民办园教师的相关研究共占民办学前教育研究的 17%。其中，民办园师资队伍状况、教师职业生活及专业发展问题得到了广泛的关注。

（一）民办园师资队伍问题

其一，数量不足。师幼比指专任幼儿教师数和在园幼儿数之比，是衡量一个国家或一个地区幼儿园教师数量是否充足的重要指标。

---

①③　李辉：《我国学前教育发展中的公私合作：模式与特点》，载《教育发展研究》，2012(20)。

②　李辉：《我国学前教育"公建民营"模式中公私合作机制及优化探讨》，载《教育发展研究》，2018(8)。

总体上看，全国民办园教师数量不足。近 10 年来，民办园师幼比为
1∶20.5～1∶17.5，民办园教职工与幼儿比为 1∶12～1∶10。① 而
2013 年教育部印发的《幼儿园教职工配备标准（暂行）》规定全日制幼
儿园全园教职工与幼儿比为 1∶7～1∶5，民办园师资队伍缺口巨大。
而在欠发达的农村地区师资缺口更大，如西北农村地区绝大多数民
办园实行包班制，各班的保育、教育工作由一人负责。②

其二，素质偏低。一是学历偏低，民办园教师学历多为职业高
中或职业中专③，农村民办园教师学历状况尤其令人担忧。据调查，
辽宁锦州 156 名农村民办园教师中，学历为初中的占总数的 25.6%，
高中和中专学历者分别占 41.0%、26.3%，大专学历者占 7.1%，
而学历为本科及以上者为 0。④ 即使是发达地区的农村也是如此，例
如对浙东部分地区的调查发现，具有初中学历或职（普）高学历的农
村幼儿园教师有 80% 以上在农村民办小型幼儿园。⑤ 二是教师资格
证持证率较低，据 2007 年中国学前教育发展战略研究课题组的调
研，持有幼儿园教师资格证书的学前教师占全部学前教师的比例，
全国为 43.9%，东部为 54.2%，中部为 43.9%，西部为 33.7%。⑥
对经济水平中等的河南省和江西省部分民办园教师的调查发现，拥

---

① 据《中国教育统计年鉴》相关数据计算得出。

② 谢秀莲：《西北地区农村民办幼儿园教师队伍现状调查与分析》，载《学前教育研究》，2007(11)。

③ 王默、洪秀敏、庞丽娟：《聚焦我国民办幼儿园教师队伍的发展：问题、影响因素及政策建议》，载《教师教育研究》，2015(3)。

④ 董微：《锦州市农村民办幼儿园教师生存状态调查研究》，硕士学位论文，渤海大学，2014。

⑤ 黄晓彬：《农村民办幼儿教师职业倦怠消解之策略》，载《教育与教学研究》，2013(1)。

⑥ 中国学前教育发展战略研究课题组：《中国学前教育发展战略研究》，157～161页，北京，教育科学出版社，2010。

有教师资格证的比例分别为 15.7%、28.25%。[①]

其三，流动性强。民办园每学年教师平均流失率可达 20%～30%，有的班级一学期要更换四五位老师。据对湖北省黄石市 240 名幼师的调查，约一半的教师想要离开当前所在幼儿园，其中，61.7% 的教师不想再从事幼师工作。工作压力大、工资低、福利待遇差是排前三位的原因。[②] 民办园教师的工资待遇与其工作任务、责任不对等。[③] 但工资高低并不是决定老师是否留下的唯一原因，幼儿园的氛围、管理制度、园领导给老师的感受以及发展的空间对老师来说也同等重要。[④] 工作强度大、无社会劳动保障、社会地位不高、专业发展机会少、专业自主权缺失等也是造成教师流动的重要原因。[⑤] 民办园教师流失严重直接影响着儿童发展及民办学前教育的质量。

(二)民办园教师职业生活问题

有人调侃幼儿园教师"操着卖白粉的心，挣着卖白菜的钱"，这在某种程度上反映了幼儿园教师的职业生活状况，民办园教师的状况更加不利。其一，工资待遇普遍较低。在经济发达的深圳市，2010 年民办园教师的月工资只有 2 000 元左右，低的甚至只有 1 200 元；江西九江民办园教师的平均月工资为 600～800 元，个别规模大

[①]　郭忠玲：《河南省民办幼儿园教师专业发展与生存状态调查研究》，载《内蒙古师范大学学报(教育科学版)》，2012(8)；刘小霞、罗玉莲、刘小安：《经济欠发达地区民办幼儿园教师职业状况调查研究》，载《教育与职业》，2010(35)。

[②]　丁雅兰：《城市民办幼儿园教师流动意愿及影响因素分析——基于湖北省黄石市的实证研究》，硕士学位论文，华中师范大学，2017。

[③]　王燕：《九原区民办幼儿园发展对策研究》，硕士学位论文，中央民族大学，2011。

[④]　王海晋、汤瑜：《民办幼儿园教师流失严重应引发关注》，载《北京青年报》，2009-12-09。

[⑤]　张文桂：《民办幼儿教师组织承诺与离职意向关系研究》，载《当代学前教育》，2009(1)。

的民办幼儿园也仅为 1 500 元。① 一些新入职民办园教师的待遇更低，其工资根本达不到当地劳动部门规定的最低工资标准，有些不规范的幼儿园甚至不发试用期工资。② 社保方面，一些较发达地区的民办园教师的社保缴纳状况较好，如大部分北京市民办园教师享有"四险"，大连市城区民办园教师多享有"五险"③；但也有不少民办园教师没有社保，如河南省 90％以上的民办园没给教师办理"三金一险"④。其二，工作强度大。教师的工作时间长，工作内容繁多，如深圳市民办园教师早上六七点钟就得起床去接孩子，每天工作时间在 12 小时左右。"一下班就累得几乎要虚脱"，这是民办幼儿园教师真实的生活写照。⑤ 一些民办园管理者为了节约办园成本，没有按国家相关要求配齐教师。一些班级只有两个教师，教师兼做保育员，而小规模民办园普遍采用一个教师包一个班级工作的"包班制"教育方式⑥，教师的工作强度可见一斑。其三，心理健康状况堪忧。有研究者运用症状自评量表（SCL—90）、教师职业倦怠问卷和自编的反映个体工作环境和社会经济状况的问卷对重庆市青年民办幼儿教师进行测试，结果发现其心理健康水平比较低，心理健康问题比较严重。8.72％的青年民办幼儿教师有明显的心理障碍，主要表现在恐怖、抑郁、敌对和焦虑等方面；职业成就感较高，去个性化水

---

① 李辉：《内地幼儿园教师工资待遇存在的问题及其成因》，载《幼儿教育（教育科学）》，2012(12)。

② 张振平：《"新"幼儿教师队伍的隐忧》，载《中国教育报》，2009-03-26。

③ 王默、洪秀敏、庞丽娟：《聚焦我国民办幼儿园教师队伍的发展：问题、影响因素及政策建议》，载《教师教育研究》，2015(3)。

④ 郭忠玲：《河南省民办幼儿园教师专业发展与生存状态调查研究》，载《内蒙古师范大学学报（教育科学版）》，2012(8)。

⑤ 孙颖、向雨航、罗莎等：《民办幼师之困何时纾解？》，载《南方日报》，2009-09-23。

⑥ 赵晓尹、王瑞捧：《小规模民办幼儿园的现状与发展对策》，载《学前教育研究》，2008(3)。

平为中等程度，但是存在较严重的情感衰竭。①

（三）民办园教师专业发展问题

其一，民办园教师身份不明，其专业地位被忽视。民办园教师理应是教师，但 1995 年国家教委颁布的《国家教育委员会关于〈中华人民共和国教师法〉若干问题的实施意见》却将幼儿园教师限定为"各级人民政府举办的幼儿园的教师"。这一规定使得民办园教师的身份处于尴尬境地。另外，《中华人民共和国教师法》规定，"教师的平均工资水平应当不低于或者高于国家公务员的平均工资水平"，而"社会力量所办学校的教师的待遇，由举办者自行确定并予以保障"。民办园的"民办非企业单位"性质使其教师待遇要遵守《中华人民共和国劳动法》的相关规定，即将民办园教师按普通单位职工对待，忽略其专业属性、专业人的身份。

其二，民办园教师评职称受限，培训机会少，专业发展机会少。一方面，民办幼儿园教师评职称机会受限，拥有职称的少。职称是教师专业身份的象征，是教师专业素质的体现。但我国学前教育没有独立的职称评定制度，一直以来使用中小学教师的职称系列，幼儿园教师与中小学教师在职称获得比例方面的差异非常显著。全国幼儿园教师未评职称的比例常年维持在 60％以上，民办园这一比例更大。调查表明，北京市民办园教师只有 2.4％进行了职称评定②，河南省仅有 12.2％的民办园教师有职称③。另一方面，民办园教师培训机会少。教师培训是提升教师专业水平的重要途径，是影响幼儿园教师的专业成长、幼师队伍质量的重要因素。我国一般将有限

---

① 陈小异：《青年民办幼儿教师职业倦怠与心理健康研究》，载《重庆师范大学学报（自然科学版）》，2009(4)。

② 肖英娥：《幼儿园教师待遇研究：问题、影响因素与保障机制——以北京市为例》，硕士学位论文，北京师范大学，2013。

③ 秦旭芳、王丽云：《从经济学视角解析民办幼儿园教师异化行为》，载《幼儿教育（教育科学）》，2009(7、8)。

的学前教育经费投入公办园，民办园则是自负盈亏，资金来源的单一性迫使许多民办园管理者往往只关注幼儿园显性的硬件投入，常常忽视教师的培训问题。据调查，北京市民办园中只有3.5%的老师参加过区县级或市级培训；江西省内三地有53%的民办园教师只能偶尔获得专业培训的机会，17.5%的教师从未获得过专业培训机会，44.25%的教师近5年未接受过任何培训。农村民办园教师的培训机会更少，在西北农村民办园仅有5.3%的教师能够获得脱产学习的机会。①

其三，教师行为失当问题值得关注。教师工作发展包括教会学生学习、育人、服务三个维度。② 但部分民办幼儿园教师在最基本的育人方面存在一些问题。近些年发生在民办幼儿园的一些教师行为失当事件影响恶劣，值得关注。

（四）制约民办园教师队伍建设的因素及破解

研究者认为，民办园教师队伍存在的问题主要受法律层面保障缺失、教育行政管理不当、政府财政投入缺乏等方面的影响③，还受教师本人投资与收益不对称、工资待遇低的影响④。破解上述问题、消除制约因素的思路与举措有以下几点。

其一，宏观层面，做好民办园教师发展顶层设计。制定、完善有关法律法规，保障民办园教师的合法权益。国家可以通过制定《学前教育法》，也可通过完善《民办教育促进法》实施条例，明确民办园教师的身份与地位、权利与义务、工资待遇、保险、职称和培训等，

---

①③ 王默、洪秀敏、庞丽娟：《聚焦我国民办幼儿园教师队伍的发展：问题、影响因素及政策建议》，载《教师教育研究》，2015(3)。

② 朱旭东：《论教师专业发展的理论模型建构》，载《教育研究》，2014(6)。

④ 秦旭芳、王丽云：《民办幼儿教师不适宜行为的经济学分析》，载《沈阳师范大学学报（社会科学版）》，2010(1)。

明确相关责任主体不履行法定职责时应承担的法律责任等。[①] 要通过落实民办园教师的工资标准和社会保障制度、提高民办园教师的专业化水平等措施来保障民办园教师队伍的建设及其质量的提高。一些地方已经进行了积极的探索，如杭州市人民政府提出要突破非公办教师政策障碍，凡符合相关规定的非公办幼儿教师均可参加杭州市区机关事业单位基本养老保险，规定非公办教师工资不得低于公办教师的 60％，并做到逐年提高，最终实现同工同酬。[②] 温州市按照事业单位性质为符合有关要求的民办园教师实行人事代理，并创造条件依照公办园教师标准落实"五险一金"。[③]

其二，中观层面，民办园要自觉不断提升教师工资待遇、优化工作氛围。民办园要依法为教师缴纳保险，可以自创职称标准，激励教师通过努力工作不断提升自己的工资待遇。民办园园长应采用民主型领导方式，杜绝专制型与放任型领导方式，构建园长与教师之间民主平等的关系，关心尊重教师，不断助推教师专业成长。此外，园长还应根据教师的不同成熟度采取不同的领导方式，当教师的成熟度达到相当高的水平时则可采取授权式管理，使教师拥有专业自主权，调动教师的积极性、创造性和主动性，同时体现园长对教师的信任和尊重。还要建立双向互动的家园沟通制度。一些民办园以家长的需求盲目要求教师，造成家长一有问题就向园长反映，甚至园长当着家长的面批评教师，这种行为会严重伤害教师的自尊。当家长对教师的要求违背教育规律时，园长与教师作为专业的教育者有责任向家长提供正确的教育理念，这样既可维护教师的尊严，

---

① 庞丽娟、韩小雨：《中国学前教育立法：思考与进程》，载《北京师范大学学报（社会科学版）》，2010(5)。

② 浙江杭州市人民政府：《坚持政府主导打造高品质的学前教育》，载《幼儿教育》，2009(4)。

③ 叶小静、王忠：《温州出台重大政策 扶持学前教育又好又快发展》，载《温州日报》，2009-10-15。

也有助于提高教师对幼儿园的认可度，增强工作的动力与持续性。①

其三，微观层面，教师自身要加强专业学习，通过反思性教学不断提升专业水平。民办园教师要将《幼儿园教师专业标准（试行）》作为自身专业发展的基本依据，坚定教育信仰，树立正确的幼儿教育观念，不断更新自我价值观和行为模式，增强教书育人的自豪感、责任感和使命感，激发主体意识；树立终身学习观念，积极参加专业培训，建构合理的知识结构，把最新的思想、观念和知识融入教育行为中，真正提高自身的教育能力；要自觉意识到自己是专业发展的主体，并善于把握自我、调节自我，制定专业发展规划，通过自我反省、与同行及专家开展专业对话、积极参加专业组织和团体活动等途径，增强专业发展自觉性；大胆开展保教实践，不断创新，增强自我效能感，逐步提升专业发展水平，使幼儿教师的专业色彩越来越突出，职业的不可替代性越来越强，真正实现专业化发展。②

四、普惠性民办园发展问题

自 2010 年颁布的《国务院关于当前发展学前教育的若干意见》中明确提出要"积极扶持民办幼儿园特别是面向大众、收费较低的普惠性民办幼儿园发展"以来，普惠性学前教育和普惠性民办园的研究与实践快速发展。截至 2018 年 7 月 13 日，在中国知网分别以"民办幼儿园""民办园""民办学前"为篇名关键词，检索出文献共 1 213 条，普惠性民办园的相关研究占民办学前教育研究的 12.4%。同时，普惠性民办园也是国家政治活动和政策制定关注的热点。例如，2018年全国两会中"学前教育"居教育主题词榜首，而在学前教育关注点

---

① 秦旭芳、王丽云：《民办幼儿教师不适宜行为的经济学分析》，载《沈阳师范大学学报（社会科学版）》，2010(1)。

② 吴岚葭：《民办幼儿教师专业化发展的困境及出路》，载《安顺学院学报》，2012(6)。

中"学前教育资源供给"和"普惠性"排在前两位。① 我国学前教育行动计划关注普惠性学前教育资源供给问题，例如《教育部等四部门关于实施第三期学前教育行动计划的意见》明确指出，到 2020 年"普惠性幼儿园覆盖率(公办幼儿园和普惠性民办幼儿园在园幼儿数占在园幼儿总数的比例)达到 80％左右"。

下面将主要围绕普惠性民办园的基本问题(内涵与特点)、民办园普惠性发展的驱力与保障(扶持政策与财政投入机制)、普惠性民办园发展中的问题及破解等方面进行分析，既包括学理层面的问题，也包括政策与实践层面的热点和难题。

(一)普惠性民办园的内涵与特点

普惠性民办园是指"受政府资助或委托提供学前教育服务，不以营利为目的，面向大众、办园规范、收费合理、有质量保证的民办园"②，是"由国家机构以外的社会组织或者个人，利用非国家财政性经费，面向社会举办，由政府认定挂牌，收费可以被普通大众接受，质量有保证，政府给予较多资助与监督的幼儿园"③。其实质是政府通过不同的形式，向有资质的民办园购买学前教育服务。普惠性民办园应具备以下基本特点和条件：第一，办园的主体是公益性组织、企业或公民个体，园所有明确的法人；第二，办园资质合格；第三，服务对象是对学前教育有需求的普通民众(包括部分弱势人群)；第四，面向大众定价，其收费控制在大部分群众都能承受的范围之内；第五，按照我国有关政策可以获得一定的政府优惠政策或

---

① 张以瑾等：《大数据透视两会教育热点——2018 年全国两会教育舆情盘点》，载《中国教育报》，2018-03-21。

② 王海英：《普惠性民办园扶持政策不能回避三问》，载《中国教育报》，2015-10-11。

③ 雷芳：《长株潭三市普惠性民办幼儿园建设存在的问题与对策建议》，载《学前教育研究》，2014(11)。

资金扶持。^① 概括起来，其突出特点是：社会公益性、质量保证性、收费适度性、政府补偿性、监管约束性^②，其核心特性是"有质优价"。

(二)普惠性民办园的扶持政策

我国民办学前教育是在市场供需严重失衡、个人/私营部门投资办学的背景下发展起来的，让民办园自主限价、提质有一定难度，需要政府的扶持以实现"有质优价"。有研究指出，普惠性学前教育的给惠方是政府，民办幼儿园并没有供给普惠性学前教育的义务或者职责，政府以支持置换民办幼儿园所供给的学前教育服务的外部规格的支配权，这是民办园普惠化的基本思路。^③ 戴维·伊斯顿认为利益是社会成员行动的原因。^④ 扶持政策为政府引导民办园向普惠性方向发展提供了依据和保障。

关于对普惠性民办园进行扶持的原则和方向，王海英提出地方政府在政策执行与扶持时要有一定的顺序，对那些长期提供普惠性、有质量、低收费的学前教育服务的民办园要进行优先扶持。未来政策要考虑对"不具有办园资格"且以低收入家庭为对象的民办学前教育机构进行扶持、引导，使其成为使低收入人群获益的普惠性民办园。^⑤

关于普惠性民办园扶持政策的类型，研究者根据是否有可实际操作的扶持办法、政策针对受益主体是全面设计还是有所侧重、普惠性民办园规模规划、普惠性民办园政策时效这四大标准，将普惠

---

① 庄小满、程立生：《发展普惠性民办幼儿园的意义、困境与对策》，载《学前教育研究》，2012(11)。

② 雷芳：《长株潭三市普惠性民办幼儿园建设存在的问题与对策建议》，载《学前教育研究》，2014(11)。

③ 吕武、张博：《政府以支持置换支配：民办幼儿园普惠化的基本思路》，载《现代中小学教育》，2015(2)。

④ 褚宏启：《教育政策学》，199 页，北京，北京师范大学出版社，2011。

⑤ 王海英：《民办幼儿园的发展方向在哪》，载《中国教育报》，2011-05-05。

性民办园扶持政策分为公告型与实干型、系统设计型与重点突破型、全面铺开型与试点先行型、短期政策型与长效制度型。①

关于普惠性民办园扶持政策的特点，研究者通过对普惠性民办园扶持政策文本的分析发现：在政策扶持内容上，各地政府重资金奖补、轻教师发展；在扶持方式上，以强制性工具为主，混合性工具和自愿性工具为辅，即更多地对普惠性民办园的认定、监管、审核、处罚等做出强制性规定；在扶持依据上，以幼儿园外部属性为主，内部成本结构标准缺失，即尤为关注民办园的学位数、园所等级、地域因素。② 也有研究者发现在对普惠性民办园的扶持上，多采用现金资助、教师培训、实物资助、派驻公办教师以及税费减免的方式。③ 在财政补贴方面，多执行生均或班额补贴、教师补贴和以奖代补。政策的杠杆作用也非常重要，政府运用符号资本、象征资本，利用挂牌、公示、宣传的方式吸引民办园转变为普惠园，助其获得良好的社会声誉。④

关于普惠性民办园扶持政策的问题与改善建议，有研究者提出，我国的普惠性民办园扶持政策存在政策设计缺乏统筹考虑和长期规划问题，政策目标、扶持措施及效果、实施过程、监督机制等缺乏科学论证，随意性较大。⑤ 另外，支持政策笼统，缺乏刚性和可操作性的保障政策。⑥ 扶持政策中的奖补政策分类定级、扶强扶优取

---

① 姜晓玥：《普惠性民办幼儿园政策研究》，硕士学位论文，南京师范大学，2014。

② 王雅君、何昱锡：《我国普惠性民办幼儿园扶持政策分析——以 15 份政策文本为研究对象》，载《广东第二师范学院学报》，2018(1)。

③ 吕武：《当前省级政府普惠性幼儿园政策的现状、问题与对策》，载《教育导刊(下半月)》，2016(4)。

④ 王海英：《普惠性民办扶持政策不能回避三问》，载《中国教育报》，2015-10-11。

⑤ 宣兴村：《普惠性民办幼儿园：问题、原因及对策》，载《淮南师范学院学报》，2015(6)。

⑥ 雷芳：《长株潭三市普惠性民办幼儿园建设存在的问题与对策建议》，载《学前教育研究》，2014(11)。

向容易导致办园水平差距加大。① 基于此，有研究者提出了改善建议：应该系统设计配套政策，明晰不同层级政府、不同政府部门职责；在政策中重点突破成本核算、办学结余和教师发展扶持政策；完善细化扶持内容与方式。② 王海英对扶持普惠性民办园进行了宏观、全盘的设计：从阶段性来看，初期政府应该关注中低层收入家庭子女的入园需求，选择民办三级园或合格园作为扶持对象，后期应该通过经费投入进一步提高办园质量，提供质优价廉的学前教育服务；从区域性来看，在东部经济相对发达的地区，政府扶持民办园的路径应该是组合性、分层次的，而在中西部地区，由于经济实力的薄弱，政府可有重点地选择扶持方向，从改善办园条件、添置设备等硬件入手，再到支持教师的发展、公用经费的扶持等；总而言之，政府扶持普惠性民办园的发展模式与路径选择可以多元化，在经费没有保障、民办园特别多的情况下，政府一开始的投入可侧重"保基本"，接下来的投入可侧重"保提高"，如教师保险、培训、学历奖励等，投入项目应有一个排序。③

（三）普惠性民办园的财政投入机制

第一，关于财政投入的主体，多数研究者认为普惠性民办园财政投入的主体责任应由政府来承担，并应加大对普惠性民办园财政投入的支持力度。第二，关于财政投入的原则，有研究者提出，普惠性民办园与其他选择性幼儿园相比，其核心属性是"非营利性"。政府提供财政支持的前提是其具有"非营利性"。政府应将举办者的盈利控制在微利水平上，避免幼儿园成为举办者牟取暴利的场所。

---

① 叶圣军：《三地政府购买民办幼儿园教育服务政策的对比与思考》，载《陕西学前师范学院学报》，2015(1)。

② 王雅君、何昆锡：《我国普惠性民办幼儿园扶持政策分析——以 15 份政策文本为研究对象》，载《广东第二师范学院学报》，2018(1)。

③ 王海英：《普惠性民办园扶持政策不能回避三问》，载《中国教育报》，2015-10-11。

第三，关于财政投入的内容，总括起来主要有两方面：一是投向幼儿园的硬件建设，如幼儿园园舍的修缮；二是投向幼儿园的软件建设，如教师的在职学习与培训。其中后者是多数研究者所倡导和强调的。第四，关于财政投入的方式，多数研究者认为，应坚持多元化的投入取向，如采取财政补贴、税式支出、政府采购、派驻公办教师及管理人员等多种措施，拓展激励机制，促进非营利性民办学前教育协调发展。第五，关于财政投入的监督和管理，有研究者提出，当前我国民办园服务购买中存在投入资金多、效益监控少，直接补贴多、竞争性购买少等弊端，缺乏对资金使用的监管。教育、财政管理部门应相互协作，成立普惠性民办园财务管理中心，统一规范普惠性民办园财务管理。[①]

（四）普惠性民办园发展中的问题与破解

虽然普惠性民办园得到了政府的扶持和一定的财政投入，但其发展仍面临一些问题。其一，缺乏长远规划。多数地方政府只是出台一些文件，笼统地对普惠性民办园的建设做出说明，将之作为完成提高普惠性幼儿园覆盖率任务的权宜之计，缺少长远规划和系统性设计。这导致不少民办园的举办者无法真正了解政府的扶持政策和具体的监管措施，看不清幼儿园转型为普惠性幼儿园后的发展前景，有些甚至对转型后的收益表示担忧和怀疑。[②] 其二，准入标准高，质量标准模糊。研究者指出，普惠性幼儿园的认定标准存在"门槛"高的问题，大多以省示范园的标准为准入的指标，从而将一部分

---

① 王声平：《我国普惠性民办幼儿园研究的回顾与展望》，载《集美大学学报（教育科学版）》，2017(3)。

② 杨兴涓、李延芳：《民办幼儿园普惠性转型中存在的问题及对策》，载《陕西学前师范学院学报》，2015(3)。

民办园拒之门外①，无法惠及低收入群体②。同时，准入标准往往关注幼儿园的硬件设施、收费限制等，较少对保教质量、管理水平、教师学历结构等教育质量的核心要素进行规定。其三，财政投入数量少，竞争性和激励性不足。财政投入总体来说投入数量少、比例低。据调查，安徽省某市 2012 年学前教育以奖代补专项资金中，普惠性民办幼儿园得到的不到总额的 1/5，平均每所幼儿园仅得到 0.29 万元。③ 财政投入还缺乏竞争性和激励性。符合基本条件的普惠性民办园往往可以轻而易举地获得政府补贴，补贴的多少与其教育质量、管理的规范性、师资结构关联度不大；另外，财政投入对质优价稍高的民办园和民办园教师缺乏激励性，因为政府投入主要用于补贴幼儿园以降低家长教育负担④，对原来收益较好的民办园和教师意义不大，长此以往将不利于整个普惠性民办幼儿园保教质量的提高。其四，存在"重建轻管"现象。多头管理，管理力量不足，管理主要关注的是普惠性民办园的物质环境、申报程序、收费标准、财政补贴与开支项目等内容，而缺乏对幼儿园服务质量等具体事项的日常监管与保教业务指导。

　　针对上述问题，提出以下建议。其一，长远规划、合理布局。要提升规章制度的位阶和持续性，与民办园共同制定合作目标及合作标准。⑤ 合理规划布局公办园与普惠性民办园，尽量避免公办园挤占普惠性民办园生存发展空间的情况。其二，关注准入质量标准

　　① 杜新荣、吴琼、李贵仁：《普惠性民办幼儿园的认定、奖补与收费办法及质量监管研究》，载《幼儿教育（教育科学）》，2016(7、8)。

　　② 陈欢、王小英：《普惠性民办幼儿园的困境与出路——基于经济学的视角》，载《陕西学前师范学院学报》，2018(2)。

　　③ 袁飞飞、方兴武：《Z 市农村普惠性民办幼儿园发展的现状调查》，载《陇东学院学报》，2014(1)。

　　④ 杨兴涓、李延芳：《民办幼儿园普惠性转型中存在的问题及对策》，载《陕西学前师范学院学报》，2015(3)。

　　⑤ 祝贺：《地方政府应如何促进普惠性民办园的发展——来自美国学前教育 PPP 模式的经验》，载《教育发展研究》，2016(20)。

和教师队伍建设。制定普惠性民办园准入质量细则，对其结构质量、过程质量和结果质量进行明确规定。还要加大对教师专业发展的支持力度，应通过对普惠性民办园的审批与批管政策来保障教师待遇，规范教师聘任，打破教师队伍的"身份制"管理，保障教师的各项权益。要加大对师资的财政投入，通过补助教师工资、社保、培训等方式直接支持普惠性民办园教师队伍建设。① 其三，加大财政投入的力度、竞争性和激励性。首先要按照政府与家长合理分担成本的原则，科学测算普惠性民办园生均成本，在测算当地中低收入家庭承受能力的基础上，确定分担比例，制定财政补助标准和收费标准，并将政府投入常态化、制度化、经常化。② 还要加大财政投入的激励性和竞争性，让符合收费和质量标准的幼儿园进来，不合格的幼儿园出去。要确保民办园转型为普惠园后获利不减，如南京某区实施全额补贴民办园保教费降低的部分，即"差额补全"。③ 其四，加强质量、资金和收费管理。可通过政府机构或第三方对普惠性民办园的保教质量进行动态监管，同时由监督部门和专业人员对幼儿园的资金使用进行监督，确保其按规定合理支出。④ 建立政府、第三方、家庭共同监督普惠性民办园收费的机制，确保其按政府指导价或相应额度执行收费。最好在与幼儿园签订普惠性发展协议时约定收费动态调整办法，如根据国家政策变动、物价指数进行调整，可以 3 年为一个周期，按居民消费价格指数的增长率对收费标准做出

---

① 梁慧娟：《我国地方普惠性民办园教师政策分析及其启示》，载《学前教育研究》，2014（6）。
② 王海英：《普惠性民办园扶持政策不能回避三问》，载《中国教育报》，2015-10-11。
③ 毛书静：《普惠性民办幼儿园政策执行过程研究》，硕士学位论文，南京师范大学，2016。
④ 杨兴涓、李延芳：《民办幼儿园普惠性转型中存在的问题及对策》，载《陕西学前师范学院学报》，2015（3）。

适当调整，幅度在 10％～15％。①

第三节　未来民办学前教育的发展展望

民办学前教育经过近 40 年的发展，从弱到强。即使 2011 年后民办园数占全国幼儿园总数的比例逐年下降，但 2016 年其占总比仍为 64.3％，且民办园在园幼儿数占全国在园幼儿总数的比例从 1994 年的 3.94％逐年上升，至 2017 年达到 55.92％。毫无疑问，民办学前教育在未来一段时期仍然会稳占学前教育事业的半壁江山。且当前学前教育仍然供不应求，2017 年全国学前三年毛入园率已经达 79.6％②，但仍有超过 20％的适龄幼儿未入园或无园可入，再加上"全面二孩"政策的助推，学前教育市场将继续保持生机与活力，对公民个人和其他社会力量办学仍然有比较大的吸引力。

在看到民办学前教育保持良好发展态势和较大发展空间与活力的同时，也应该看到其面临的突出挑战和问题。微观层面存在师资力量薄弱之困。教师数量不足、素质不高、流动性强的顽疾常年存在，尤其是国家学前教育普及战略的实施，更多公办园建立起来，各地在编教师招考工作也在缓步推进，公办园对原有的民办园教师和即将入职的幼师有更大吸引力，民办园的师资队伍问题更加严峻。中观层面存在渐强的公办力量之压。自 2011 年起公办园数占全国幼儿园总数的比例逐年上升，且"大力发展公办幼儿园"仍是学前教育行动计划的重点任务之一，政府力量办园日益强大，势必会挤压民办园的生存空间。2016 年全国民办园入园幼儿数比上年减少 33.11

①　宋卫斌、郑一斌、刘新荣：《武汉市普惠性民办幼儿园公用经费投入现状及对策研究》，载《教育财会研究》，2017(3)。

②　《教育部部长陈宝生在十三届全国人大一次会议记者会上答中外记者问：努力让每个孩子都能享有公平而有质量的教育》，载《中国教育报》，2018-03-17。

万人①，出现自 2010 年以来的首次下滑。宏观层面存在非营利性或营利性发展之惑。2017 年新修订的《民办教育促进法》实施，国家引导民办教育实现分类发展，但目前相关法律政策并不配套，甚至有所冲突。如何保障私人办学的利益？未来将何去何从？这是民办学前教育举办者不得不面对的问题。

市场引力、压力、斥力并存，自身动力、能量、困局并存，民办园将如何应对？未来或许是民办学前教育爬坡过坎的关键时期。以下从发展方向、发展路径、发展保障三方面来展望民办学前教育的未来。

一、发展方向：安全有质，确保公益性

2018 年 7 月 6 日，习近平总书记主持召开中央全面深化改革委员会第三次会议，审议通过的《关于学前教育深化改革规范发展的若干意见》中指出，推动学前教育深化改革规范发展是党和政府为老百姓办实事的重要民生工程；要全面贯彻党的教育方针，遵循学前教育规律，完善学前教育体制机制，健全学前教育政策保障体系，推进学前教育普及普惠安全优质发展，满足人民群众对幼有所育的期盼。使"幼有所育"、幼儿接受"普惠安全优质"的学前教育是党和国家在未来一段时间深化改革、推动社会和谐发展、不断满足人民群众对美好生活的需要的努力方向。因此，不论什么形式、什么性质的学前教育都需向"普惠安全优质"的方向发展，对于民办学前教育来说，首先要做到安全优质，确保公益性。

其一，确保教育目的和内容的公共性。民办学前教育是自主经营、自负盈亏的办学形态。为了生存和发展，办学者往往自主开设课程，有时为了迎合家长，开设的课程"小学化"倾向严重，违背儿

---

① 教育部：《2016 年全国教育事业发展统计公报》，http://www.moe.edu.cn/jyb_sj-zl/sjzl_fztjgb/201707/t20170710_309042.html，2018-06-26.

童的学习特点和发展规律。民办园必须在保障教育目的是儿童终身发展、儿童全面发展的基础上，根据《3～6岁儿童学习与发展指南》，给儿童提供符合其发展水平与需求的五大领域内容，确保教育目的、教育内容的公共性和普遍性，在此基础上酌情提供个性化教育。

其二，确保教育过程的安全性，师幼互动良好。大量研究表明，影响托幼机构教育质量的有两大要素——结构性要素和过程性要素，过程性要素是更重要的影响要素，其中最重要的是师幼互动和课程。[①] 研究表明，师幼互动水平高的班级的儿童的发展水平和未来学业成就高于师幼互动水平低的班级的儿童。教师应注意观察幼儿活动，并善于发现、利用一切可进行教育的机会；对幼儿的活动提出具体的建议，为幼儿示范有效的交流技能；向幼儿提出促进思考的问题，并鼓励幼儿积极寻找方法面对自己的情感问题、解决分歧。[②] 教育过程质量良好的班级心理氛围自由、平等、安全、和谐，教师是儿童发展的引导者和支持者，师幼互动良好。

其三，确保教育结果的正外部性。民办学前教育的公益性主要来源于教育服务本身的正外部性。弗里德曼对教育的正外部性做了经典的阐述："如果大多数公民没有一个最低限度的文化和知识，也不广泛地接受一些共同的价值准则，稳定而民主的社会不可能存在。儿童受到的教育不仅有利于儿童自己或者家长，而且社会上其他成员也会从中得到好处。"[③]学前教育对于儿童及其家庭、对于社会的进步与和谐发展均具有重要意义，这已被心理学、生理学及一些国家的教育实践（如美国的佩里早期教育方案）证明。民办学前教育具有正外部性，其前提是保证儿童受到的教育是符合幼儿身心发展规

---

① 周欣：《托幼机构教育质量的内涵及其对儿童发展的影响》，载《学前教育研究》，2003(7、8)。

② 李克建、胡碧颖：《国际视野中的托幼机构教育质量评价——兼论我国托幼机构教育质量评价观的重构》，载《比较教育研究》，2012(7)。

③ ［美］米尔顿·弗里德曼：《资本主义与自由》，83页，北京，商务印书馆，1986。

律和学前教育规律的，是符合国家育人目的和时代发展趋势与要求的，只有这样才能确保教育结果的正外部性。

二、发展路径：分类改革，踯躅前行

2017 年修订后的《民办教育促进法》实施，我国民办教育实行分类管理。截至 2018 年 5 月，辽宁、安徽、甘肃、天津、云南、湖北、浙江、上海、河北、内蒙古、陕西、海南、江苏、河南、青海、广东等 16 个省（自治区、直辖市），先后根据《全国人民代表大会常务委员会关于修改〈中华人民共和国民办教育促进法〉的决定》和《国务院关于鼓励社会力量兴办教育促进民办教育健康发展的若干意见》的要求，以政府文件形式印发了各省（自治区、直辖市）的配套文件。但不可否认的是，民办教育分类管理绝非一蹴而就，未来一段时期可能会曲折前行。

（一）分类改革缓慢的缘由

其一，政府组织行为特点决定了民办教育分类管理的缓慢性。我国民办教育是在公立教育体制之外的新生事物，民办教育政策的制定和落实往往要涉及多个政府部门，包括税务、财政、国土资源、民政、审计等，在科层体制下，教育部门难以单方面推进涉及多部门的教育政策的落实。不仅实现多政府部门之间的有效配合有一定难度，还要受既有规则能否及时做出调整的影响。民办教育政策的制定具有"剧变"（而非"渐变"）和"理想导向型"（而非"问题导向型"）的特点，这容易使新政策与现实之间产生较大的差距[①]，相关政策难以及时调整，新政自然无法顺畅落地。

其二，分类管理面临诸多法律政策的限制。国家层面，《中华人民共和国民办教育促进法实施条例（修订草案）》尚未实施，《民办教

---

① 阎凤桥：《民办教育政策推进为何缓慢？——基于组织行为决策视角的考察》，载《华东师范大学学报（教育科学版）》，2017(6)。

育促进法》与《公司法》不衔接，营利性民办学校税收优惠未明确。地方政府层面，法人登记的条件不清晰，奖励或补偿的标准差异大，现有民办学校转为营利性的过渡政策不完善，非营利性民办学校监管不健全。学校层面，政府扶持有待加强，融资问题亟待突破，办学自主权有待落实。[①]

其三，民办园举办者对分类管理"摇摆不定"。据胡晨曦等人对全国11个省2 687位民办园举办者关于"分类管理"的实证调查发现：选择营利和非营利的民办园举办者基本是五五开，稍偏营利；各地区差异显著，中部选择非营利的比例最高（51.4%），其次为东部（50.6%）和西部（48.4%），东北部最少（43.1%）；城市偏营利，农村偏非营利；高端园偏营利，低端园偏非营利；半数人的态度是"观望为先，按兵不动"，体现出民办园举办者"相对理性经济人"的角色。[②] 基于"经济人"的直接动力，举办者不愿选择非营利性；基于"道德人"的社会压力，举办者不想选择营利性。[③]

（二）分类改革的可能路线

虽然民办学校的分类改革面临一些困难与障碍，现实中一些政府部门和民办园举办者对其持观望态度，甚至是悲观态度，但为了民办教育的规范有序、可持续发展，形成良好的学前教育发展生态，分类改革仍要迎风前行。

第一阶段，夯实民办园普惠性发展，实现普惠与非普惠分类改革。第三期学前教育行动计划提出，到2020年，全国学前三年毛入园率达到85%，普惠性幼儿园覆盖率（公办幼儿园和普惠性民办幼儿

---

① 方建锋：《推进民办学校分类管理中面临的瓶颈问题分析》，载《复旦教育论坛》，2018(2)。

② 胡晨曦等：《分类管理背景下民办幼儿园办园意向研究——基于对全国11个省2687位民办园举办者的实证调查》，载《教育发展研究》，2018(8)。

③ 黄崴、李文章：《民办高校分类管理改革的"中间路线"：基于举办者视角的分析》，载《中国高教研究》，2017(2)。

园在园幼儿数占在园幼儿总数的比例)达到 80％左右。各省(自治区、直辖市)要制定普惠性民办园认定标准，逐年确定一批普惠性民办园；要将提供普惠性学位数量和办园质量作为奖励和支持的依据，对达不到要求的要限期整改。为了更有序地推进民办园普惠性发展，各地要逐步制定普惠性民办园的补助标准。地方需根据实际情况，在盘点公办园学位存量及增量的基础上，确定普惠性民办园应提供的学位总量、年度普惠性民办园认定与支持数量。新建或改扩建的民办园原则上要办成普惠性幼儿园。在此基础上，其他民办园可自主选择向普惠性或非普惠性发展。

第二阶段，引导普惠性民办园向非营利性方向发展，对非普惠园则要因势利导。各地在基本完成普惠性民办园认定、基本完成普惠性幼儿园覆盖率指标的基础上，可着力引导普惠性民办园向非营利性发展。民办园选择向普惠性发展之后，财政和政策支持力度加大，使其生源、声誉、办园质量有所提高，此时政府与普惠性民办园是委托、契约下的"行政性硬约束关系"，民办园举办者仍享有对出资的所有权；而选择向非营利性发展的民办园，政府与之的关系则是"法理性硬约束关系"。[①] 政府要在原有基础上加大支持力度，通过制度性措施，如生均拨款和教师工资社保补贴等，通过出资补偿、办学奖励、基金奖励、土地划拨、税费减免等方式，持续、强力支持与引导普惠性民办园转变为非营利性幼儿园；在学位缺口较大的区域，新建或改扩建园一律办成非营利性幼儿园。除此之外，政府要根据地方学前教育发展规划中的普惠指数，对已有的非普惠性民办园及新建或改扩建民办园进行因势利导。

第三阶段，学前教育公共服务体系基本建立，民办园自主选择向营利性或非营利性发展。经过上述两个阶段，多数民办园将在政

---

① 王海英：《民办园分类管理政策衔接难题咋破》，载《中国教育报》，2017-02-05。

府的支持与约束下部分运用市场机制自主发展，逐步实现优质发展；再加上公共部门办园力量的增强，普惠、优质的学前教育公共服务体系基本建立，整个学前教育生态呈现出良性竞争、质优价优者生存的态势；民众也基本形成对学前教育质量的恰当判断；同时公益组织和慈善力量可能更加强大，慈善公益成为一种习惯、一种文化。此时民办教育的分类发展成为一种诱致性制度变迁，不同于前两个阶段的强制性与诱致性制度并行、强制性色彩更突出的分类改革。

三、发展保障：支持与规范双加强

不论民办学前教育的分类改革路线与时间规划如何，民办学前教育机构都会在变革的过程中继续前行。为确保学前教育的公益性，让幼儿无论在公办园还是在民办园都能接受优质的教育，政府首先应支持民办学前教育发展，在支持中加强引导、规范，让民办园在享有权利的同时强化义务的履行。

（一）通过财政、人员、政策支持民办学前教育发展

一是财政支持。一方面，运用直接财政支持方式促进民办园实现普惠性、非营利性发展。可以奖、补园所，包括生均公用经费补贴，根据民办园级别、规模给予一定数额的生均补贴，或按照同级同类公办园生均经费标准的一定比例给予生均补贴；给予建设奖补，可按照面积或班级规模对新建、改扩建民办园进行奖补；给予评估奖补，可对年度考核为优良或办园级别提升的民办园给予一定数额的奖励；给予教师社保补助，对按规定足额为教师缴纳社保的民办园给予一定比例或数额的社保补助，也可以以政府为主或全由政府对用人单位应承担的部分予以保障，并纳入财政预算；给予项目补助，可依托一定项目给予民办园财政资助，如教师培训。也可以补助幼儿，可通过给幼儿发放助学券，助学券可用于办园标准、收费、质量符合一定条件的普惠性或非营利性民办园，以支持并促进民办园质量提升与良性竞争。另外可以补助教师。可根据民办园教师职

称和工作年限给予一定数额的工资补贴，或者给予教师一定数额的培训券，提高教师待遇，提升工作及参与培训的积极性。另一方面，运用间接财政支持方式促进普惠性、非营利性民办园发展。可通过税费减免、金融优惠等方式间接支持民办园。规定普惠性、非营利性民办园与公办幼儿园享受同等的税收优惠，同时可减免卫生、消防等行政费用和城市建设配套费等。

二是人员支持。可通过向普惠性、非营利性民办园划拨事业编制、派驻公办教师、委派园长等方式给予人力支持。可根据民办园的规模、等级、教师最低工资保障及其社保缴纳情况等因素给民办园划拨一定数额的事业编制，或派公办园园长和骨干教师到民办园任教，其事业编制不变，并将之列为评奖晋升必备条件之一，以提高民办园教师的职业吸引力，促进教师有序、制度化流动。

三是政策支持。其一，规定非营利性民办园与公办园的同等地位。规定其在审批注册、分类定级、评估指导、教师职称评定、资格认定、培训、教育科研、表彰奖励等方面与公办幼儿园具有同等地位。其二，给予土地、房租、水电气暖等多种优惠和支持。非营利性民办园一律以行政划拨方式获得建设用地优惠；对于利用国家机关、国有企业和事业单位用房的幼儿园，以及城市普通小区、公租房/廉租房小区、新农村社区的配套幼儿园，政府可协调社会力量的使用并减免其租金；水电气暖等费用的缴纳按照与公办学校相同的价格政策；出租、转让、提供闲置的国有资产时应当向非营利性民办学校/幼儿园倾斜。

以上是对普惠性、非营利性民办园的支持策略。同时也要通过同等地位、税收优惠、土地使用优惠、奖励等手段支持营利性民办园发展。规定营利性民办园可在分类定级、评估指导、教师培训、资格认定、职称评定、表彰奖励等方面享有与公办园同等的地位。根据《民办教育促进法》，对民办园实行税收优惠政策，如可减半或降低税率计征，或享受高新企业"两免三减半"的税收优惠政策。地方人民政府可依法以招拍挂或协议方式供应土地，也可以采取长期租赁、先租后让、租让结合的方式供应土地，对于土地出让价款和租金，可以给予适当优惠，并可以在规定期限内按合同约定分期缴纳。对社会声誉好、办园质量优良的营利性民办园给予一定的物质奖励和精神奖励，也可对办园等级提升予以奖励。另外，其水电气暖等费用应按民用标准收缴。

（二）多部门、有侧重管理不同性质民办园

规范管理与支持促进民办园发展是政府履行职责的两大着力点。对不同性质民办园的管理主体、内容、方式应有所不同。

对普惠性、非营利性民办园的管理重在质量、收费和财务监督。首先，明确其审批、管理主体为教育行政部门。管理内容主要包括质量、收费和财务监督。一是质量监管。以教育行政部门为主，联同教研部门负责教育教学工作的经常性督导，切实建立责任督学制度，重点监督其是否根据《幼儿园教育指导纲要（试行）》和《3～6岁儿童学习与发展指南》以游戏为主要形式开展保教活动。二是收费监管。普惠性民办园[①]获得政府支持的前提是其保障一定的教育质量，且收费总额应该等于或稍高于办园成本减去政府补贴的差，教育部门应制定收费指导价，或者参照当地同级公办园收费标准（可上浮一定比例）执行。收费要报送物价部门备案并公示，在约定期限内不得变更收费标准和项目，教育部门联同物价部门或委托第三方并发动家长，监督普惠性民办园收费项目和收费标准的执行情况。三是财务监管。对于普惠性民办园重点监管其财政补贴是否按要求使用，保证补贴用到园所、幼儿、教师身上，而非变为举办者的囊中之物，

---

① 　此处只说明普惠性民办园的收费监管。非营利性民办园的收费标准按照法理不应该有硬性规定，高收费园也可以是非营利性的，因为非营利性组织的最主要特征是"盈利不分红"，而非收费高低。

非营利性民办园的办学结余不能分配或分红，要保障教师待遇，按组织性质为教师缴纳社会保险，按要求提留发展基金。幼儿园的年度财政补贴要公示，或将收支预决算送教育行政部门备案、审核。教育部门可派人员或请专业审计部门审核其财务报表和审计报告，可派人员或请会计师对幼儿园账目进行检查，并公示结果，使其接受公众监督。① 总之，以政府部门为主，可联同中介机构，主要运用行政手段对普惠性、非营利性民办园进行管理。

对营利性民办园的管理重在年检、财税监管。第一，明确营利性民办园的审批主体是县级以上教育行政部门，办园者经审批获取办学许可证后到工商部门登记注册为企业法人。第二，由教育部门牵头，联同工商、公安、卫生、消防等部门对其进行安全、卫生、办园质量年检。对办园质量也可请有资质的教育中介组织评估。第三，由教育部门委托会计师检查其是否按规定提留发展基金、预存风险保障金、按要求为教师缴纳社会保险，税务部门检查其是否依法纳税。同时，物价部门也要检查其是否按照备案收费项目和标准进行收费。对于不能按规定履约的营利性民办园，要根据其行为结果和相关政策法规予以一定的经济或行政处罚。

纵观改革开放 40 年，民办学前教育伴随改革的春风重生，随着社会主义市场经济体制的逐步建立而日渐强大，同时借助国家"合理回报"政策和学前教育需求的不断扩大而发展为学前教育中的主体力量。在日渐强大的过程中，民办学前教育的繁荣与乱象并存，新修订的《民办教育促进法》吹响了"分类管理"的号角，纵然道路漫长、困难重重，为了学前儿童的权益和民办学前教育公益性的彰显，理论界、政策界、实践界都需砥砺前行。

---

① 上海市浦东新区社会发展局：《中国教育改革前沿报告——浦东新区教育公共治理结构与服务体系研究》，185 页，上海，上海教育出版社，2009。

后　记

　　人生百年，立于幼学。学前教育作为基础教育的基础，对全面提升国民素质、促进社会稳定和国家发展具有重要的奠基性价值。伴随着十一届三中全会的召开，我国教育事业进入蓬勃发展的新时期，乘着改革开放的东风，学前教育事业发展被纳入政府重要议事日程，迎来了改革与发展的春天。改革开放 40 年来，随着我国经济体制改革的深化和社会主义市场经济体制的建立，经济社会快速发展，我国学前教育取得了举世瞩目的成就。2010 年，《国家中长期教育改革和发展规划纲要(2010—2020 年)》提出了国家发展学前教育的目标和任务，明确了政府是发展学前教育的责任主体。《国务院关于当前发展学前教育的若干意见》提出了发展学前教育的路径和措施。连续三期国家学前教育三年行动计划的推进与实施，使得我国学前教育在短短几年内实现了跨越式发展，在园儿童数和入园率总体呈现不断升高的趋势，"入园难"问题得到了基本缓解。1978 年，我国学前教育三年入园率只有 11.3％，在园儿童数仅为 788 万；2017 年，全国学前教育毛入园率达到 79.6％，共有幼儿园 25.5 万所，在园儿童 4600.1 万人。

　　党的十九大把教育放在优先发展的战略地位，明确提出要"办好学前教育"，使"幼有所育、学有所教"，并"努力让每个孩子都能享有公平而有质量的教育"。办好学前教育，促进学前教育事业的发展，不断提高学前教育的质量，不仅是建设中国特色社会主义事业的需要，也是亿万人民群众的殷切期望，已经成为党和政府高度关注的重要民生事项。

在纪念改革开放 40 周年之际，全面回顾和深入总结我国学前教育改革开放以来的发展历程和主要经验，认真总结、客观分析当前新形势下学前教育改革发展面临的挑战与存在的问题，深入思考今后学前教育改革与发展的方向，具有十分重要的理论价值与实践意义。

本书主要围绕改革开放 40 年来我国学前教育事业发展中的重要理论和实践问题进行了较为深入、系统的探讨，包括九个关键领域：学前教育事业发展与政策变革，政府职能与学前教育管理体制变革，学前儿童研究进展与展望，幼儿教师专业发展与教师教育变革，幼儿园课程改革与发展，0～3 岁早期教育服务的政策与实践，幼儿园、家庭、社区协同共育的发展与展望，农村学前教育的发展与展望和民办学前教育。这九个关键领域各为一章，每一章旨在对 40 年来该领域的发展历程进行全程和全面的回顾，梳理其主要的发展脉络与经历的主要历史时期，收集能够全面反映和展示发展概况的资料，概括和总结改革开放 40 年中该领域所取得的发展成就、积累的成功经验，并就当前事业发展的新需求客观分析该领域在改革发展过程中存在的主要问题、面临的主要挑战与开展的新探索，在此基础上尝试对未来发展趋势和改革的着力点进行前瞻性的分析与展望，以期为深化推进该领域改革与发展提出积极的建议。

本书在写作过程中，各章作者对有关资料进行了认真细致的总结，对内容进行了反复讨论、修改，是集体合作、共同努力的结晶。各章写作的主要作者如下：梁慧娟（第一章），洪秀敏、范明丽（第二章），王兴华、丁雪梅、刘聪（第三章），姜勇、郑楚楚（第四章），杜继纲、蔡冠宇、和卓琳、彭代玉（第五章），洪秀敏、陶鑫萌（第六章），李晓巍、刘倩倩、郭媛芳（第七章），孙美红（第八章），李辉（第九章）。

感谢北京师范大学出版集团对本书的出版所给予的大力支持。本书在构思与撰写过程中，参考和引用了许多研究者的相关著作与研究成果，使本书能够较为全面地概括和反映改革开放 40 年来我国学前教育事业发展中取得的成绩与经验，并思考今后改革与发展的方向与政策建议，在此深致谢忱。

需要指出的是，改革开放的 40 年是我国学前教育全面深化改革、砥砺奋进的 40 年，所涉及的领域和内容还有很多，本书的观点与思想仅是我们基于其中的九个关键领域所进行的概括、总结、分析与思考，热忱希望关注中国学前教育改革与发展的专家、学者、广大学前教育工作者和其他读者对书中的观点与内容不吝指正。

洪秀敏

2018 年 10 月 8 日

于北京师范大学

图书在版编目(CIP)数据

中国教育改革开放 40 年:学前教育卷/ 洪秀敏等著. —北京：北京师范大学出版社，2019.2
（中国教育改革开放 40 年/朱旭东主编）
ISBN 978-7-303-24416-4

Ⅰ.①中… Ⅱ.①洪… Ⅲ.①教育改革－成就－中国 ②学前教育－教育改革－成就－中国 Ⅳ.①G521

中国版本图书馆 CIP 数据核字(2018)第 272653 号

营 销 中 心 电 话　010-58805072　58807651
北师大出版社高等教育与学术著作分社　http://xueda.bnup.com

ZHONGGUO JIAOYU GAIGE KAIFANG 40 NIAN:XUEQIAN JIAOYU JUAN
出版发行：北京师范大学出版社 www.bnup.com
　　　　　北京市海淀区新街口外大街 19 号
　　　　　邮政编码:100875
印　　刷：北京盛通印刷股份有限公司
经　　销：全国新华书店
开　　本：710 mm×1000 mm　1/16
印　　张：21.75
字　　数：265 千字
版　　次：2019 年 2 月第 1 版
印　　次：2019 年 2 月第 1 次印刷
定　　价：100.00 元

策划编辑：陈红艳　　　　　　责任编辑：齐　琳　张筱彤
美术编辑：王齐云　　　　　　装帧设计：王齐云
责任校对：段立超　　　　　　责任印制：马　洁